EUROPA-FACHBUCHREIHE
für wirtschaftliche Bildung

Büro 2.1

Kaufmann/Kauffrau für Büromanagement

Lernsituationen

1. Ausbildungsjahr

3. Auflage

Camin Debus Keiser Kramer Schneider Scholz Schulte

VERLAG EUROPA-LEHRMITTEL
Nourney, Vollmer GmbH & Co. KG
Düsselberger Straße 23
42781 Haan-Gruiten

Europa-Nr.: 75772

Verfasser

Britta Camin, 68775 Ketsch
Martin Debus, 45659 Recklinghausen
Dr. Gerd Keiser †
Holger Kramer, 40764 Langenfeld
Alexander Schneider, 76857 Eußerthal
Annika Scholz, 45665 Recklinghausen
Dr. Walter Schulte, 45659 Recklinghausen

Verlagslektorat

Anke Hahn

3. Auflage 2020

Druck 5 4 3 2 1

Alle Drucke derselben Auflage sind parallel einsetzbar, da sie bis auf die Behebung von Druckfehlern untereinander unverändert sind.

ISBN 978-3-8085-2422-0

Umschlag, Satz: Grafische Produktionen Jürgen Neumann, 97222 Rimpar

Umschlagkonzept: tiff.any GmbH, 10999 Berlin

Umschlagfoto: ©Csaba Peterdi–shutterstock.com

Druck: Medienhaus Plump GmbH, 53619 Rheinbreitbach

Vorwort

Das vorliegende Unterrichtswerk ist als **Arbeitsbuch** für Auszubildende im Ausbildungsberuf **„Kaufmann/Kauffrau für Büromanagement“** konzipiert. Der Band **Lernsituationen** ist Bestandteil des umfassenden Europa-Programms **Büro 2.1**; er ermöglicht die Entwicklung einer beruflichen Handlungskompetenz zur Bearbeitung von Geschäfts- und Büroprozessen in den kaufmännischen Abteilungen von Unternehmen der verschiedensten Wirtschaftsbereiche oder im öffentlichen Dienst.

Büro 2.1 ist ein **modernes Komplettprogramm**. Es folgt dem kompetenzorientierten Rahmenlehrplan nach dem Lernfeldkonzept. Die Unterrichtswerke des Programms (**Informationsbände** und **Arbeitsbücher mit Lernsituationen** für alle Jahrgangsstufen – jeweils mit **Lehrerlösungen 2-in-1**, **Hefte zur Informationsverarbeitung** in Excel, Word und PowerPoint, **Lernspiele**, konventionelle und digitale **Prüfungsvorbereitung** für Teil 1 und Teil 2 der gestreckten Abschlussprüfung sowie **Office now!** inkl. digitalem Vokabeltrainer für den Englischunterricht) sind aufeinander abgestimmt. So werden handlungs- und fachsystematische Strukturen miteinander verschränkt und alle Anforderungen des Ausbildungsberufes von der fachlichen Aufgabenerfüllung bis hin zu einem reflektierten Verständnis von Handeln in beruflichen Zusammenhängen abgedeckt. Ein Vorschlag für eine **kompetenzorientierte didaktische Jahresplanung** unterstützt die Arbeit im Bildungsgang.

Der Band **„Lernsituationen 1. Ausbildungsjahr“** umfasst die **Lernfelder 1 - 4** des Rahmenlehrplans:

Lernfeld 1: Die eigene Rolle im Betrieb mitgestalten und den Betrieb präsentieren

Lernfeld 2: Büroprozesse gestalten und Arbeitsvorgänge organisieren

Lernfeld 3: Aufträge bearbeiten

Lernfeld 4: Sachgüter und Dienstleistungen beschaffen und Verträge schließen.

In den **handlungsorientierten Lernsituationen** spiegeln **unterschiedliche Modellbetriebe** die Vielfältigkeit der Praxis und schaffen den für die Entwicklung einer ganzheitlichen, prozessorientierten Handlungskompetenz jeweils notwendigen Bezugsrahmen.

Tipp: Zur unterrichtlichen Vertiefung und Vorbereitung auf die Prüfungen finden sich am Ende des Arbeitsbuches **zahlreiche weitere Aufgaben** und **Fälle** zu den einzelnen Lernfeldern.

Neu in dieser Auflage

Zahlreiche **Lernsituationen** sind **überarbeitet und aktualisiert**:
Insbesondere die **Arbeitsaufträge** sind durchgehend **optimiert** und die **Passgenauigkeit** der Orientierung am Rahmenlehrplan, dem AKA-Prüfungskatalog Kaufmann/Kauffrau für Büromanagement sowie den Originalprüfungen ist noch weiter **erhöht** worden. Alle notwendigen **Gesetzesänderungen** sind berücksichtigt. Die Belege und Geschäftsbriefe dieser Auflage sind der **aktuellen DIN 5008** angepasst.

Der **Download-Bereich** ist **erweitert** worden.

Hier sind im öffentlichen Download-Bereich unter *www.europa-lehrmittel.de/75772* die **Briefvordrucke** der Modellunternehmen und **weitere Materialien** hinterlegt.

Zudem steht **registrierten Lehrkräften** in einem **geschützten Download-Bereich eine große Auswahl an zusätzlichen Excel-Aufgaben mit Lösungen** zur vertiefenden, informationsgestützten Bearbeitung der Problemstellungen in den **Lernfeldern 3 und 4** zur Verfügung. Details zu den Inhalten der Excel-Übungen befinden sich im Lösungsband.

Ihr Feedback ist uns wichtig!

Wenn Sie mithelfen möchten, dieses Buch für die kommenden Auflagen noch weiter zu optimieren, schreiben Sie uns unter *lektorat@europa-lehrmittel.de*. Das Autorenteam freut sich auf Anregung und Unterstützung durch Kritik und wünscht erfolgreiches Arbeiten mit dem neuen Lehrwerk.

Herbst 2020 — Autoren und Verlag

Die eigene Rolle im Betrieb mitgestalten und den Betrieb präsentieren

Wie ich meine Ausbildung erfolgreich gestalte

1 - Ich orientiere mich im System der dualen Berufsausbildung.

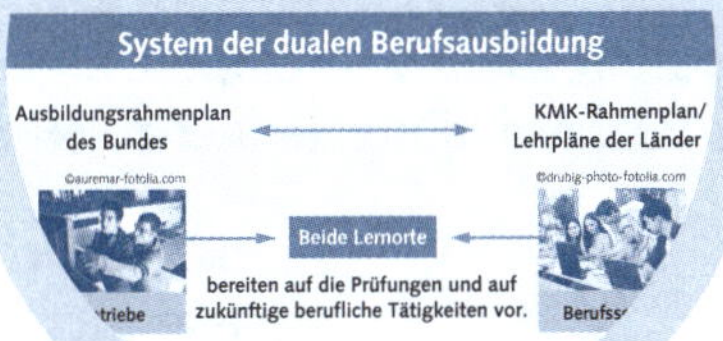

2 - Ich verstehe, in welchen wirtschaftlichen Zusammenhängen mein Ausbildungsbetrieb handelt.

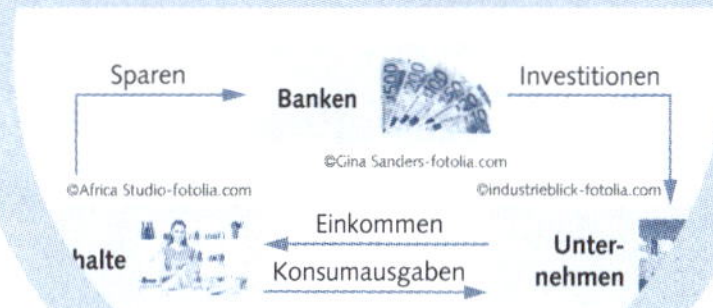

3 - Ich unterstütze durch meine Tätigkeit die Ziele und Leistungsprozesse meines Ausbildungsbetriebes.

4 - Ich kenne die Organisationsstruktur meines Ausbildungsbetriebes und ordne meine eigene Stelle ein.

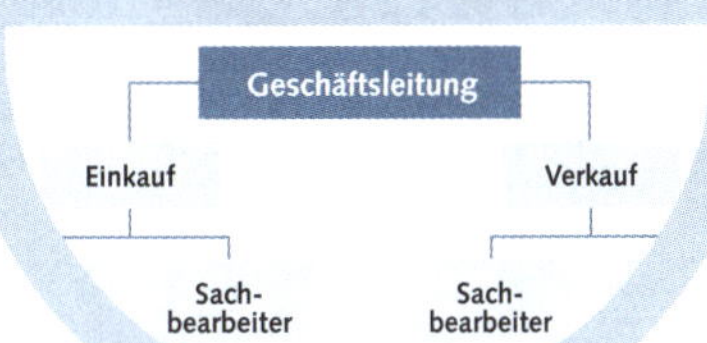

5 - Ich bereite eine Präsentation zur Vorstellung meines Ausbildungsbetriebes vor, führe sie durch und hole ein Feedback ein.

Die eigene Rolle im Betrieb mitgestalten und den Betrieb präsentieren

Die Kompetenzentwicklung umfasst, ...

... Vorstellungen über die Anforderungen im dualen System zu entwickeln, die eigene Rolle als Auszubildende zu klären und Möglichkeiten der Weiterbildung kennenzulernen.

Ziele der Ausbildung	System der dualen Berufsausbildung	Rechtsgrundlagen der Berufsausbildung	berufliche, wissenschaftliche, schulische Weiterqualifizierung

... den gesamtwirtschaftlichen Handlungsrahmen für wirtschaftliche Tätigkeiten des Ausbildungsbetriebes zu erkennen und einzuschätzen.

einfacher Wirtschaftskreislauf	Sparen, Investitionen	erweiterter Wirtschaftskreislauf

... Faktoren der Leistungserstellung des Ausbildungsbetriebes sowie der Unternehmen in unterschiedlichen Wirtschaftszweigen und Branchen zu beschreiben.

Dienst- und Sachleistungsbetriebe	Funktionsbereiche des Unternehmens	Zielsystem des Unternehmens	Unternehmen und natürliche Umwelt

... die Grundlagen betrieblicher Organisation zu erfassen und die Organisationsstrukturen darzustellen.

Aufbau- und Ablauforganisation	Entscheidungsbefugnisse von Mitarbeitern

... sich über den eigenen Ausbildungsbetrieb zu informieren und diesen verständlich und zielgerichtet zu präsentieren.

Informationsbeschaffungs- und Elaborationsstrategien	Präsentationsformen	Bewertung von Präsentationen

Der Modellbetrieb im Lernfeld 1
Unternehmensbeschreibung

Firma **Geschäftszweck** **Geschäftssitz** **Registergericht**	**Wohntal GmbH** Möbelfabrik, Fabrikausstellung, Einrichtungszentrum Börde-Park 1, 33604 Bielefeld Amtsgericht Bielefeld HRB 0001 Steuernummer: 540/3850/0044 USt-IdNr.: DE103005789
Gesellschafter **Geschäftsführer** **Prokura**	Jens Keller, Lea Busch Jens Keller, Anja Pietsch Petra Schulz, Dietmar Klopp
Telefon – Telefax **Homepage** **E-Mail**	0521 00001 0521 00011 www.wohntal.com info@wohntal.de
Bankverbindung	Bielefelder Sparkasse IBAN: DE23 7003 1000 0048 0501 61 BIC: STBIDE3BXXX
Mitarbeiter **neue Auszubildende**	250 Mitarbeiter; davon 18 Auszubildende Melanie Hauk, Mark Messmer
Auszug aus dem Absatzprogramm	**Eigenes Produktionsprogramm:** • Büromöbel **Handel mit Möbelprogrammen führender Hersteller:** • Wohnmöbel • Polstermöbel • Esszimmer • Jugendzimmer • Küchen **Handel mit Wohnaccessoires** **weitere Dienstleistungen:** • Lieferung, Montage, Entsorgung
Materialien/Teile: **Rohstoffe** **Hilfsstoffe** **Betriebsstoffe** **Vorprodukte**	 Holz, Glas, Kunststoffe, Metalle Schrauben, Nägel, Scharniere, Beschichtungen, Farben Schmierstoffe, Strom, Wasser, Gas Spiegel, Beschläge, Schlösser
Weitere Informationen für die Bearbeitung der Lernsituationen	
Abteilungen	Geschäftsleitung, Personalabteilung, Buchhaltung, Finanzabteilung, Einkauf, Verkauf, Technik und Entwicklung, Außendienst, Marketing und Produktion
Personalbüro/ **Betreuung der Auszubildenden**	u. a. Frau Gerdes; bei der Betreuung der Auszubildenden unterstützt durch Herrn Marks

Lernsituation 1:
Ziele setzen und sich über Anforderungen der Ausbildung informieren

Melanie Hauk und Mark Messmer haben sich vor wenigen Wochen erfolgreich bei der Wohntal GmbH für eine Ausbildung beworben und sind als geeignet beurteilt worden, die Ausbildung zu Kaufleuten im Büromanagement erfolgreich durchlaufen zu können.

Wohntal GmbH

„Die Herausforderungen des modernen Berufes sind ein erster Schritt in die berufliche Karriere", darüber sind sich die neuen Auszubildenden einig. Mit der Ausbildung zum „Büromanager" haben sie sich für einen interessanten und vielseitigen Beruf entschieden. Die Weichen für die berufliche Zukunft sind vorerst gestellt. Aber jetzt kommt zunächst viel Neues auf die beiden Auszubildenden zu. Die Ausbilder, die Arbeitskollegen und die Chefs kennenlernen – und natürlich auch die anderen Auszubildenden. Welche Abteilungen und welche Arbeitsbereiche gibt es im Ausbildungsbetrieb, und welche Tätigkeiten gehören zu den Arbeitsgebieten der Kaufleute für Büromanagement? Es wird eine Weile dauern, bis man sich im Betriebsalltag sicher zurechtfindet.

©DOC RABE Media-fotolia.com

©stockWERK-fotolia.com

Die beiden Auszubildenden möchten von Anfang an einen guten Eindruck machen, aber auch Initiative ergreifen und viele Fragen stellen. Da ist es gut zu wissen, welche Erwartungen der Betrieb an die Auszubildenden hat. Im Assessment-Center haben sie gelernt, dass neben den fachlichen Qualifikationen für die Bearbeitung von Geschäfts- und Büroprozessen auch die so genannten „soft-skills" wie Zuverlässigkeit, Ausdauer, Konzentration, Benehmen, Motivation (Selbstkompetenzen) und Teamfähigkeit, Kommunikationsfähigkeit, Kooperationsbereitschaft (Sozialkompetenzen) wichtig sind.

Die Entscheidung für die Berufswahl ist eine der schwierigsten im Leben. Entsprechen die Anforderungen den Interessen und Fähigkeiten der neuen Auszubildenden? Werden sie aktiv gestaltend ihre Ausbildung durchlaufen? Melanie Hauk und Mark Messmer werden spätestens zum Ende der Probezeit wieder beurteilt werden und müssen dann auch entscheiden, ob sie auf dem richtigen Weg sind.

Arbeitsaufträge

1. Jede Ausbildung eröffnet den Auszubildenden Wege für ihre persönliche Berufsplanung.

   a) Überlegen Sie, welche allgemeinen **Motive** Frau Hauk und Herrn Messmer zu ihrer **Berufswahl** bewogen haben könnten, und geben Sie an, inwieweit diese Motive auch auf Sie zutreffen. Nutzen Sie dazu die folgende Tabelle.

allgemeine Motive zur Berufswahl	mein Profil		
	trifft zu	trifft teilweise zu	trifft nicht zu
• sinnvolle Tätigkeit			
• sicherer Arbeitsplatz			

b) Entwerfen Sie ein **Zukunftsszenario** für sich und formulieren Sie Ihre kurz-, mittel- und langfristige berufliche Zielsetzung.

„Ans Ziel kommt nur der, der eins hat!"

Was sind Ihre beruflichen Ziele

➔ für die nächsten 3 Jahre?

©Marco2811-fotolia.com

➔ für die nächsten 10 Jahre?

➔ für die nächsten 20 Jahre?

2. Skizzieren Sie, welche Vorstellung Sie von **moderner kaufmännischer Tätigkeit** haben. Beschreiben Sie auch, welche Trends bzw. Neuerungen Sie für zukünftige Bürotätigkeiten erwarten.

   Berücksichtigen Sie dabei Erkenntnisse aus den Fachgebieten **Arbeitswissenschaften** (z. B. betriebliche Arbeitszeitmodelle), **Ergonomie** (z. B. Büroarbeitsplatz), **Arbeitsmedizin** (z. B. Umwelt- und Gesundheitsfaktoren), **Technologie** (z. B. moderne Kommunikationsmittel) etc.

Merkmale kaufmännischer Tätigkeiten:

©Rudie-fotolia.com

Trends bzw. Neuerungen für zukünftige Bürotätigkeit:

Lernsituation 2:
Das System der dualen Berufsausbildung kennenlernen

©goodluz-fotolia.com

Herr Marks hat vor einem Jahr seine Ausbildung in der Wohntal GmbH mit einem erfreulichen Ergebnis beendet und sich insbesondere für Tätigkeiten im Bereich des Personalwesens qualifiziert. Seitdem unterstützt er Frau Gerdes im Personalbüro. Der Personalchef der Wohntal GmbH erteilt ihm deshalb die Aufgabe, zusammen mit Frau Gerdes die neuen Auszubildenden zu betreuen.

Herr Marks ist sich darüber im Klaren, dass sich die neuen Auszubildenden nur aktiv einbringen können, wenn sie genaue Kenntnisse über das System der dualen Ausbildung und die Rechtsgrundlagen des Berufsbildungsgesetzes haben. Er hat sich darauf vorbereitet, über Grundlagen der Ausbildung umfassend zu informieren und zusammen mit den Auszubildenden die Rechtsgrundlagen zu erarbeiten.

Unterstützen Sie Herrn Marks bei seinen Erläuterungen zur dualen Berufsausbildung.

Arbeitsaufträge

1. Beschreiben Sie anhand nebenstehender Grafik das **System der dualen Berufsausbildung.** Überlegen Sie anschließend, welche Leistungen der Betrieb bzw. die Berufsschule erbringen und welche **Möglichkeiten zur Kooperation** zwischen diesen beiden Partnern wahrgenommen werden oder werden könnten.

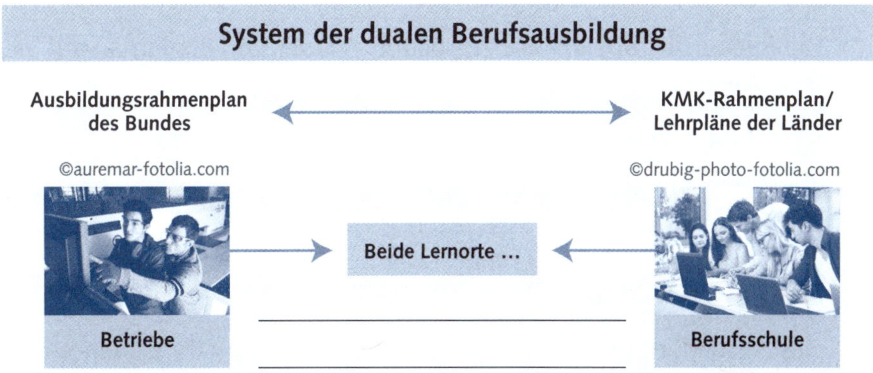

Das System der dualen Berufsausbildung: ______________________

____

____

____

____

____

Möglichkeiten zur Kooperation der dualen Partner: ______________________

____

____

____

2. Im Anschluss an seinen Kurzvortrag, in dem Herr Marks erklärt, dass die Büromanagement-Ausbildung auf der Grundlage des **Berufsbildungsgesetzes** (BBiG) im Rahmen einer entsprechenden **Verordnung über die Berufsausbildung** geregelt ist, erhalten die Auszubildenden folgenden Auftrag:

Prüfen Sie, ob die folgenden Vorgehens- bzw. Verhaltensweisen korrekt oder nicht korrekt sind. Informieren Sie sich ggf. auf den Internetseiten der Kammern.

Die Vorgehens- bzw. Verhaltensweise ist ...	... korrekt	... nicht korrekt
Allgemeines		
Im Ausbildungsvertrag steht als Bezeichnung des Ausbildungsberufes: „Kauffrau für Bürokommunikation“.		
Die Personalleitung will die Ausbildungsdauer von Beginn an auf vier Jahre festschreiben.		
Ausbildungsvertrag		
Die Dauer der Probezeit ist im Ausbildungsvertrag nicht dokumentiert.		
Die Höhe der Ausbildungsvergütung richtet sich nach dem für die Branche gültigen Tarifvertrag.		
Das Ausbildungsgehalt wird im ersten Ausbildungsjahr für eine Auszubildende mit 850,00 EUR angesetzt.		
Die Anzahl der Urlaubstage wird nicht im Ausbildungsvertrag festgehalten.		
Rechte und Pflichten der Ausbildungspartner		
Bis zum Ende der Probezeit hat eine Auszubildende lediglich in der Registratur gearbeitet und Putzarbeiten verrichtet.		
Ein Auszubildender wird für die Zeit des ersten Teils der gestreckten Abschlussprüfung freigestellt.		
Die Personalleitung verweigert einem Auszubildenden am Ende der Ausbildungszeit die Ausstellung eines qualifizierten Zeugnisses.		
Einer Auszubildenden wird während der Probezeit ohne Angabe von Gründen fristlos gekündigt.		
Ein Auszubildender geht regelmäßig zur Berufsschule, hat aber seine Unterlagen und entsprechende Lehrbücher selten zur Hand.		
In der Disko plaudert eine Auszubildende über die Umsätze mit einem guten Kunden.		
Wegen eines wichtigen Fußballspiels erscheint ein Auszubildender nicht zu einer vereinbarten betrieblichen Weiterbildung.		

Die Vorgehens- bzw. Verhaltensweise ist ...	... korrekt	... nicht korrekt
Ausbildungsnachweis/Berichtsheft		
Eine Auszubildende schreibt wöchentliche Berichte und lässt sie von der Ausbilderin unterschreiben.		
Der Auszubildende im ersten Ausbildungsjahr kopiert die elektronischen Ausbildungsberichte vom Auszubildenden im dritten Lehrjahr und druckt diese als eigenes Berichtsheft aus.		
Bei der Anmeldung zur Abschlussprüfung bestätigen der Auszubildende und seine Ausbilderin, dass die Ausbildungsnachweise ordnungsgemäß geführt wurden.		
Möglichkeiten einer Ausbildungsverkürzung bzw. -verlängerung		
Der Auszubildende weist den Abschluss der Allgemeinen Hochschulreife an einem Wirtschaftsgymnasium nach. Daraufhin wird die Ausbildung auf zwei Jahre verkürzt.		
Der Antrag auf Ausbildungsverkürzung wird an die Berufsschule des Auszubildenden gestellt.		
Eine Auszubildende hat auf dem Berufsschulzeugnis lediglich die Noten gut und sehr gut. Sie stellt einen Antrag auf Ausbildungsverkürzung bei der zuständigen Kammer. Dem Antrag wird stattgegeben.		
Ein Auszubildender besteht die Abschlussprüfung „im ersten Anlauf" nicht. Die Ausbildungsdauer wird um zwei Jahre verlängert.		

3. Herrn Marks Aufgabe ist es, die beiden Ausbildungsbereiche Schule und Betrieb in seiner Planung zusammenzuführen. Er hat unter Berücksichtigung des Stundenplans der Berufsschule und der tariflich vereinbarten Wochenarbeitszeit von 40 Stunden für die Auszubildenden einen Wochenplan erstellt.

   Prüfen Sie, ob der Wochenplan – er gilt für beide Auszubildende – den Bestimmungen des **Jugendarbeitsschutzgesetzes** bzw. den **Arbeitszeitregelungen für Erwachsene** entspricht. Ermitteln Sie dazu die jeweils anrechenbare Arbeitszeit. Melanie Hauk ist 17 Jahre alt, Mark Messmer wird im Dezember 20 Jahre alt.

Wochenplan für Melanie Hauck und Mark Messmer

Tag	Zeiten inkl. Pausen	Stunden gesamt	Pausen im Betrieb	anzurechnende Arbeitszeit (Std.)	
				Hauk	Messmer
Mo	7:30 Uhr – 16:00 Uhr				
Di	7:30 Uhr – 16:30 Uhr				
Mi	7:45 Uhr – 12:45 Uhr Berufsschule mit 2 Pausen à 15 Min. 13:30 Uhr – 17:15 Uhr Betrieb				
Do	7:30 Uhr – 17:00 Uhr				
Fr	7:45 Uhr – 12:45 Uhr Berufsschule mit 2 Pausen à 15 Min.				
	Summe				

Im Betrieb ist zusätzlich zur Mittagspause von 12:30 Uhr bis 13:00 Uhr jeweils eine Pause von 15 Minuten in der Zeit von 8:45 Uhr bis 10:45 Uhr und 14:30 Uhr bis 15:30 Uhr zu nehmen. Die Fahrzeit von der Wohnung zur Berufsschule beträgt für Herrn Messmer 15 Minuten, für Frau Hauck 30 Minuten. Nach der Berufsschule fahren beide gemeinsam zum Betrieb. Hierfür benötigen sie 30 Minuten. An jedem vierten Dienstag verzichtet Herr Messmer auf seine morgendliche Pause und verlässt den Betrieb um 12:30 Uhr, damit er an diesem freien Nachmittag eine Kindergruppe betreuen kann.

Beurteilung des Wochenplans von Melanie Hauk:

Beurteilung des Wochenplans von Mark Messmer:

4. Erstellen und prüfen Sie Ihren **eigenen Wochenplan** nach dem angegebenen Muster.

Wochenplan				
Tag	**Zeiten inkl. Pausen**	**Stunden gesamt**	**Pausen im Betrieb**	**anzurechnende Arbeitszeit (Std.)**
Mo				
Di				
Mi				
Do				
Fr				
	Summe			
Pausenzeiten im Betrieb:				
Fahrzeit Berufsschule/Betrieb:				

Beurteilung des persönlichen Wochenplans:

Lernsituation 3:
Die Probezeit nutzen, erste Erfolge kontrollieren und auf dem Weg zum Berufsabschluss planvoll fortschreiten

In der Wohntal GmbH findet am Ende der Probezeit eine erste ausdrückliche Beurteilung der Auszubildenden statt. Diese Beurteilung ist die Basis für Entscheidungen über den weiteren Einsatz und die berufliche Förderung. Die Einschätzung der Ausbilder ist damit eine wichtige Grundlage für den Erfolg der Auszubildenden.

©Corrie-fotolia.com

Entsprechend wichtig ist es sicherzustellen, dass der Einsatz in der Probezeit ein zuverlässiges Urteil für die Fortführung der Ausbildung erlaubt.

Frau Gerdes: „Herr Marks, wir haben vereinbart, dass Sie mich von einigen Teilaufgaben bei der Betreuung von Melanie Hauk und Mark Messmer entlasten. Ich möchte Sie bitten, für die ersten 4 Monate der Ausbildung einen Personaleinsatzplan für unsere „Azubis" zu erstellen und mit mir abzusprechen. Orientieren Sie sich dabei an den Hinweisen der IHK. In diesen 4 Monaten werden Sie erster Ansprechpartner für die ausbildenden Abteilungen und für die Auszubildenden sein. Eine entsprechende Information an die Abteilungsleiter habe ich vorbereitet."

Probezeit: Auszug aus den Hinweisen der Industrie- und Handelskammer Nord Westfalen

Spätestens bis zum Ende der Probezeit muss sich der Ausbilder ein zuverlässiges Urteil darüber erlauben können, ob das Ausbildungsverhältnis abgebrochen werden soll oder nicht. Der Ausbilder muss sein Urteil auf drei Bereiche stützen können:

1. die objektiv festgestellte Leistungsfähigkeit des Auszubildenden,
2. seinen Arbeitscharakter, wie er sich durch ständige Beobachtung offenbart hat,
3. die Entwicklungsfähigkeit des Auszubildenden.

Daran müssen Sie als Ausbilder denken:

- Beurteilen Sie auch das Lern- und Sozialverhalten des jungen Menschen, nicht nur das Leistungsverhalten.
- Bewerten Sie beim Lernverhalten die Mitarbeit bei den Unterweisungen und Lehrgesprächen sowie das Anwenden des Gelernten in der betrieblichen Praxis.
- Beim Sozialverhalten bewerten Sie die Einstellung zu und das Verhalten gegenüber den anderen Auszubildenden, den Ausbildern und den sonstigen Mitarbeitern.
- Betrauen Sie den Auszubildenden (auch) während der Probezeit nur mit Tätigkeiten, die später in seinem Beruf bedeutsam sind. Ausbildungsfremde Tätigkeiten sind verboten.
- Stellen Sie möglichst viele unterschiedliche Aufgaben aus verschiedenen Bereichen, damit Sie Ihr Urteil auf eine breite Basis stützen. Monotone Routinearbeiten und Nebentätigkeiten erlauben kein auch nur halbwegs sicheres Urteil über die berufliche Eignung.
- Beobachten Sie die Arbeitsweise und das Arbeitsverhalten, aber machen Sie daraus keine „geheime Kommandosache". Sprechen Sie mit dem Auszubildenden nicht nur über die Notwendigkeit der Beurteilung und über die Beurteilungskriterien, sondern auch über das Ergebnis der Beurteilung.
- Stellen Sie von vornherein klar, dass während der Probezeit eine Beurteilung des Auszubildenden stattfindet. Legen Sie die Kriterien dar.
- Einmalige Ausrutscher dürfen bei der Beurteilung nicht ins Gewicht fallen.

Herr Marks legt für die ersten 4 Monate folgenden **Ausbildungsplan** vor:

4-Monats-Plan für die Auszubildenden Melanie Hauk und Mark Messmer

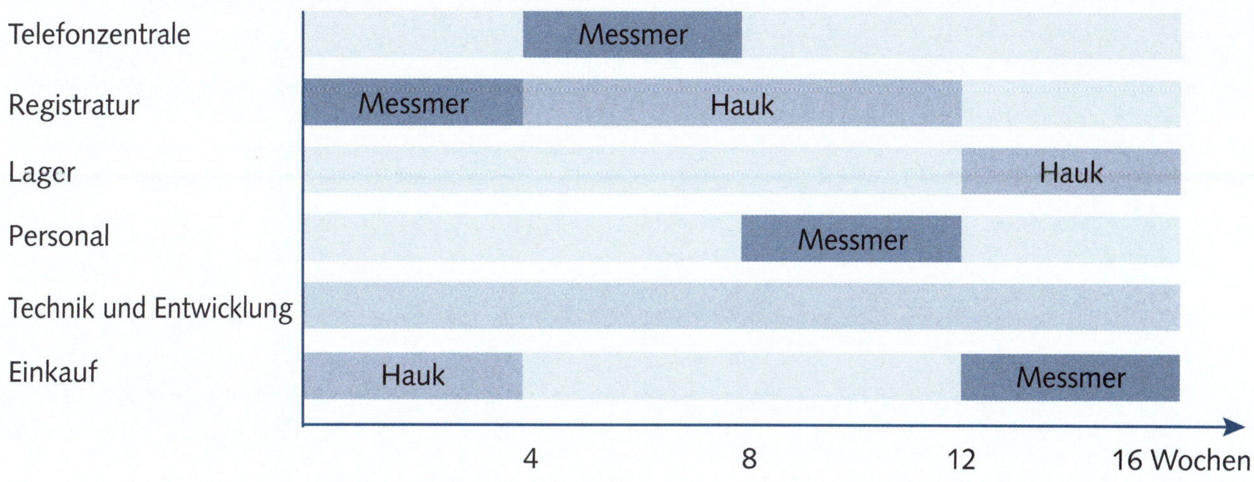

Arbeitsaufträge

1. Prüfen Sie anhand der **Hinweise der IHK** wie gut der von Herrn Marks vorgelegte **4-Monats-Plan** geeignet ist, die Anforderungen für eine tragfähige **Beurteilung der Auszubildenden** nach der Probezeit zu erfüllen.

Eignung des 4-Monats-Plan für die Beurteilung von …	
Melanie Hauk	**Mark Messmer**

2. a) Erstellen Sie nach folgendem Muster den **Monats-Plan** für Ihre **eigene Probezeit** (maximal 4 Monate).

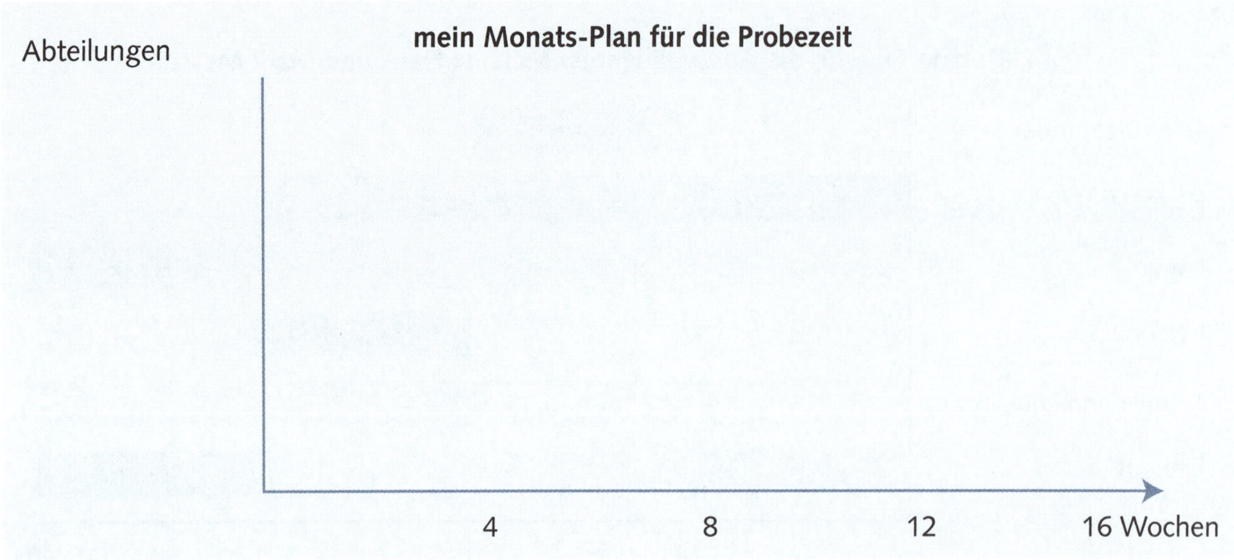

b) Stellen Sie fest, ob Ihr eigener 4-Monats-Plan den **zeitlichen und inhaltlichen Anforderungen des Ausbildungsrahmenplans** entspricht. Den Ausbildungsrahmenplan finden Sie im z. B. Internet.

eigener 4-Monats-Plan	
Abteilungen	Ausbildungsabschnitt im Ausbildungsrahmenplan
z. B. Einkauf: 6 Wochen	Abschnitt A. Nummer 2.3: Beschaffung von Material und externen Dienstleistungen

Abgleich: eigener Ausbildungsplan – Ausbildungsrahmenplan

c) Stellen Sie Ihre Ausbildungs-Pläne in der Klasse vor und diskutieren Sie (mit Bezug auf die IHK-Vorgaben) insbesondere die **Eignung besonders „auffälliger" Pläne.**

Hinweise zur der Eignung eigener Ausbildungspläne:

3. Zur Beurteilung der Auszubildenden lässt Herr Marks von den einzelnen Abteilungen ein **Eignungsprofil** erstellen. Zum Abschluss der Probezeit sollen diese Unterlagen Grundlage des Beurteilungsgesprächs sein, das er mit den Auszubildenden führen wird.

Eignungsprofil für Mark Messmer		**Abteilung: Registratur**				
Kriterien	**Ausprägung***	**1**	**2**	**3**	**4**	**5**
äußere Erscheinung	gepflegt			•		
Arbeitsverhalten	Arbeitstempo				•	
	Qualität			•		
	Zeiteinteilung		•			
	systematisches Vorgehen			•		
Sozialverhalten	Kommunikationsfähigkeit				•	
	Freundlichkeit				•	
	Kooperationsbereitschaft				•	
	Hilfsbereitschaft					•
	Kritikfähigkeit (aktiv/passiv)	•				
	Teamfähigkeit				•	
	aktives Zuhören			•		
sonstige Fähigkeiten	Merkfähigkeit				•	
	Konzentrationsfähigkeit			•		
	Belastbarkeit				•	
	Selbstständigkeit				•	

* 1 = wenig ausgeprägt, 5 = stark ausgeprägt

a) Analysieren Sie die **Beurteilung,** die Mark Messmer nach 4 Wochen Ausbildung von der Abteilung „Registratur“ erhalten hat. Achten Sie dabei besonders auf die erkannten Stärken und Schwächen.

Analyse des Beurteilungsprofils: ______________________________

____

____

____

____

____

____

____

____

b) Überlegen Sie, inwieweit die **Beurteilungskriterien** Ihres Erachtens Aussagen über eine Berufseignung ermöglichen. Unterbreiten Sie ggf. Verbesserungsvorschläge.

Aussagefähigkeit der gewählten Beurteilungskriterien:

c) Formulieren Sie auf der Grundlage des Eignungsprofils positive bzw. negative Aussagen für ein **Beurteilungsgespräch.** Überlegen Sie auch, wie Herr Marks geschickt formulieren könnte, damit seine negativen „Botschaften" ankommen, aber nicht verletzend wirken.

Positives Feedback:

Negatives Feedback:

4. Die Probezeit soll darüber Auskunft geben, ob die Voraussetzungen für eine erfolgversprechende Ausbildung gegeben sind. Auszubildender und Betrieb haben deshalb das Recht und die Pflicht festzustellen, ob eine Fortsetzung des Ausbildungsverhältnisses sinnvoll ist.

Klären Sie, in welchen Fällen **während bzw. nach der Probezeit gekündigt** werden kann. Notieren Sie eine kurze Begründung für Ihre Entscheidung.

Fälle: Kündigung während bzw. nach der Probezeit	**Kündigung**	
	wirksam	**unwirksam**
Die volljährige Auszubildende Petra Schulze hat nach der Probezeit gemerkt, dass der Bürojob doch nichts für sie ist. Sie möchte lieber an der „frischen Luft“ arbeiten und will Pferdewirtin werden. Sie kündigt schriftlich fristlos.		
Der Inhaber der Boutique „Wollschaf e. K.“, Peter Kinze, regt sich darüber auf, dass sein Auszubildender in der Probezeit einmalig den Bus verpasst hat und nicht pünktlich erschienen ist. Er kündigt dem Auszubildenden ohne Angabe von Gründen schriftlich.		
Die Auszubildende Ann-Kathrin Lenne (volljährig) kündigt schriftlich nach der Probezeit mit einer Frist von 4 Wochen mit der Begründung, ein Studium aufnehmen zu wollen.		
Peter Schroer hat mit 16 Jahren die Ausbildung begonnen. Nach der Geburtstagsfeier zu seinem 18. Geburtstag erscheint er erstmalig verspätet zur Arbeit. Der Chef zitiert den Auszubildenden in sein Büro und überreicht ihm die fristlose Kündigung wegen Unzuverlässigkeit.		
Der Juwelier Peter Gilt kündigt der Auszubildenden Carina Stoll in der Probezeit mündlich ohne Angabe von Gründen. Er möchte lieber, dass seine Nichte, die ihr Studium abgebrochen hat, die Ausbildungsstelle bekommt.		
Nach 5 Monaten stellt sich heraus, dass der berufsschulpflichtige Auszubildende Ben Wecker alle Berufsschultage geschwänzt hat. Das Unternehmen kündigt ihm schriftlich fristlos.		

Lernsituation 4:
Interessen vertreten und Konflikte auf der Grundlage rechtlicher Regelungen lösen

©fotomek-fotolia.com

Melanie Hauk und Mark Messmer haben ihre Probezeit erfolgreich durchlaufen. Sie sind mit der Ausbildung nach Ausbildungsplan insgesamt zufrieden, auch wenn Melanie Hauck zunächst mit den acht Wochen Registratur nicht ganz glücklich war. Die Arbeit bereitet Spaß, das Betriebsklima ist ausgezeichnet. Auch die Betreuer, Frau Gerdes und Herr Marks, beurteilen die Leistungen der Auszubildenden bisher überwiegend positiv, sodass eine Ausbildungsverkürzung und ggf. eine Übernahme nach erfolgreicher Ausbildung in Erwägung gezogen werden.

Angesichts des Weihnachtsgeschäftes ist in der Wohntal GmbH allerdings kurzfristig ein besonderer „Fahrplan“ vorgesehen.

Abweichend vom Ausbildungsplan werden die zwei Auszubildenden angewiesen, im Dezember 10 Stunden täglich im Verkauf zu arbeiten und nur einen Tag in der Woche die Berufsschule zu besuchen. Melanie Hauk und Mark Messmer haben allerdings Sorge, dass aufgrund der Unterrichtsversäumnisse und des nach Ausbildungsplan nicht vorgesehenen Einsatzes im Verkauf eine Ausbildungsverkürzung gefährdet ist.

Sie überlegen, bei welcher Institution sie sich über ausbildungsrechtliche Ansprüche zum Schutz ihrer Interessen informieren können und ob sie gegebenenfalls ausbildungsbegleitende Hilfen in Anspruch nehmen können.

Arbeitsaufträge

1. Empfehlen Sie den Auszubildenden, in welcher Reihenfolge sie sich mit welchen Personen bzw. Institutionen hinsichtlich des **betrieblichen Konflikts** beraten sollten. **Personen bzw. Institutionen zur Beratung im Konfliktfall** (i. d. R. gebotene Reihenfolge):

2. Klären Sie die grundsätzlichen **Möglichkeiten der Berufsschule und anderer Träger** im Hinblick auf **Beratung und Hilfen.**

Beratung und Hilfen für Auszubildende:

3. Recherchieren Sie, welches Ziel **ausbildungsbegleitende Hilfen (abH)** verfolgen, und stellen Sie fest, unter welchen Bedingungen Melanie Hauk und Mark Messmer ausbildungsbegleitende Hilfen (abH) in Anspruch nehmen können. Finden Sie die Kontaktdaten der für Sie zuständigen abH heraus.

Ziel der abH und Bedingungen für die Inanspruchnahme:

Kontaktdaten der für Sie zuständigen abH:

4. Melanie Hauk ist sehr an einer **Ausbildungsverkürzung** interessiert. „Dann bekomme ich sicher auch sofort die Ausbildungsvergütung für das zweite Ausbildungsjahr", denkt sie sich. Bei Fragen zur Verkürzung der Ausbildung, zur Höhe der Ausbildungsvergütung, aber auch zu Arbeitszeiten, Berufsschule oder dem Jugendarbeitsschutz helfen die **Ausbildungsberater der IHK** weiter. Auch wenn es Konflikte zwischen Auszubildendem und Betrieb gibt, sind sie ansprechbar und schlichten den Streit.

a) Nennen Sie Vor- und Nachteile einer Verkürzung der Ausbildungszeit aus Sicht der Auszubildenden.

Vorteile einer Ausbildungsverkürzung	Nachteile einer Ausbildungsverkürzung

b) Klären Sie, unter welchen Bedingungen Melanie Hauck eine Verkürzung der Ausbildungsdauer gewährt werden sollte bzw. gewährt werden muss. Nutzen Sie ggf. das Internet.

Bedingungen und finanzielle Auswirkung einer Ausbildungsverkürzung:

c) Prüfen Sie, ob die unten aufgeführten **Wünsche** der Auszubildenden bzw. des Betriebes den **rechtlichen Regelungen** entsprechen.

Sachverhalt	rechtliche Regelung	Beurteilung
Melanie Hauck möchte ihr Berichtsheft während der betrieblichen Ausbildungszeit führen.	§ 14 II BBiG	
Mark Messmer möchte Informationen über die zeitliche Planung der Ausbildung.	§ 5 BBiG § 11 BBiG	
Als Volljähriger plant Mark Messmer seinen Urlaub außerhalb der Schulferien.	§ 19 III JArbSchG	
Melanie Hauck möchte während der Ausbildung im Rahmen des Berufsschulunterrichts die Zusatzqualifikation „Europaassistentin“ erwerben.	§ 13 BBiG	

Lernsituation 5:
Die Ausbildung abschließen und Möglichkeiten der Weiterbildung kennenlernen

Die Aussicht auf Übernahme in ein unbefristetes Arbeitsverhältnis ist ein großer Ansporn für Melanie Hauk und Mark Messmer, sich in der Ausbildung zu bewähren und sich für einen eigenen Arbeitsbereich zu empfehlen. Vorstellungen über einen individuellen Arbeitsvertrag werden ausgetauscht: flexible Arbeitszeiten, ein ordentliches Gehalt mit Prämien und Sonderzahlungen, betriebliche Altersversorgung und auch mehr Urlaub als in der Ausbildung... Aber: Was kann man eigentlich alles verlangen, und „wo steht das"?

Wie immer steht Herr Marks hilfreich zur Seite. „Unser Betrieb ist tarifgebunden, was nicht selbstverständlich ist. Bei der Gestaltung unserer Arbeitsverträge sind wir deshalb streng an die Regelungen der Tarifverträge gebunden. Am besten machen Sie sich bei Gelegenheit mit den unterschiedlichen Inhalten der geltenden Tarifverträge vertraut.

©Torbz-fotolia.com

Doch zunächst sollten Sie sich auf Ihre Abschlussprüfung konzentrieren und erst einmal diese gewissenhaft vorbereiten. Mit dem erfolgreichen Abschluss einer beruflichen Ausbildung schaffen Sie eine solide Grundlage für Ihren beruflichen Werdegang und gleichzeitig eine gute Basis für Ihre berufliche Weiterbildung."

Arbeitsaufträge

Mark Messmer hat die Hinweise von Herrn Marks zu den Tarifverträgen noch im Kopf, als er im Laufe der Woche in unterschiedlichen Medien auf einige Aussagen zum Thema stößt:

EINZELHANDEL Auf zum letzten Gefecht

Die Tarifflucht verzerrt den Wettbewerb. In den kommenden Monaten entscheidet sich, nach welchen Regeln die Branche künftig arbeitet.

Das Hinterzimmer im Hotel Melia an der Berliner Friedrichstraße war fast zu klein, um die Egos der Handelsgranden zu fassen, die sich am 15. Juni zum vertraulichen Branchen-Tête-à-Tête versammelt hatten. Chefs und Topmanager von Aldi, Lidl, Edeka und Metro waren dabei. Auch der mächtige Verdi-Boss kam. Für den Handelsverband Deutschland (HDE) nahm der Hauptgeschäftsführer teil. Es ging um ein Politikum: Nachdem sich jahrelang immer mehr Handelskonzerne aus der Tarifbindung verabschiedet hatten, wollte die Runde einen neuen Anlauf starten, den Exodus der Unternehmen aus dem Tarifsystem zu stoppen.

nach: Wirtschaftswoche

Lea Busch
(Gesellschafterin der Wohntal GmbH)
im Interview mit dem „Bielefelder Morgen"

„Wir werden durch die anstehenden Tarifverhandlungen im Einzelhandel eigentlich wieder benachteiligt. Während wir durch den Tarifvertrag gebunden sind, entziehen sich die „Großen" der Verantwortung."

Sina Brock
(Landespolitikerin im Lokalfunk zur angespannten Lage im Tarifkonflikt des Einzelhandels):

„Natürlich mache ich mir Sorgen um Arbeitsplätze im Einzelhandel. Mir steht es aber nicht zu, die Lohnforderung der Gewerkschaft Verdi zu kommentieren."

1. Bezeichnen Sie die **Tarifvertragsparteien** im konkreten Fall der Wohntal GmbH und erklären Sie mit Bezug auf die oben angeführten Aussagen in den Medien, was man unter **Tarifvertrag, Tarifautonomie** und **Tarifflucht** versteht.

Tarifvertrag, Tarifautonomie, Tarifflucht:

2. Begründen Sie, warum es sinnvoll ist, Löhne bzw. Gehälter und Urlaubsgeld in **Entgelttarifverträgen** zu regeln und Fragen zur Arbeitszeit und zum Urlaubsanspruch in **Manteltarifverträgen** festzuhalten.

Regelungen in Entgelttarifverträgen bzw. in Manteltarifverträgen:

3. „Wenn ich die Ausbildung verkürzen darf, liegt meine Abschlussprüfung gar nicht mehr in so weiter Ferne", denkt Melanie Hauk, „je eher ich mich mit den Anforderungen der Prüfung vertraut mache, desto besser!"

   Verschaffen Sie sich mithilfe der „Verordnung über die Berufsausbildung" (Ausbildungsordnung) einen Überblick über Ihre **Berufsabschlussprüfung** nach folgendem Muster.

Prüfungsfach	Prüfungsteil 1/ Prüfungsteil 2	Dauer (Minuten)	Gewichtung (%)
Informationstechnisches Büromanagement			
Wirtschafts- und Sozialkunde			
Kundenbeziehungsprozesse			
Fachaufgabe in der Wahlqualifikation			

4. Herr Marks unterstützt das Vorhaben seiner Auszubildenden, sich frühzeitig über die **Modalitäten der Abschlussprüfung** zu informieren. „Wie das System funktioniert, erschließt sich am besten, wenn man die Grenzfälle betrachtet." Mit diesen Worten legt er Frau Hauck zwei Fälle vor.

   Ermitteln Sie für beide Fälle die Ergebnisse der Prüfungsleistungen und stellen Sie jeweils fest, ob die Abschlussprüfung bestanden ist.

Gewichtung der Prüfungsbereiche, Bestehen der Abschlussprüfung

Die Abschlussprüfung ist bestanden, wenn die Leistungen wie folgt bewertet wurden:
- im Gesamtergebnis von Teil 1 und Teil 2 mit mindestens „ausreichend",
- im Ergebnis von Teil 2 der Abschlussprüfung mit mindestens „ausreichend",
- in mindestens zwei Prüfungsbereichen von Teil 2 der Abschlussprüfung mit mindestens „ausreichend" und
- in keinem Prüfungsbereich von Teil 2 mit „ungenügend".

(Quelle: Verordnung über die Erprobung abweichender Ausbildungs- und Prüfungsbestimmungen Büromanagementkaufleute-Ausbildungsverordnung § 5)

	Fall 1			Fall 2		
Prüfungsteil/ Prüfungsfach	**erreichte Punkte**	**Gewichtung (%)**	**Ergebnis**	**erreichte Punkte**	**Gewichtung (%)**	**Ergebnis**
Teil 1						
Informationstechnisches Büromanagement	60			20		
Teil 2						
Wirtschafts- und Sozialkunde	70			40		
Kundenbeziehungsprozesse	50			50		
Fachaufgabe in der Wahlqualifikation	34			75		
Gesamtergebnis						
bestanden/nicht bestanden						

5. a) Herr Marks lacht: „So knapp werden Sie in der Abschlussprüfung hoffentlich nicht abschneiden! Wenn Ihnen das Kaufmännische weiterhin so gut liegt, wie es bisher den Anschein hat, dann lohnt es sich sicher, darüber nachzudenken, wie Sie sich nach der Ausbildung noch weiterbilden können. Die folgende Grafik bietet Ihnen dazu einen ersten Überblick …"

Erklären Sie mithilfe der Grafik **unterschiedliche Möglichkeiten der Weiterbildung.**

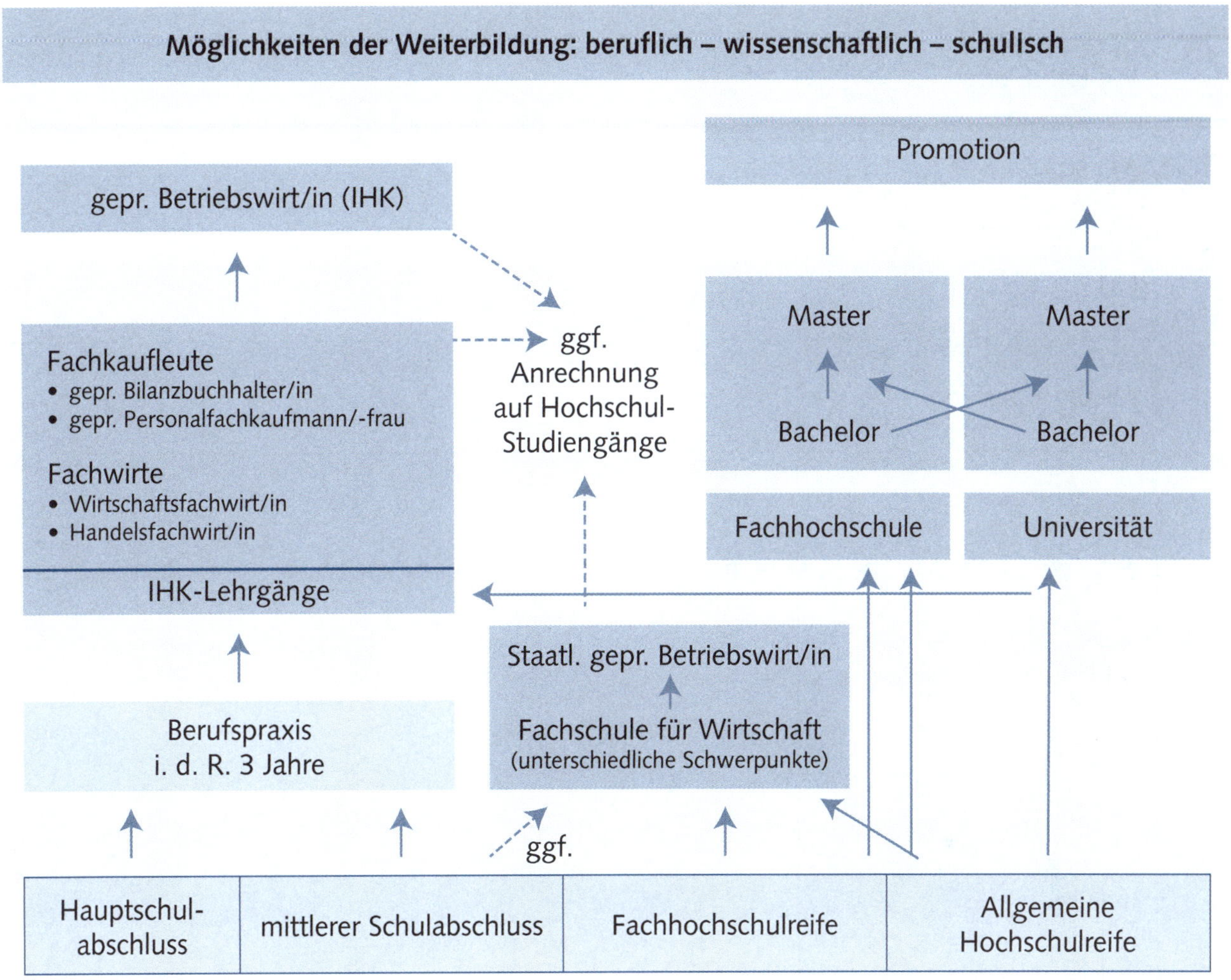

Möglichkeiten der Weiterbildung:

b) Bei der Vielzahl der Weiterbildungsmöglichkeiten einen Überblick zu gewinnen ist nicht ganz leicht... Die Auszubildenden schlagen vor, im Intranet der Wohntal GmbH nach und nach eine „Weiterbildungsdatenbank“ aufzubauen, damit die kaufmännischen Mitarbeiter sich leichter informieren können.

Stellen Sie nach dem von den Auszubildenden entworfenen Muster die **Bedingungen für eine kaufmännische Weiterbildung Ihrer Wahl** zusammen.

Bezeichnung der Weiterbildung	
Anbieter	
Ort	
Ansprechpartner	
Dauer	
zeitliche Organisation	
Inhalte	
Kosten	
Nutzen/Chancen	

Lernsituation 6:
Wirtschaftssubjekte in den Wirtschaftskreislauf einordnen

Die Auszubildenden Melanie Hauk und Mark Messmer haben ihre viermonatige Probezeit in der Wohntal GmbH gut überstanden und freuen sich über die Überweisungen der monatlichen Ausbildungsvergütung.

Im Gespräch sagt Mark Messmer:

„In den vergangenen Monaten habe ich meine Ausbildungsvergütung von 680,00 EUR jeden Monat vollständig ausgegeben."

Melanie Hauk entgegnet erstaunt:

„Da gehe ich mit meinem Geld wohl vorsichtiger um. Aufgrund meiner Ersparnisse kann ich zum Beispiel demnächst den Führerschein machen. Ich habe bis jetzt jeden Monat 150,00 EUR gespart. Außerdem: Wenn alle so mit ihrem Einkommen umgehen würden wie du, könnte es nie eine wirkliche Weiterentwicklung in der Volkswirtschaft geben."

Mark Messmer wendet zu seiner Verteidigung ein:

„Wieso? Dafür zahle ich doch später reichlich Steuern und Sozialversicherungsabgaben, wenn mein Gehalt mal höher ist."

Die hinzukommende Ausbildungsleiterin hört dem Gespräch kurz zu und schlägt vor, sie sollten sich mit diesen Standpunkten mal genauer auseinandersetzen und zur nächsten betriebsinternen Schulung vorstellen, wie sie als Auszubildende und die Wohntal GmbH als Unternehmen eigentlich in die Wirtschaftsabläufe der gesamten Volkswirtschaft eingebunden seien.

Arbeitsaufträge

1. Gehen Sie aus Vereinfachungsgründen zunächst davon aus, dass Melanie Hauk und Mark Messmer die gesamte **Ausbildungsvergütung für Konsumzwecke ausgeben.** Überlegen Sie, welche Beträge Melanie bzw. Mark für welche Konsumgüter ausgegeben haben könnten, und fassen Sie diese Ausgaben in Gruppen zusammen (z. B. Kleidung, Lebensmittel). Erstellen Sie für einen von beiden eine **Tabelle mit möglichen Gütergruppen und zugeordneten Beträgen** der monatlichen Ausgaben von je 680,00 EUR.

Gütergruppen	Beträge in EUR
Lebensmittel	
Kleidung	
Summe	**680,00 EUR**

2. Stellen Sie die **Geld- und Güterströme zwischen der Wohntal GmbH, den beiden Auszubildenden Hauk und Messmer und den Geschäften,** in denen die beiden ihr Geld ausgegeben haben, dar. Übertragen Sie die Daten aus der vorhergehenden Tabelle, und beschriften Sie die Pfeile mit den jeweiligen Größen. (Bei Bedarf ergänzen Sie die Anzahl der Strömungspfeile zwischen Azubis und Geschäften.)

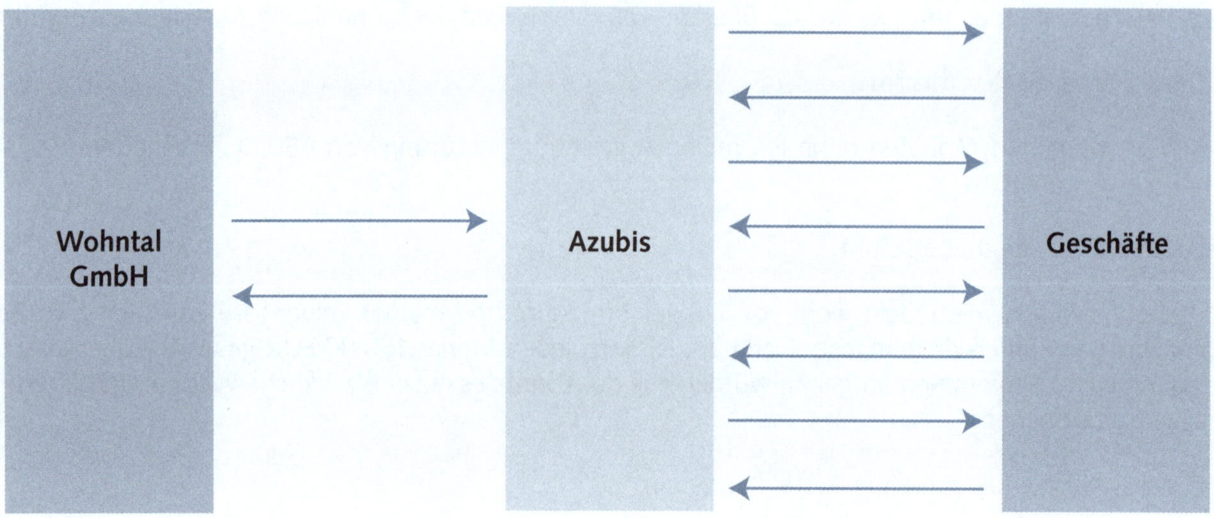

3. Vereinfachen Sie anschließend diese Übersicht, indem Sie die Unternehmen zusammenfassen und die Abläufe lediglich noch in vier Strömungsgrößen zum Ausdruck bringen: **Konsumausgaben**, **Konsumgüter**, **Produktionsfaktoren** und **Faktoreinkommen**.

4. In der Übersicht befinden sich Strömungsgrößen, die reale Ströme darstellen (z. B. Güter), und Geldströme (monetäre Ströme) in der Gegenrichtung.

   a) Verschlanken Sie die Darstellung dadurch, dass Sie **ausschließlich Geldströme abbilden.** Dies kann aus Vereinfachungsgründen deshalb vorgenommen werden, da der entgegengesetzte Güterstrom wertmäßig identisch ist.

b) Die von Ihnen in a) erstellte Übersicht (**einfacher Wirtschaftskreislauf**) kann für die gesamte Volkswirtschaft als vereinfachte Modelldarstellung angesehen werden, wenn die unterschiedlichen Geschäfte als Unternehmen zusammengefasst werden und die beiden Auszubildenden Melanie Hauk und Mark Messmer durch alle privaten Haushalte der Volkswirtschaft ersetzt werden.

Damit besitzt das Modell des einfachen Wirtschaftskreislaufs ein sehr hohes Abstraktionsniveau. Finden Sie in einer Internet-Recherche heraus, wie viele private Haushalte und Unternehmen tatsächlich zurzeit in die Volkswirtschaft der Bundesrepublik Deutschland eingebunden sind.

Anzahl privater Haushalte:	
Anzahl Unternehmen:	

5. Benennen Sie die **Einschränkungen**, die dieses einfache Modell enthält, und arbeiten Sie die Modellannahmen **(Modellprämissen)** heraus. Ergänzen Sie dazu den folgenden Lückentext.

In der Modellbetrachtung werden ausschließlich .... Ströme betrachtet. Die Haushalte konsumieren das .... Faktoreinkommen. Das .... ist damit = 0. Der Staat findet noch .... Berücksichtigung. Es werden keine Steuern und Abgaben an den .... in Abzug gebracht. Zwischen der Produktion und dem Konsum der Güter besteht ....

6. Melanie Hauck behauptet in der Eingangssituation, ohne Sparen (Konsumverzicht) könne es nie eine Weiterentwicklung der Volkswirtschaft geben. Anhand des folgenden Beispiels möchte sie Mark Messmer verdeutlichen, wie **Konsumverzicht** zu einer **dynamischen Entwicklung** der Wirtschaft beitragen kann.

Eine moderne Robinsonade

Nach einer zerstörerischen Naturkatastrophe auf einer Südseeinsel ziehen sich einige Inselbewohner in das Inselinnere ohne Kenntnisse über den weiteren Verlauf der Ereignisse zurück. Unterstellen wir, dass diese Inselbewohner die Möglichkeit haben, sich überwiegend durch Fischfang am Leben zu halten. Die Fische fangen sie zunächst mit der Hand. Nach einiger Zeit einigen sie sich darauf, ein Fischernetz zu knüpfen. Hierfür werden zwei besonders geschickte Inselbewohner ausgewählt, die während dieser Zeit vom Fischfang freigestellt werden. Vor der Netzherstellung kann ein Fangergebnis von 0,5 kg pro Person und Tag erzielt werden. Durch den Einsatz des Netzes verbessert sich das Fangergebnis auf 1,0 kg pro Person und Tag. Nehmen wir weiter an, dass die Gruppe insgesamt aus 10 Personen besteht.

a) Ergänzen Sie die folgende Tabelle und ermitteln Sie das **Fangergebnis vor und nach der Netzherstellung.**

Fangergebnis	zu ernährende Personen	fischende Personen	Fangergebnis in kg insgesamt	Tagesration pro Person in kg	Fangergebnis je Person
vor der Netzherstellung	10				
während der Netzherstellung	10				
nach der Netzherstellung	10				

b) Nennen Sie die wesentlichen **Voraussetzungen** für die Herstellung der Netze.

Voraussetzungen für die Netzherstellung:

c) Benennen Sie die **Vorteile,** die sich durch die Nutzung der Netze ergeben.

Vorteile der Netz-Nutzung:

d) Melanie Hauck hat stolz berichtet, sie spare monatlich 150,00 EUR, um demnächst z. B. in ihren Führerschein investieren zu können. Schlagen Sie vor, **auf** welche in Aufgabe 1 unterstellten **Konsumausgaben** man Ihres Erachtens **verzichten** könnte bzw. welche Ausgaben man reduzieren könnte, um den Betrag von 150,00 EUR zu sparen.

mögliche Einsparpositionen	Beträge in EUR
Summe	**150,00 EUR**

e) Erklären Sie, wie Konsumverzicht zu einer Weiterentwicklung der Volkswirtschaft beitragen könnte. Ergänzen Sie dazu auch die Modelldarstellung mit den Stromgrößen: **Faktoreinkommen**, **Konsumausgaben**, **Sparen** und **Investitionen**.

evolutorische Volkswirtschaft

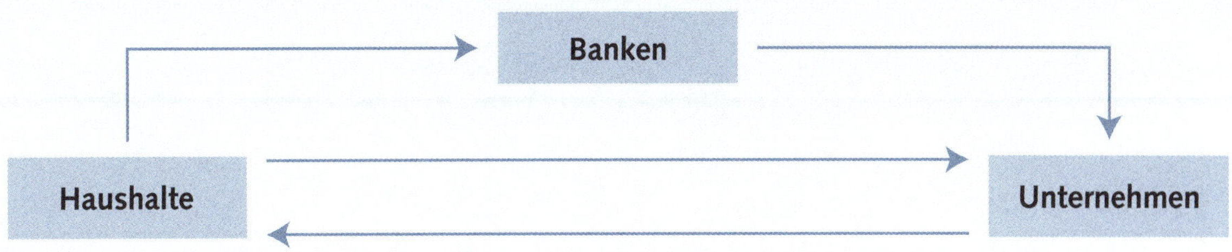

Konsumverzicht ist Voraussetzung für eine dynamische/evolutorische Volkswirtschaft, denn ...

7. Sowohl die privaten Haushalte als auch die Unternehmungen sind durch Zahlungsströme auch mit dem **Staat** verbunden. Erweitern Sie nun die bisherige Modelldarstellung um diese Zahlungsströme und ordnen Sie die folgenden Transaktionen zu:

evolutorische Volkswirtschaft mit Staat

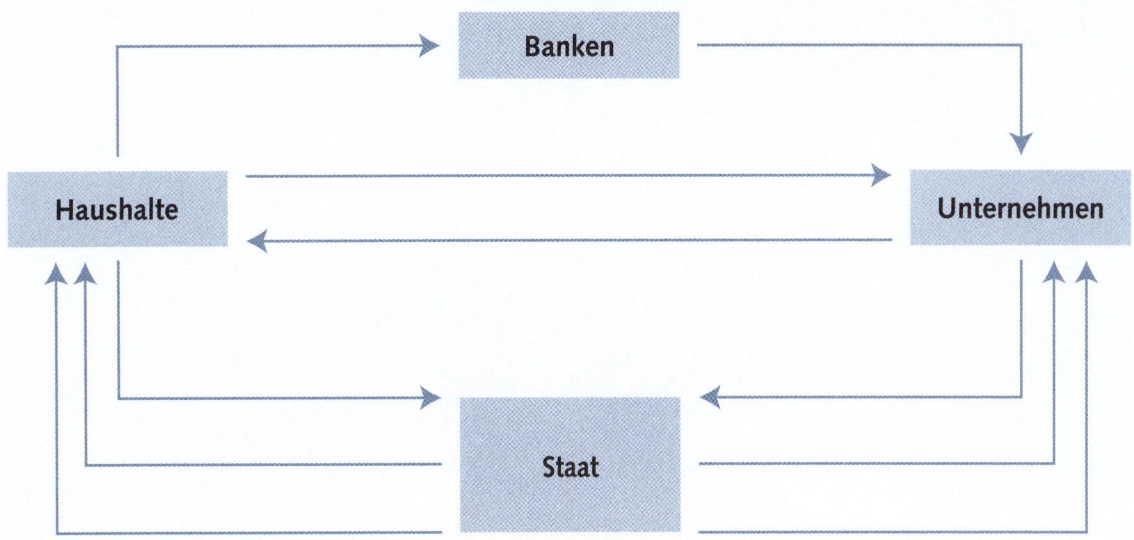

8. Sie haben die Modellbetrachtung des Wirtschaftskreislaufes nach und nach der komplexen Realität angepasst. In einem weiteren Schritt wird die Prämisse aufgegeben, dass die wirtschaftlichen Beziehungen nur im Inland ablaufen. Unternehmen sind durch Exporte und Importe in **internationale Verflechtungen** eingebunden. Damit handelt es sich um eine **offene, evolutorische Volkswirtschaft mit Staat**.

   a) Stellen Sie im Rahmen einer Internet-Recherche fest, wie hoch die Exporte und Importe der Bundesrepublik Deutschland in den letzten 3 (statistisch verfügbaren) Jahren in Mrd. EUR waren.

Jahr	Exporte	Importe
20..		
20..		
20..		

   b) Fassen Sie nun Ihre Erkenntnisse zusammen, und bearbeiten Sie den Arbeitsauftrag des Ausbildungsleiters, indem Sie möglichst vollständig modellhaft darstellen, wie die Auszubildenden und die Wohntal GmbH in die Wirtschaftsabläufe der gesamten Volkswirtschaft eingebunden sind.

   Stellen Sie dazu das komplexe **Modell einer offenen, evolutorischen Volkswirtschaft** mit Staat dar. Versehen Sie jeden Geldstrom mit einem Beispiel aus dem Modellbetrieb Wohntal GmbH bzw., wenn es um den Haushalt geht, mit einem Ihrer eigenen Zahlungsströme.

Lernsituation 7:
Die Aufgaben der Funktionsbereiche und das Zielsystem des Unternehmens erfassen

Betriebsbesichtigungen bei der Wohntal GmbH haben schon Tradition. Jedes Jahr werden die Schüler der benachbarten Berufsschule eingeladen, hinter die Kulissen des »modernen Unternehmens mit Zukunft« zu blicken. Sie erhalten so die Möglichkeit, eine Vorstellung über die innerbetrieblichen Zusammenhänge zu gewinnen und das Leistungspaket der Unternehmung kennenzulernen.

Wohntal GmbH

Möbelfabrik

Fabrikausstellung

Einrichtungszentrum

Auf zwei Ebenen mit insgesamt 12000 m² Verkaufsfläche bietet die Wohntal GmbH ihren Besuchern eine attraktive Auswahl moderner Wohnmöbel und das größte Büromöbelzentrum der Region. Die Büromöbelprogramme werden selbst entwickelt und in modernen Produktionsstätten der Unternehmung gefertigt, während die Wohnmöbelprogramme von namhaften Herstellern, die hohen Qualitätsansprüchen genügen, fremdbezogen werden.

Die Verkaufshalle, die Produktionsstätte und ein Möbellager befinden sich in unterschiedlichen Hallen auf dem Betriebsgelände. Wohntal bietet die meisten Artikel zur Selbstbedienung an, stellt aber einen Transportservice und eine Kleinlastervermietung zum Selbsttransport preisgünstig zur Verfügung. Auf Wunsch werden die Möbel von Spezialisten gegen Berechnung fachgerecht montiert.

Pünktlich zum verabredeten Termin melden sich die Besucher in der Abteilung für Öffentlichkeitsarbeit der Wohntal GmbH. Auf einem Rundgang sollen sie zunächst den Betrieb kennenlernen. Herr Kaufmann, Chef der Werbeabteilung, führt die jungen Leute zuerst durch den Verwaltungstrakt, vorbei an vielen Türen mit unterschiedlichen Aufschriften: Personalabteilung, Buchhaltung, Finanzabteilung, Einkauf, Verkauf, Werbung und Marktforschung, Forschung und Entwicklung, Außendienst und Montage sowie Geschäftsleitung.

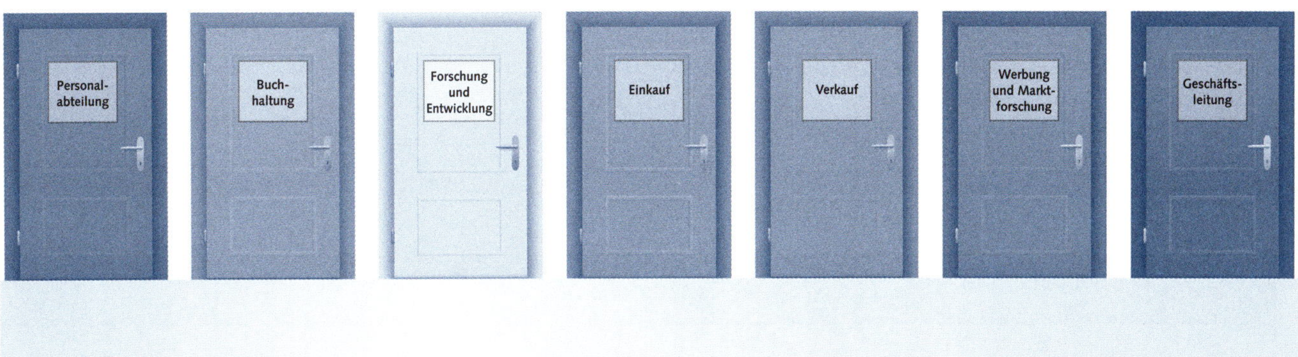

Arbeitsaufträge

1. Überlegen Sie, auch unter Berücksichtigung der genannten Abteilungen, welche Tätigkeiten in der Wohntal GmbH durchgeführt werden. Ordnen Sie mögliche Tätigkeiten den folgenden **Funktionsbereichen einer Unternehmung** zu:

Leitung/Verwaltung		
Beschaffung	**Leistungserstellung**	**Absatz**
Finanzierung		

2. Stefanie, die neugierige Klassensprecherin, bleibt vor der Tür mit der Aufschrift „Werbung und Marktforschung" stehen und fragt Herrn Kaufmann, ob in dieser Abteilung die Prospekte hergestellt werden, die sie wöchentlich im Hausbriefkasten findet.

   Überlegen Sie, welche **Bedeutung** die **Abteilung „Werbung und Marktforschung"** für den Erfolg des Unternehmens hat. Entwickeln Sie in diesem Zusammenhang auch einen **Werbeslogan** für die Wohntal GmbH, der einen möglichst hohen Wiedererkennungswert hat, sodass er u. a. auf der Titelseite der wöchentlichen Werbeprospekte abgedruckt werden kann.

   Bedeutung der Abteilung „Werbung und Marktforschung":

   Werbeslogan für die Wohntal GmbH:

3. An einem Kassenterminal bleibt die Gruppe interessiert stehen. Ein Kunde möchte u. a. eine noch original verpackte Schreibtischlampe kaufen. Die Mitarbeiterin fährt mit einer Lesepistole über einen Strichcode und verfolgt den Vorgang auf einem Monitor. Herr Kaufmann äußerst sich vielsagend: „Dieses **Kassenterminal** gehört zu unserem perfekten **innerbetrieblichen Informationssystem**. Die Daten, die hier erfasst werden, sind Grundlage für betriebliche Entscheidungen in allen Funktionsbereichen."

   Überlegen Sie, welche wichtigen Daten bei dem Vorgang gespeichert werden, und geben Sie an, für welche Abteilungen diese Daten von Bedeutung sind.

Daten	Abteilungen
• z. B. Leerzeit, kassierte Artikel pro Minute	• z. B. Personalabteilung

4. Herr Kaufmann hat seine Gäste zum Mittagessen in die Kantine eingeladen. Dort können die Mitarbeiter ihre **Mahlzeiten zu einem sehr günstigen Preis** einnehmen. Als Werbefachmann informiert er vorab überzeugend über die **Qualität der Ausbildung**, die Sozialleistungen wie **13. Monatsgehalt, Urlaubsgeld und Personalrabatt**. Großer Wert wird auf die **Mitarbeiterzufriedenheit** gelegt, obwohl zuletzt die **Zuschüsse zur Arbeitskleidung** gestrichen wurden. Überhaupt ist die Wohntal GmbH eine Unternehmung, die es ernst meint mit der Berücksichtigung gesellschaftlicher Erfordernisse.

   Dazu gehört auch eine überzeugende ökologische Lösung. Die Wohntal GmbH nutzt wo möglich **wiederverwendbare Mehrwegverpackungen** aus hochwertigem Sperrholz. Mit dieser Verpackungslösung ist ein **rationeller Versand sowohl per Lkw als auch mit der Bahn** möglich. Wichtig für Wohntal Kunden:

   kein Verpackungsmaterial, keine Notwendigkeit zur Entsorgung.

   Die sozialen und ökologischen Ziele konnten in den letzten Jahren auch deshalb so erfolgreich realisiert werden, weil sich die Wohntal GmbH bei **gesteigerter Produktivität** in der Fertigung und im Verkauf **auf dem Markt gut behaupten** konnte und den **Umsatz stetig ausgebaut** hat. So können **Eingangsrechnungen stets rechtzeitig bezahlt** werden und die **Ausnutzung von Skonto** wirkt sich positiv auf den Gewinn aus.

   a) Ordnen Sie die o. g. Maßnahmen und Erfolge in die folgende Übersicht ein.

Ziele	Beispiele
wirtschaftliche Ziele • Gewinn • Zahlungsfähigkeit • Wettbewerbsfähigkeit • Wachstum	
soziale Ziele • Sicherung von Arbeitsplätzen • menschenwürdige Arbeitsbedingungen • gerechte Entlohnung • Mitbestimmung	
ökologische Ziele • Ressourcenschonung • Verminderung von Umweltbelastungen • Verwertung (Recycling) • ökologische Entsorgung	

b) Hinsichtlich der Unternehmensziele ist man in der Wohntal GmbH davon überzeugt, dass langfristig gesehen das Erreichen von wirtschaftlichen Zielen nur in Verbindung mit sozialen und ökologischen Zielen denkbar ist. Manchmal ergänzen sich Ziele **(Zielharmonie)**, manchmal behindern sie sich oder schließen sich sogar gegenseitig aus **(Zielkonflikt)**, manchmal beeinflusst sich die Verfolgung unterschiedlicher Ziele gar nicht **(Zielindifferenz)**.

Wählen Sie aus den oben genannten Zielen jeweils ein Zielbündel aus, bei dem eher eine Zielharmonie, ein Zielkonflikt bzw. eine Zielindifferenz besteht.

Zielbeziehungen	Beispiele
Zielharmonie	
Zielkonflikt	
Zielindifferenz	

5. Recherchieren Sie, welche **Umweltbelastungen** direkt und indirekt durch die Möbelbranche entstehen können, und finden Sie Beispiele für eine umweltorientierte Unternehmensführung.

Mögliche Umweltbelastungen durch die Wohntal GmbH:

Beispiele für eine umweltorientierte Unternehmensführung:

6. Die wirtschaftlichen Ziele werden in der Wohntal GmbH bereits seit einigen Jahren systematisch überwacht und analysiert, indem u. a. **erfolgswirtschaftliche Kennzahlen** ausgewertet werden. Für den Bereich „Kleinmöbel" stellt die Abteilung Rechnungswesen folgende Daten zur Verfügung:

Jahr	Berichtsjahr	Vorjahr
Umsatz/Leistungen (EUR)	600000,00	400000,00
Verkäufe (Stück)	2600	2000
Kosten (EUR)	360000,00	250000,00
Eigenkapital (EUR)	2600000,00	2000000,00
Anzahl der Mitarbeiter	18	15

Das Eigenkapital betrug im Vorvorjahr 1800000,00 EUR. Berechnen Sie den wirtschaftlichen Erfolg im Zeitablauf anhand der folgenden Kennziffern und beurteilen Sie die Ergebnisse.

Kennziffer/Berechnungsformel	Berichtsjahr	Vorjahr
Gewinn =		
Eigenkapitalrentabilität =		
Wirtschaftlichkeit =		
Arbeitsproduktivität =		

Auswertung der Kennzahlen:

7. Der wirtschaftliche Erfolg der Wohntal GmbH wird durch die optimale Kombination von **betriebswirtschaftlichen Produktionsfaktoren** sichergestellt. Zeigen Sie an Beispielen, welche Produktionsfaktoren in der Wohntal GmbH eingesetzt werden.

betriebswirtschaftliche Produktionsfaktoren	Beispiele
leitende Arbeit	
ausführende Arbeit	
Betriebsmittel	
Werkstoffe (z. B. Roh-, Hilfs-, und Betriebsstoffe)	

8. Kaufleute für Büromanagement sind qualifiziert für Büro- und Geschäftsprozesse in unterschiedlichen Wirtschaftszweigen.

   a) Unterscheiden Sie **Dienstleistungsbetriebe und Sachleistungsbetriebe** anhand ihrer Hauptaufgaben und ordnen Sie die Wohntal GmbH begründet zu.

   Dienstleistungsbetrieb vs. Sachleistungsbetrieb:

b) Unternehmen lassen sich nach Verarbeitungsstufen dem **primären, sekundären oder tertiären Sektor** zuordnen. Begründen Sie, in welchen Sektoren die Wohntal GmbH tätig bzw. nicht tätig ist.

Tätigkeiten der Wohntal GmbH in unterschiedlichen Wirtschaftssektoren:

Lernsituation 8:
Die Organisationsstruktur einer geplanten Filiale erarbeiten

Die Wohntal GmbH plant seit einiger Zeit eine Filialgründung in Magdeburg. Im Gewerbegebiet Rothensee steht ein geeignetes Grundstück zum Verkauf. Eine Unternehmensberatung begleitet die Filialeröffnung vom ersten Schritt an. Als Gesellschafter und Geschäftsführer hat Jens Keller die Unternehmensleitung und die Vertreter der Unternehmensberatung, die die Filialgründung begleiten, sowie die Prokuristen aus dem eigenen Haus zu einem Meeting eingeladen. Auf dem Programm steht heute die Planung und Ausgestaltung der Aufbauorganisation für die neue Filiale.

Jens Keller nimmt aus Sicht der Geschäftsleitung Stellung zu den Eckwerten der geplanten Organisationsstruktur:

„Wir werden Strukturen schaffen, die unsere Ziele in der neuen Filiale unterstützen: Der hierarchische Aufbau muss eindeutig und klar sein, Aufgaben und Kompetenzen sind zu verteilen, Instanzen, Stellen und Abteilungen zu bilden. Dauerhafte Regelungen werden passgenau unsere betrieblichen Abläufe steuern. Sicher ist aber auch, dass – insbesondere in der Startphase – Improvisation und Disposition die Organisationsstrukturen ergänzen müssen, um gleichermaßen für Stabilität und Flexibilität zu sorgen. Das Zusammenwirken unserer Mitarbeiter mit den Sachmitteln werden wir unter den Zielsetzungen Wirtschaftlichkeit und Zweckmäßigkeit gestalten. Über- und Unterorganisation sind zu vermeiden."

©fotogestoeber-fotolia.com

Zu den **Eckwerten** im Einzelnen:

- Im neuen Haus soll das gesamte Möbelprogramm des Stammhauses angeboten werden. Eine eigene Produktion ist im Filialbetrieb nicht vorgesehen.
- Die Hauptaufgaben werden entsprechend sein: Einkauf (Möbelprogramme sind nur beim Stammhaus zu beziehen, Wohnaccessoires auch bei anderen Anbietern), Lagerhaltung einschließlich Transport und Montage, Verkauf und Verwaltung/Personal.
- Teilaufgaben in der Lagerhaltung sind u. a.: Warenannahme, Warenkontrolle, Warenauszeichnung bei fremden Artikeln, Einlagerung, Warenpflege, Bestandskontrollen, Warenausgabe, Vermietung Kleinlaster, Tourenplanung, Transport, Fuhrparkpflege, Montageservice. Im Lager sind zunächst acht Stellen vorgesehen.
- Im Verkauf werden für die jeweiligen Möbelprogramme eigene Abteilungen gebildet, die jeweils räumlich eine Einheit bilden.
- Als grundsätzliche Unternehmensstruktur ist ein Einliniensystem vorgesehen. Jedoch sollen auch die Vorteile eines Mehrliniensystems erörtert werden. Weiterhin wird zur Unterstützung der Geschäftsleitung eine Stabsstelle für Qualitätsentwicklung vorgeschlagen.
- Die Geschäftsleitung übernimmt Anja Pietsch. Aus dem Stammhaus werden weiterhin der Prokurist Dietmar Klopp und der bisherige Chef der Werbeabteilung, Karl Kaufmann, in der neuen Filiale Verantwortung übernehmen. Herr Klopp wird für den Bereich Einkauf zuständig sein, Herr Kaufmann für den Verkauf. Herrn Kaufmann wird dazu Filialprokura erteilt. Für die Leitungsaufgaben von Lagerhaltung und Verwaltung/Personalwesen sind jeweils Stellen ausgeschrieben, die mit einer allgemeinen Handlungsvollmacht ausgestattet werden.
- Die Darstellung der Organisationsstruktur soll sowohl die Funktionen mit der Zuordnung von Personen als auch die Produkte berücksichtigen.
- Alle dargelegten Eckwerte müssen noch im Detail geklärt werden. Dazu sind die Arbeitsaufträge 2 – 5 zu erledigen.

Arbeitsaufträge

1. Nennen Sie die von Jens Keller angesprochenen Grundsätze der betrieblichen Organisation. Unterscheiden Sie in diesem Zusammenhang **Organisation**, **Improvisation** und **Disposition,** und finden Sie für die neue Filiale jeweils entsprechende Beispiele.

   a) Jens Keller behauptet in seiner Stellungnahme, dass in der Organisationsstruktur der geplanten Filiale alle 3 Organisationsgrade vertreten sein werden und auch vertreten sein müssen.

   Belegen Sie seine These, indem Sie einige Beispiele für den sinnvollen Einsatz unterschiedlicher Organisationsgrade in der neuen Filiale finden.

Organisationsgrad	Definition (Art der Regelungen)	Beispiele
Organisation		
Improvisation		
Disposition		

   b) Jens Keller formuliert auch einige **zentrale Anforderungen an die geplante Organisationsstruktur.** Er hält seine Forderungen offenbar für so selbstverständlich, dass er sie nicht näher begründet.

   Stellen Sie klar, warum es für den Erfolg von Unternehmen wichtig ist, die angesprochenen Forderungen möglichst gut umzusetzen. (Tipp: Überlegen Sie zunächst, welche Folgen es ggf. hätte, wenn die Forderungen nicht umgesetzt würden.)

Grundsätze der betrieblichen Organisation	Begründung der Wichtigkeit
Klarheit durch eindeutigen hierarchischen Aufbau schaffen	

Grundsätze der betrieblichen Organisation	Begründung der Wichtigkeit
Stabilität und Flexibilität gewährleisten	
Über- und Unterorganisation vermeiden	
Wirtschaftlichkeit und Zweckmäßigkeit sichern	

2. Für den Bereich „Lagerhaltung" in der neuen Filiale sind **Stellen** zu **bilden.** Führen Sie dazu eine **Aufgabenanalyse** und **Aufgabensynthese** durch und schlagen Sie anschließend vor, welche Teilaufgaben jeweils zu einer Stelle gebündelt werden sollen und wie oft ggf. diese Stelle zu besetzen ist.

Aufgabenanalyse	
Gesamtaufgabe des Filialbetriebes	
Hauptaufgaben des Filialbetriebes	
Teilaufgaben im Bereich Lagerhaltung	

	Aufgabensynthese
Stellen im Lager	

3. Planen Sie die **Organisationsstruktur** der neuen Filiale.

   a) Entwickeln Sie unter Berücksichtigung der Eckwerte der geplanten Filialgründung ein **Organigramm als Einliniensystem mit Stabsstelle.**

Filialleitung

   b) Erklären Sie, nach welchen Prinzipien Sie die **Abteilungsbildung** vorgenommen haben (Funktion/Verrichtung, Objekte/Produkte, Personen).

Prinzipien der Abteilungsbildung:

c) Beschreiben Sie die **Instanzentiefe** und die **Instanzenbreite** unterhalb der Leitungsebene.

Instanzentiefe:

Instanzenbreite:

d) Erläutern Sie, welche konkreten Aufgaben von der **Stabsstelle** wahrgenommen werden könnten.

Aufgaben der Stabsstelle:

4. Zeigen Sie an einem selbstgewählten Ausschnitt des Organigramms aus Arbeitsauftrag 3 a), wie das Organigramm der neuen Filiale als **Mehrliniensystem mit Stabsstelle** aussehen könnte.

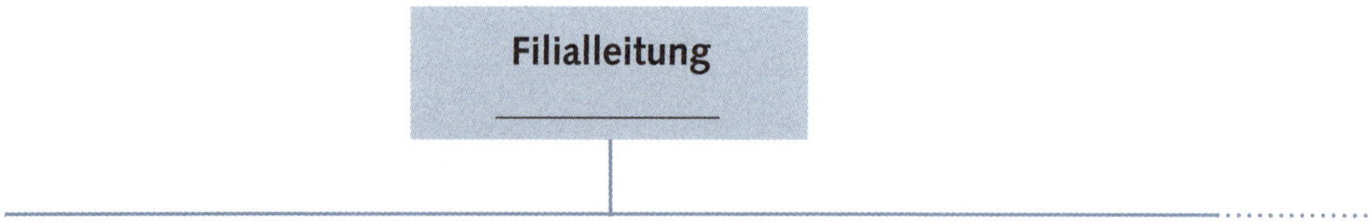

b) Überlegen Sie mithilfe des von Ihnen entwickelten Ausschnitts zum **Mehrliniensystem** anhand jeweils eines Beispiels, welches konkrete **Problem** bzw. welche **Chance** sich mit dem Mehrliniensystemin der Praxis ergeben könnte.

Probleme und Chancen des Mehrliniensystems:

5. Der Abteilungsleiter Klopp besitzt bereits **Prokura,** für Kaufmann ist **Filialprokura** vorgesehen. Die beiden anderen Abteilungsleiter sollen jeweils **allgemeine Handlungsvollmacht** erhalten.

a) Erstellen Sie zwei „Lernkarten", die den grundsätzlichen **Unterschied zwischen Prokura und Handlungsvollmacht** stichwortartig festhalten.

Prokura	Handlungsvollmacht

b) Der Umfang der Prokura wird vom Gesetz eingeschränkt. Stellen Sie fest, inwieweit die **Beschränkung** der Prokura und der Handlungsvollmacht **gegenüber Dritten wirksam** ist.

	im Innenverhältnis	im Außenverhältnis
Beschränkung der Prokura		
Beschränkung der Handlungsvollmacht		

c) Prüfen Sie, welche Rechtsgeschäfte die **Prokuristen** bzw. die **Handlungsbevollmächtigten** mit allgemeiner Handlungsvollmacht in der neuen Filiale „ohne besondere Erteilung" rechtsbindend abschließen können.

Rechtsgeschäfte	Prokurist		Handlungs-bevollmächtigter	
	erlaubt	verboten	erlaubt	verboten
Erteilung einer Artvollmacht				
Einstellung eines Mitarbeiters für den Verkauf				
Aufnahme eines Darlehens				
Belastung der neuen Immobilie mit einer Hypothek als Sicherheit für die Bank				
Unterschreiben der Eröffnungsbilanz				
Entgegennahme einer Mängelrüge				
Vertrag mit einer Kunsthandlung über Bilder für die Büros über 4 000,00 EUR				
Verkauf einer nicht benötigten Parzelle des Grundstücks				

Lernsituation 9:
Den eigenen Ausbildungsbetrieb präsentieren

Wie Melanie Hauk und Mark Messmer haben auch Sie bereits einige Ausbildungsabschnitte erfolgreich durchlaufen. Sie kennen die rechtlichen Grundlagen der Ausbildung und identifizieren sich mit Ihrer Rolle als aktiv gestaltende Auszubildende. Ihre Ausbilder betreuen Sie kompetent nach Ausbildungsplan und Sie beachten Hierarchien und können einige Aufgabenbereiche bereits selbstständig betreuen.

Ihr Ausbildungsbetrieb sieht sich als ein konkurrenzfähiger Anbieter in dem regionalen gesamtwirtschaftlichen Umfeld. Sein Leistungsspektrum ist Ihnen vertraut, und Sie wissen, welche Produktionsfaktoren dafür eingesetzt werden. Sie haben schnell erkannt, dass die Absatzaktivitäten und die Kundenorientierung für den Erfolg des Unternehmens eine besonders wichtige Rolle spielen. Neben den ökonomischen Zielen verweist das Leitbild Ihres Ausbildungsbetriebes gleichermaßen auf ökologische und soziale Ziele.

©apops-fotolia.com

In der Personalpolitik setzt man auch auf die Stärken der eigenen Ausbildung. Erfolgreiche Absolventen wurden schon oft übernommen und haben ihre berufliche Karriere im eigenen Unternehmen fortgeführt.

Doch leistungsfähigen Nachwuchs zu rekrutieren stellt Personalabteilungen regelmäßig vor eine große Herausforderung. Unterstützung erfahren Unternehmen dabei auch von den Kammern (z. B. IHK, HWK), die regelmäßig regionale Ausbildungsmessen organisieren. Diese bieten den Unternehmen eine Plattform, für eine Ausbildung in ihrem Unternehmen zu werben und mit geeigneten Bewerbern Kontakte zu knüpfen.

Arbeitsaufträge

Ihr Ausbildungsunternehmen möchte an der nächsten Ausbildungsmesse teilnehmen, zu der sich schon zahlreiche Oberstufenklassen unterschiedlicher Schulformen angemeldet haben. „Weil Sie altersmäßig deutlich näher an der Zielgruppe sind", so die unwiderlegbare These Ihrer Ausbildungsleiterin, beauftragt diese Sie mit der **Vorbereitung, Erstellung und Durchführung einer Präsentation zur Vorstellung Ihres Ausbildungsbetriebes**. Als Präsentationszeit für eine PowerPoint-Präsentation werden Ihnen 10 Minuten zur Verfügung stehen.

Um Sie zu unterstützen, gibt Ihnen Herr Marks noch einige **Tipps**:

➔ Überlegen Sie zunächst:
  - Welche Botschaft möchten Sie der Zielgruppe vermitteln?
  - Welche Informationen über Ihren Betrieb möchten Sie potentiellen Azubis zur Verfügung stellen? Denken Sie bei der Unternehmensbeschreibung auch an die Art der Unternehmung (Wirtschaftszweig, Anzahl der Mitarbeiter, Rechtsform, Leistungsspektrum/Sortiment), den Standort, den organisatorischen Aufbau, die Kunden u. a. m.

➔ Informieren Sie sich über Aufbau und Struktur einer gelungenen Präsentation.

➔ Beachten Sie die üblichen Präsentationsregeln.

➔ Üben Sie Ihren Vortrag.

➔ Lassen Sie Ihren Vortrag von anderen Auszubildenden bewerten und nehmen Sie Feedback an.

Um Ihr „Projekt" erfolgreich zu meistern, beachten Sie die Tipps von Herrn Marks, und strukturieren Sie Ihre Vorgehensweise mittels folgender **Arbeitsschritte**:

©DOC RABE Media-fotolia.com

1. Machen Sie sich vor Beginn der Ausarbeitung Ihrer Präsentation mit den späteren **Bewertungskriterien** vertraut. Gehen Sie dabei z. B. folgendermaßen vor:

   a) Führen Sie in kleinen Teams eine **Internetrecherche** durch, bei der Sie unterschiedliche Bewertungsbögen für Präsentationen suchen. Wählen Sie den Bewertungsbogen aus, der Ihren Vorstellungen am nächsten kommt.

   b) Überarbeiten Sie diesen **Bewertungsbogen**, passen Sie ihn Ihren Vorstellungen an! Übertragen Sie den optimierten Bewertungsbogen dann auf ein **Flip-Chart-Blatt**.

   c) Hängen Sie alle Flip-Chart-Blätter im Klassenraum auf, und starten Sie einen **Rundgang**, um sich mit den Ergebnissen der anderen Teams vertraut zu machen.

   d) Stimmen Sie als Gesamtgruppe darüber ab, welcher Bewertungsbogen Ihnen am besten gefällt. Dazu kann z. B. jeder 3 (Klebe)-Punkte an seine(n) Favoriten vergeben. Der Bogen mit den meisten Punkten wird **verbindliche Grundlage für die Bewertung** Ihrer Präsentationen sein.

2. Besprechen Sie mit Ihrem Team, welche Merkmale Ihres Ausbildungsbetriebes Bestandteil der Präsentation sein sollen.

   a) Erstellen Sie eine tabellarische Übersicht der ausgewählten **Merkmale**.

   b) **Recherchieren** und sammeln Sie konkrete **Informationen** zu diesen Merkmalen. Nutzen Sie dazu das Internet (eigene Homepage und Fremddarstellungen), Presseberichte, Prospekte des Ausbildungsbetriebes. Notieren Sie die Informationen zu den Unternehmensmerkmalen in der Übersicht.

a) charakteristische Merkmale meines Ausbildungsbetriebes	b) Kurzbeschreibungen

3. Erstellen Sie anhand der zusammengetragenen Informationen eine **PowerPoint-Präsentation** und „proben“ Sie Ihren **Vortrag** vor der Klasse.

4. Geben Sie allen Vortragenden mittels des vereinbarten **Bewertungsbogens** ein **Feedback**.

Notizen zum Feedback:

Büroprozesse gestalten und Arbeitsvorgänge organisieren

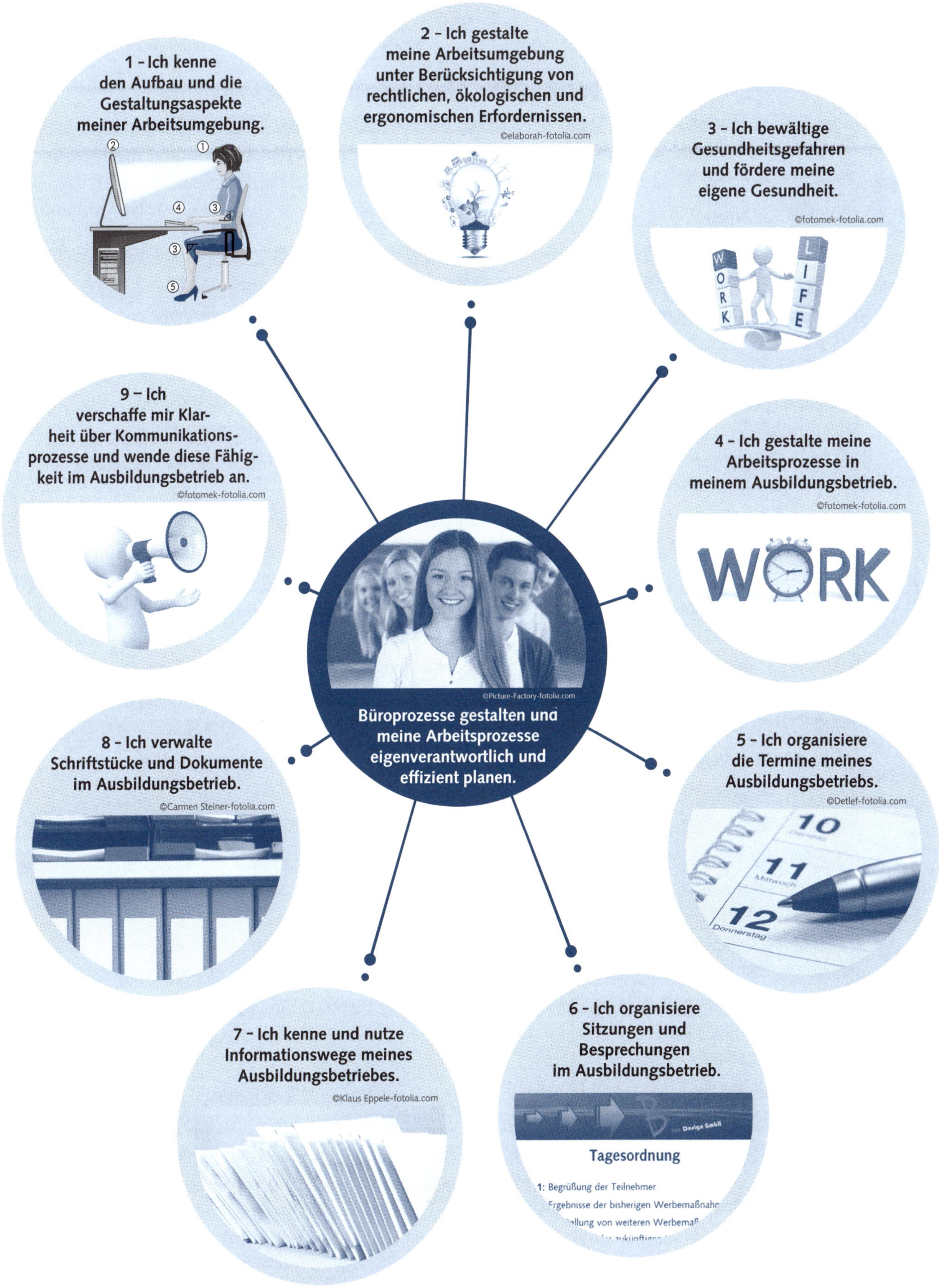

LERNFELD 2

Büroprozesse gestalten und Arbeitsvorgänge organisieren

Die Kompetenzentwicklung umfasst, …

… Rahmenbedingungen der Arbeitsumgebung sowie rechtliche Kriterien und Einflussfaktoren zu kennen, beurteilen und gestalten zu können.

Büroformen	Vorschriften zur Gestaltung	Ergonomie und Ökologie am Arbeitsplatz	Farbe, Akustik, Licht und Temperatur im Büro

… Faktoren über das Befinden einer Person zu beschreiben und Strategien zur Verbesserung darzustellen.

Gesundheitsgefahren	Gesundheitserhaltung

… die betrieblichen Arbeitsprozesse zu erfassen und Methoden und Techniken zur Steigerung der Effizienz zu nutzen.

Arbeitsschritte	Zeitmanagement-Methoden	Einflussfaktoren	Selbstmanagement

… die effektive Verwaltung von Terminen im Büro sowie den Softwareeinsatz kennenzulernen und anzuwenden.

Koordination	Überwachung	Erstellung

… die Grundlagen von Veranstaltungen zu erfassen und die Organisation durchzuführen.

Vorbereitung	Durchführung	Nachbereitung

… die Informationswege im Unternehmen sowie den betrieblichen Kommunikationsprozess zu beschreiben.

Arbeitsabläufe	Postbearbeitung	Versandarten

… die Verwaltung von Dokumenten im Unternehmen sowie die Aufbewahrung zu erfassen und darzustellen.

Ordnungssysteme	Aufbewahrungsgründe	Ablage	Speicherung	Datensicherung

… sich grundlegende Strukturen eines Kommunikationsprozesses anzueignen und diese zielgerichtet auszuwerten und anzuwenden.

Störungen	verbale und nonverbale Kommunikation	Kommunikations-regeln	Selbstbild und Selbstwirksamkeit	Teamarbeit

Der Modellbetrieb im Lernfeld 2
Unternehmensbeschreibung

Firma **Geschäftszweck** **Geschäftssitz** **Registergericht**	**Blue Design GmbH** Werbung Heidelberger Landstraße 51, 68199 Mannheim Amtsgericht Mannheim HRB 1255 Steuernummer: 38186/81818 USt-IdNr. DE812112054	
Gesellschafter **Geschäftsführer** **Prokura**	Matthias Blau Matthias Blau Katrin Breitenbacher	
Telefon – Telefax **Homepage** **E-Mail**	0621 20 01 03 – 0 Bluedesign.de info@bluedesign.de	0621 20 01 03 – 99
Bankverbindung	Raiffeisenbank Mannheim-Schwetzingen eG BIC: GENODE65MAN IBAN: DE41 6709 0020 0000 2120 99	
Mitarbeiter	200 Mitarbeiter; davon 12 Auszubildende neue Auszubildende: Freia Mertens Ulf Henning Ben Schneider Eva Kohl	
Weitere Informationen für die Bearbeitung der Lernsituationen		
Abteilungen/Verantwortliche	Corporate Design Printmedien digitale Medien/Internet Events/Messen Rechnungswesen	➔ Marie-Sophie Marx ➔ Jan Hausmann ➔ Mark Kuhlert ➔ Paul Peters ➔ Carsten Bähr
Personalbüro/ **Betreuung der Auszubildenden:**	Carsten Kuntz Maria Huber	
Betriebsrat	Ron Tauber Leila Kettel	

Lernsituation 1:
Büroformen analysieren und beurteilen

Die Blue Design GmbH hat zum 01.08. vier neue Auszubildende, Freia Mertens, Ulf Henning, Ben Schneider und Eva Kohl, für die Ausbildung zur Kauffrau für Büromanagement bzw. zum Kaufmann für Büromanagement eingestellt.

©Vladitto-shutterstock.com

Am ersten Tag ihrer Ausbildung lernen die neuen Auszubildenden die Blue Design GmbH kennen. Maria Huber, zuständig für die Ausbildung der Auszubildenden, führt die neuen Auszubildenden durch das Unternehmen und stellt sie den verantwortlichen Abteilungsleitern vor. Bei diesem kleinen Rundgang wird ihnen bereits bewusst, dass es unterschiedliche Büroformen gibt.

Am nächsten Arbeitstag werden alle Auszubildenden von Frau Huber in unterschiedliche Abteilungen eingeteilt. In ihrer ersten gemeinsamen Mittagspause treffen sich die vier Auszubildenden und tauschen aufgeregt ihre ersten Erfahrungen aus:

Ulf: „Den ersten Tag gestern fand ich ziemlich beeindruckend und spannend. Wir haben so viele Abteilungen und unterschiedliche Büroräume kennengelernt. Ich bin heute in einem kleinen Büro mit nur zwei Arbeitsplätzen. Da arbeite ich mit der Kollegin aus dem Rechnungswesen. Wie sieht denn euer Büro aus?"

©contrastwerkstatt-fotolia.com

Freia: „Ich bin in einem sehr großen Büro mit ca. 50 Arbeitsplätzen mit keinerlei Trennwänden. Die Kommunikation untereinander ist einfach super, da wir einfach sehr nahe beieinander sitzen und die Kolleginnen und Kollegen aus der Abteilung „Digitale Medien/Internet" sich schnell und problemlos miteinander austauschen können."

Eva: „Hört sich ja fast so an wie bei mir. Bei mir sind in der Abteilung „Printmedien" allerdings nur 25 Arbeitsplätze."

Ben: „Ich bin in einem Büro mit verglasten Wänden und in der Mitte der verglasten Büroräume ist ein Gemeinschaftsbereich. Erstaunlich, wir sind alle im gleichen Betrieb und die Büroformen sind doch in den einzelnen Abteilungen sehr unterschiedlich."

Freia: „Da hast du wohl Recht. Man fragt sich, warum die Blue Design GmbH den vorhandenen Raum so unterschiedlich gestaltet hat."

Das Gespräch hat auch Frau Huber, die Ausbildungsleiterin, gehört und greift es bei der innerbetrieblichen Schulung am nächsten Tag auf.

Unterstützen Sie die Auszubildenden bei den Aufgaben, die sie von Frau Huber gestellt bekommen.

Arbeitsaufträge

1. **Frau Huber:** „Frau Mertens, ich habe gestern gehört, wie Sie und die anderen Auszubildenden sich über die verschiedenen Büroformen unterhalten haben, die es in unserem Unternehmen gibt. Sie hatten sich gefragt, warum die Büros so unterschiedlich gestaltet sind. Dafür gibt es vielerlei Gründe. Ein Grund ist, dass wir noch nicht alle Räume den modernsten Standards anpassen konnten. Das geschieht nach und nach. Ein weiterer Grund ist, dass unterschiedliche Anforderungen an die Mitarbeiterinnen und Mitarbeiter auch unterschiedliche Büroformen notwendig machen. Wir versuchen die Büros immer so einzurichten, dass sie zu den Aufgaben und Tätigkeiten der Mitarbeiter im Hinblick auf Kommunikation, Konzentration und Zusammenarbeit passen. Da Sie noch neu im Unternehmen sind, können Ihnen die Gründe für die unterschiedliche Gestaltung der Büroräume noch nicht klar sein.

   a) Informieren Sie sich deshalb über die verschiedenen Büroformen.

   b) Erstellen Sie auf Grundlage Ihrer Erkenntnisse eine Übersicht, die die Beziehung zwischen Büroform und Tätigkeiten in verschiedenen Abteilungen deutlich macht."

Büroform	Abteilung	Kommunikation	Konzentration	Zusammenarbeit
Kombibüro	Events/Messen	z. B. mit Kunden und Ausstellern	z. B. bei der Erarbeitung von Konzepten	mit den Kollegen, um sich z. B. abzustimmen

Lernsituation 1

c) Beurteilen Sie, ob die jeweils gewählte Büroform die Tätigkeiten der Mitarbeiter positiv beeinflusst. Begründen Sie Ihre Einschätzungen.

2. Frau Huber berichtet, dass die Blue Design GmbH expandiert und man deshalb ein neues Bürogebäude angemietet hat. Die Räume müssen nun eingerichtet werden. Die Auszubildenden dürfen an einem Meeting der Arbeitsgruppe teilnehmen, die Vorschläge für die neue Einrichtung entwickeln soll. Man will zukünftig auch im Hinblick auf die Büroausstattung flexibler auf Veränderungen reagieren können und auch die Außendienstmitarbeiter sollen einen angemessenen Arbeitsplatz erhalten.

   Schlagen Sie passende Büroformen vor und nennen Sie deren Kennzeichen sowie Vor- und ggf. Nachteile. Entwerfen Sie hierfür eine kleine Präsentation.

Vorschlag für die Büroform im neuen Gebäude:

Vorschlag für das Büro des Außendienstes:

Lernsituation 2:
Die Arbeitsumgebung planen und gestalten

Durch das immer größer werdende Geschäftsfeld der Blue Design GmbH und dem damit verbundenen höheren Mitarbeiterbedarf war der Geschäftsführer der Blue Desgin GmbH, Mathias Blau, gezwungen, neue Büroräume anzumieten. Die Planung und Einrichtung der Räumlichkeiten überträgt er Lena Binder, die vor zwei Jahren ihre Ausbildung in der Blue Design GmbH abgeschlossen hat.

In einem ersten Gespräch zwischen Matthias Blau und Lena Binder werden folgende Punkte besprochen:

©Picture-Factory-fotolia.com

Matthias Blau: „Frau Binder, was die neuen Büroräume betrifft, müssen wir uns als Erstes einen Überblick über alle Aspekte verschaffen, die für die Planung und Einrichtung der Büroräume besondere Relevanz haben."

Lena Binder: „Worauf kommt es Ihnen denn besonders an?"

Matthias Blau: „Gut, dass Sie fragen, Frau Binder. Mir ist zum einen die Einhaltung der Vorschriften für die Arbeitsumgebung wichtig, zum anderen dürfen aber auch ergonomische Bestimmungen und ökologische Aspekte nicht vernachlässigt werden."

©Matthias Buehner-fotolia.com

Lena Binder: „Das hört sich nach einem Büro für die Zukunft an. Ich würde vorschlagen, dass ich darauf basierend erst einmal eine genaue Bestandsaufnahme mache und Ihnen dann ein Konzept für die Einrichtung vorlege. Wenn Sie dann noch Wünsche oder Anregungen haben, berücksichtige ich diese gerne."

Matthias Blau: „Ein sehr guter Vorschlag, so machen wir das. Wir treffen uns nächsten Montag und besprechen Ihre Ergebnisse."

Unterstützen Sie Frau Binder bei ihrer Recherche für die Planung der neuen Büroräume.

Arbeitsaufträge

1. Sie stellen fest, dass es sehr viel zu beachten gilt, wenn man die Büroräume vorschriftsgemäß und nach den modernsten Standards einrichten will.

   Erstellen Sie deshalb eine Checkliste, anhand derer Sie überprüfen können, ob bei der Raumgestaltung alle Aspekte berücksichtigt werden.

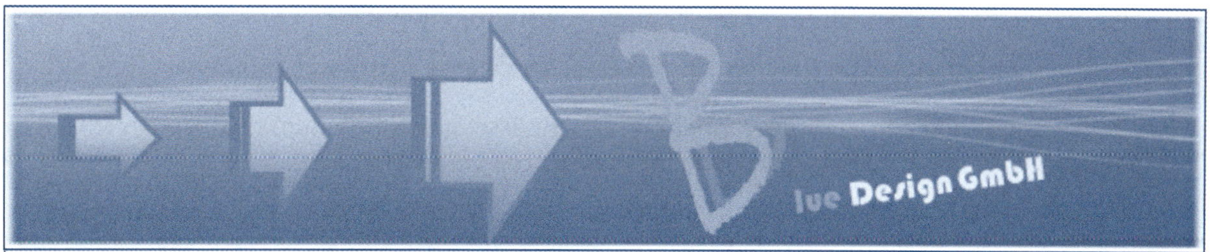

Checkliste zur Analyse und Gestaltung der Büroräume

Aspekte	berücksichtigt	
	ja	nein
Anforderungen an den Arbeitsraum		
	❑	❑
	❑	❑
	❑	❑
	❑	❑
	❑	❑
	❑	❑
Anforderungen an die Arbeitsumgebung		
	❑	❑
	❑	❑
	❑	❑
	❑	❑
	❑	❑
	❑	❑
Anforderungen an den Arbeitsplatz		
	❑	❑
	❑	❑
	❑	❑
	❑	❑
	❑	❑

2. Im Rahmen der Recherche für die Planung der neuen Büroräume möchte Frau Binder die Einflussfaktoren zur Gestaltung einer effizienten Arbeitsumgebung darlegen. Doch sie stellt fest, dass in verschiedenen Abteilungen und im Hinblick auf die Lage der Räume jeweils andere Aspekte zu beachten sind.

   a) Informieren Sie sich über die Einflussfaktoren einer effizienten Arbeitsumgebung.

   b) Geben Sie auf Grundlage Ihrer gewonnenen Erkenntnisse eine Empfehlung für die Einrichtung, die die Beziehung zwischen Abteilung und den Einflussfaktoren veranschaulicht.

Abteilung	Farbe in der Arbeitsumgebung	Akustik im Büro	Licht im Büro	Temperatur und Luft in der Arbeitsumgebung
Rechnungs-wesen				
Events/Messen				
digitale Medien/ Internet				
Printmedien				
Corporate Design				

3. Frau Binder plant nach Rücksprache mit Herrn Blau einen Arbeitsraum für die Auszubildenden. Dort sollen die Auszubildenden die Gelegenheit zum Arbeiten, Lernen und zum gegenseitigen Austausch haben. Auch die regelmäßig stattfindenden Unterweisungen will man hier abhalten.

   a) Planen Sie die Einrichtung des Arbeitsraumes (5 m x 6 m). Ihnen stehen zur Einrichtung zur Verfügung: 2 Schreibtische mit jeweils einem Container, 2 Schreibtischstühle, 2 Schränke, 1 Zweisitzer-Couch, 2 Konferenztische und 5 Konferenzstühle. Benötigen Sie weitere Gegenstände, so fügen Sie diese zusätzlich ein.

      Stehen Ihnen PC und Internet zur Verfügung, so können Sie den Raum mithilfe der Seite www.eastern-graphics.com/de/online-raumplaner.html einrichten.

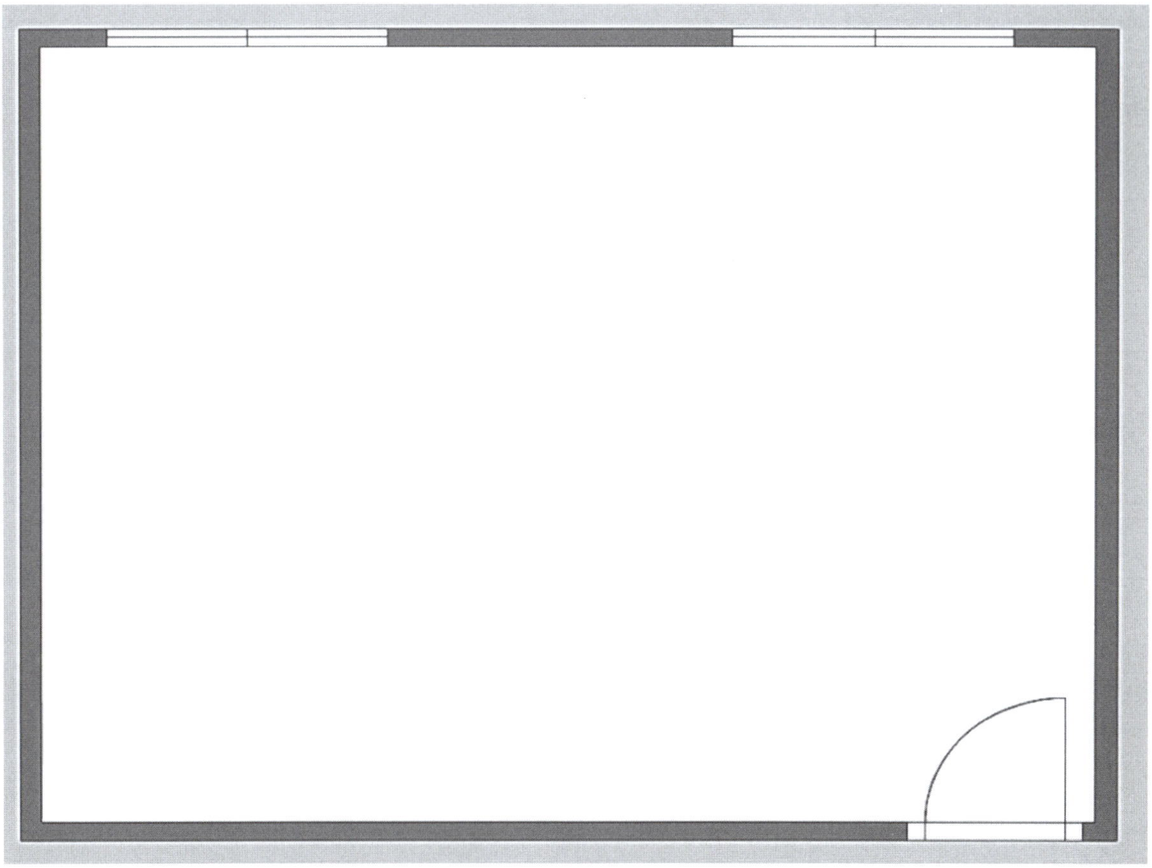

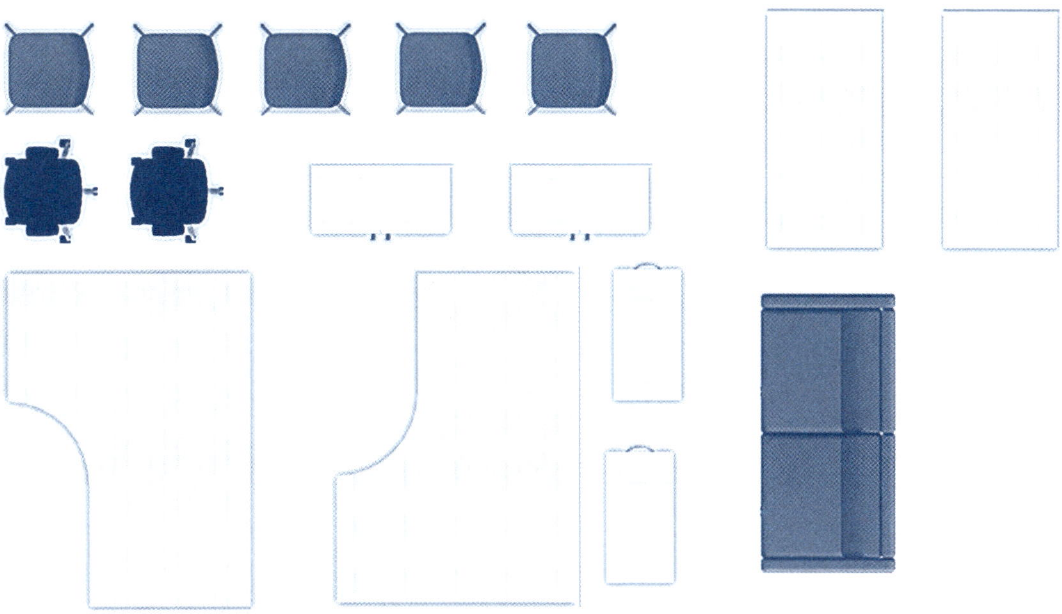

b) Überprüfen Sie Ihre Planung mithilfe Ihrer Checkliste und geben Sie eine begründete Empfehlung zur Gestaltung des Arbeitsraums.

Farbe:	
Akustik:	
Lichtverhältnisse:	
Temperatur und Luft:	

Begründung für die gewählte Gestaltung des Arbeitsraums:

4. Die Planungen für die neue Einrichtung der Büroräume werden den Abteilungsleiterinnen und -leitern vorgestellt. Im Anschluss entsteht eine rege Diskussion.

   a) **Carsten Bähr:** „Frau Binder, das ist ja alles gut und schön, aber was das alles kostet! Ich finde auf die eine oder andere Vorschrift muss man da nicht unbedingt Rücksicht nehmen."

   Lena Binder: „Zum einen ist es uns wichtig, die gesetzlichen Vorschriften einzuhalten, und zum anderen wollen wir auch für alle Mitarbeiter einen zukunftsträchtigen Arbeitsplatz gestalten."

   Carsten Bähr: „Also, ich finde weiterhin, dass diese gesetzlichen Vorschriften alles nur verkomplizieren!"

   Verdeutlichen Sie Herrn Bähr, warum es wichtig ist, gesetzliche Vorschriften einzuhalten und welchen weiteren Nutzen die Normen für die Einrichtung haben und welche Ausführungen diese enthalten.

b) **Herr Bähr:** „Warum die Vorschriften zur Arbeitsumgebung so wichtig sind, ist mir klargeworden. Aber der angesprochene ökologische Aspekt von Herrn Blau widerstrebt mir!

Aus betriebswirtschaftlicher Sicht sollte doch immer auf geringe Kosten geachtet werden, damit das Unternehmen einen möglichst hohen Gewinn erzielt."

Frau Binder: „Natürlich verursachen nachhaltig produzierte Produkte zunächst höhere Kosten. Dennoch erhält man daraus auch einen Nutzen."

Diskutieren Sie die Argumentation von Herrn Bähr. Gehen Sie dabei auf die Mehrkosten für nachhaltig produzierte Produkte ein und erarbeiten Sie Argumente für diese Art von Produkten.

©elaborah-fotolia.com

Lernsituation 3:
Die Gesundheit am Arbeitsplatz erhalten und fördern

©Rudie-fotolia.com

Der Leiter der Personalabteilung, Carsten Kuntz, liest heute Morgen in der Tageszeitung die folgende Überschrift „Krankenstand im Büro hat Rekordstand erreicht". Dies zum Anlass gibt er einem Mitarbeiter der Personalabteilung eine Auswertung in Auftrag, um den Krankenstand der Blue Design GmbH zu ermitteln.

Die Ergebnisse zeigen, dass der Krankenstand der Blue Design zwar unter dem des Branchendurchschnittes liegt, aber dennoch kontinuierlich in den letzten Jahren zugenommen hat.

Aus diesem Grund gründet Herr Kuntz die Projektgruppe „Betriebliches Gesundheitsmanagement".

Ziel ist es, die Themen Gesundheitsvorsorge und Arbeitssicherheit in Zukunft stärker zu beachten.

Die Projektgruppe, der auch die Auszubildenden des ersten Ausbildungsjahres angehören, hatte zunächst den Auftrag, eine Mitarbeiterbefragung zum Thema „Belastungen und Gefahren am Arbeitsplatz" durchzuführen.

Die Ergebnisse der Befragung liegen nun vor.

1) Wie stark fühlen Sie sich belastet durch ...?

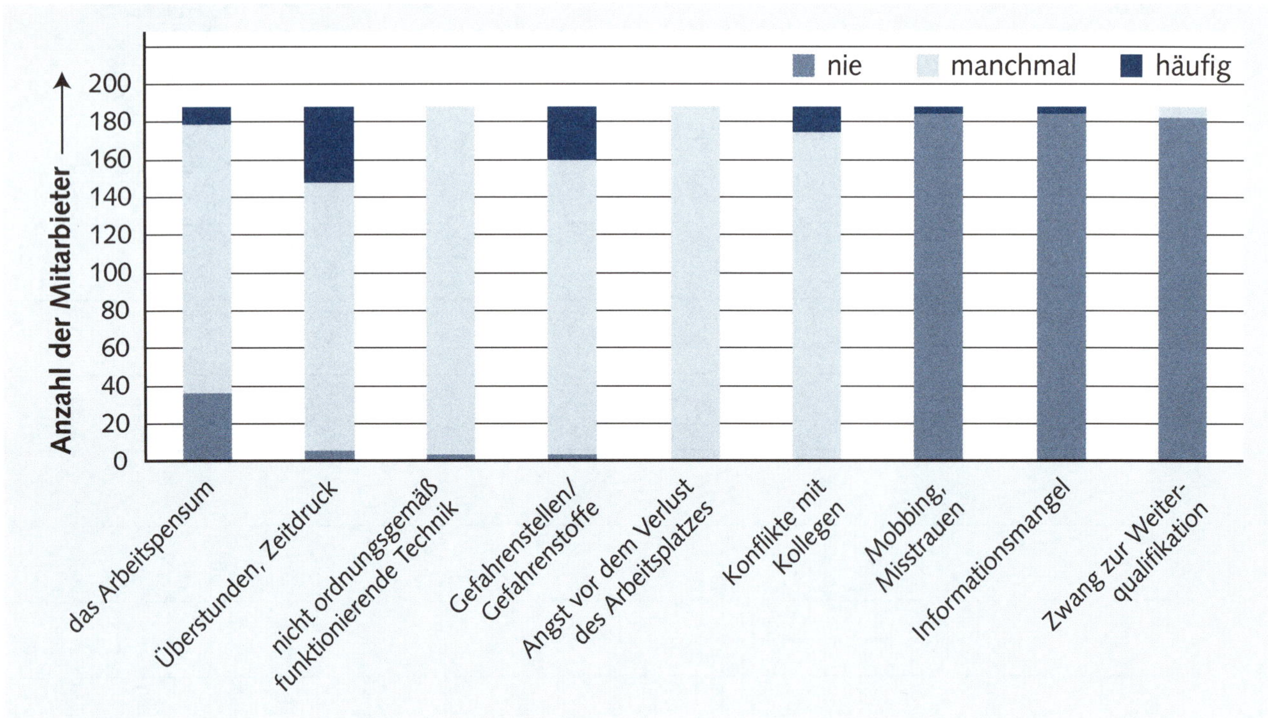

2) Falls Sie sich durch Gefahrenstellen/Gefahrenstoffe im Unternehmen belastet fühlen, nennen Sie bitte die genaue Ursache.

- ➔ Die Büroausstattung im Rechnungswesen ist 20 Jahre alt.
- ➔ Nur wenn etwas kaputt gegangen ist, wurde es durch neues Mobiliar ersetzt.
- ➔ Möbel sind z. T. bunt zusammengewürfelt.
- ➔ Eine optimale Raumgestaltung ist nicht möglich.
- ➔ An manche Schränke kommt man kaum ran.
- ➔ Manche Kollegen sind allein schon eine Gefahr, wenn sie in Stresssituationen wie aufgescheuchte Hühner durch den Betrieb rennen!
- ➔ Die Arbeit mit Verlängerungskabeln birgt auch Gefahren!
- ➔ Darf hier eigentlich jeder seinen privaten Wasserkocher mitbringen?

3) Unter welchen Beschwerden haben Sie in den vergangenen 12 Monaten gelitten?

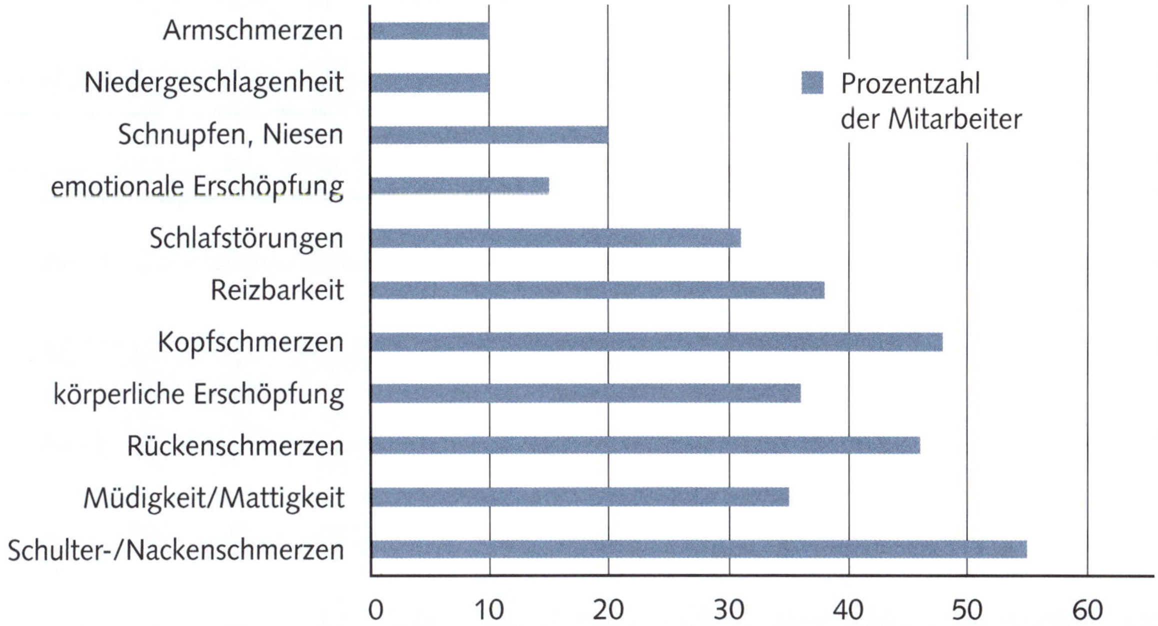

4) Platz für Anmerkungen/Anregungen

- Toll, dass jetzt das Thema „Gesundheit am Arbeitsplatz" bei uns angesprochen wird.
- In der Druckerei wäre es mal Zeit für eine neue Ausstattung.
- In unserer Branche gibt es halt immer bestimmte Zeiten, in denen es besonders stressig ist. Ist halt so.

Arbeitsaufträge

1. Das nächste Treffen der Projektgruppe mit Herr Kuntz steht an.

   a) Werten Sie die Befragungsergebnisse aus. Gehen Sie hierbei auch auf mögliche Ursachen von Belastungen der Mitarbeiter der Blue Design GmbH ein und vergleichen Sie die Ergebnisse mit bundesweiten Befragungen zu Arbeitsbelastungen (vgl. LF 2 – Kapitel 2 Informationsband oder recherchieren Sie im Internet.).

   Auswertung der Befragungsergebnisse „Belastungen und Gefahren am Arbeitsplatz"

   Faktoren, die für unsere Mitarbeiter belastend sind:

Lernsituation 3

Mögliche Ursachen:

Vergleich mit bundesweiten Befragungsergebnissen:

Sonstige Anmerkungen:

b) Präsentieren Sie Ihre Auswertung.

2. Aufgrund der Ergebnisse sehen Herr Kuntz und die Geschäftsführung Handlungsbedarf. Die Projektgruppe erhält deshalb den Auftrag, einen Maßnahmenkatalog zu erstellen, der aufzeigt, wie die Unternehmensleitung der Blue Design GmbH die Belastungen für ihre Mitarbeiterinnen und Mitarbeiter verringern kann.

   Erstellen Sie den Maßnahmenkatalog. Unterscheiden Sie hierbei zwischen Maßnahmen, die die Arbeitsplätze der Arbeitnehmer betreffen und denen, die u. a. für die psychische Gesundheit der Mitarbeiter förderlich sind. Berücksichtigen Sie hierbei nicht nur die Beseitigung von Belastungsfaktoren, sondern auch die Vorbeugung.

Maßnahmenkatalog der Unternehmensleitung zur Erhaltung und Förderung der Gesundheit unserer Mitarbeiter

Die Gesundheit unserer Mitarbeiter ist unser wichtigstes Gut. Deshalb ergreifen wir folgende Maßnahmen:

Die Arbeitsplätze unserer Mitarbeiter ...

Wir fördern ihr psychisches Wohlbefinden durch ...

3. Die Projektgruppe sieht aber auch die Kolleginnen und Kollegen in der Pflicht, sich um ihre Gesundheit und ihr Wohlbefinden am Arbeitsplatz zu kümmern.

   a) Verfassen Sie ein Informationsblatt für die Belegschaft. Machen Sie darin deutlich, welche Bedeutung Gesundheitsvorsorge für das persönliche Wohlbefinden am Arbeitsplatz hat und zeigen Sie Maßnahmen auf, die die Arbeitnehmerinnen und Arbeitnehmer der Blue Design GmbH dahingehend ergreifen sollten.

Informationsblatt „Bleiben Sie gesund!"

Ihre Gesundheit ist der Blue Design GmbH wichtig, deshalb haben wir einen Maßnahmenkatalog erstellt, der Ihr Wohlbefinden am Arbeitsplatz fördern wird. Auch Sie können viel dafür tun, Belastungen im Arbeitsalltag zu verringern und Ihre Gesundheit dadurch fördern.

Damit erreichen Sie …

____

____

____

____

____

____

Das können Sie für Ihre Gesundheit und der Ihrer Kolleginnen und Kollegen tun.
Aufzählungspunkte im Hinblick auf die Arbeitssicherheit:

____

____

____

____

Aufzählungspunkte im Hinblick auf die Erhaltung und Förderung der Gesundheit:

____

____

____

____

b) Vorsorge bedeutet auch, gesundheitliche Gefahren, z. B. Burnout, rechtzeitig zu erkennen. Deshalb möchte die Arbeitsgruppe den Mitarbeitern noch eine Checkliste zur Verfügung stellen, anhand derer man frühzeitig erkennen kann, dass die eigene Gesundheit gefährdet ist.

Formulieren Sie hierfür Indikatoren und machen Sie Vorschläge, an wen man sich wenden kann, wenn die Gesundheit in Gefahr ist.

Entwurf der Checkliste „Ist meine Gesundheit gefährdet?"

Anhaltspunkte/Anzeichen/Indikator	trifft nicht zu	trifft zu
	❑	❑
	❑	❑
	❑	❑
	❑	❑
	❑	❑
	❑	❑
	❑	❑
	❑	❑
	❑	❑
	❑	❑
	❑	❑
	❑	❑
	❑	❑
	❑	❑
	❑	❑
	❑	❑
	❑	❑

Treffen mehrere Indikatoren auf Sie zu, dann ist Ihre Gesundheit in Gefahr. Holen Sie sich Unterstützung, z. B. bei …

Lernsituation 4:
Methoden des Zeitmanagements und Techniken des Selbstmanagements nutzen

Die neuen Auszubildenden der Blue Design GmbH haben sich inzwischen gut an ihren Arbeitsalltag gewöhnt und werden nach und nach mit immer mehr Aufgaben betraut. Als sie sich am Ende der Woche in ihrem Arbeitsraum treffen, kommt **Ben Schneider** völlig abgehetzt und gestresst ins Zimmer: „Sorry, dass ich zu spät bin, aber ich musste gerade noch den Posteingang in meiner Abteilung verteilen. Das hätte ich fast vergessen. Eigentlich haben wir ja gleich Feierabend, aber wenn ich bis dahin nicht alle Aufgaben erledigt habe, die mir aufgetragen wurden, reißt mir Herr Peters noch den Kopf ab."

Da mischt sich **Lisa Berner**, Auszubildende aus dem zweiten Ausbildungsjahr ein: „Letztes Jahr zu dieser Zeit war ich auch in der Abteilung ‚Events/Messen'. Ich fand es da gar nicht stressig. Habt ihr in diesem Jahr mehr zu tun als wir damals?"

Ben: „Das kann ich ja nicht beurteilen. Jedenfalls gibt es so viele unterschiedliche Aufgaben, die ich zu erledigen habe. Ich weiß oft gar nicht, wo ich zuerst anfangen soll. Vielleicht verzettele ich mich dann auch manchmal …"

Lisa: „Ja, das stimmt. Das Aufgabengebiet ist sehr abwechslungsreich. Das hat mir im letzten Jahr eigentlich gut gefallen. Allerdings braucht man tatsächlich einen Plan, um nicht durcheinander zu kommen und auch nichts zu vergessen."

Die Auszubildenden beschließen Ben zu unterstützen und ihm zu helfen, sein Selbst- und sein Zeitmanagement zu verbessern.

Arbeitsaufträge

1. Ben erhält von den anderen den Auftrag, den Tagesablauf eines Arbeitstages zu protokollieren.

Bens Tagesablauf

- 8:00 Uhr: Kaffee holen, Gespräch mit Kollegen, kurz E-Mails bearbeiten
- 8:15 Uhr: Besprechungsraum für Abteilungsmeeting vorbereiten
- 8:35 Uhr: E-Mails beantworten (Versendung von Informationsmaterial)
- 9:00 Uhr: Frühstückspause
- 9:15 Uhr: Prospekte an Kunden verschicken
- 9:35 Uhr: Post abholen
- 9:55 Uhr: Prospekte an Kunden verschicken
- 10:10 Uhr: E-Mails beantworten (Versendung von Informationsmaterial)
- 10:15 Uhr: Post in der Abteilung verteilen
- 10:45 Uhr: Kaffeetassen und Gebäck für Meeting aus Kantine holen
- 11:00 Uhr: Protokoll für anschließendes Meeting vorbereiten
- 11:25 Uhr: Kaffee aus Kantine für Meeting holen
- 11:30 Uhr: Teilnahme an Abteilungsmeeting/Protokollführung
- 12:00 Uhr: Mittagspause
- 12:30 Uhr: Angebote vorbereiten
- 13:00 Uhr: Protokoll des Meetings in Reinschrift formulieren
- 13:45 Uhr: E-Mails beantworten (Versendung von Informationsmaterial)
- 13:55 Uhr: vorbereitete Angebote an Frau Invent per Mail weitergeleitet
- 14:00 Uhr: Gespräch mit Frau Invent über meine Aufgaben (s. auch Extrablatt „To Do")
- 14:30 Uhr: kurze Kaffeepause, Small Talk mit Kollegen
- 14:50 Uhr: Versendung des Protokolls an die Teilnehmer
- 14:55 Uhr: Einträge ins Berichtsheft für die letzten drei Wochen
- 15:30 Uhr: E-Mails beantworten (Versendung von Informationsmaterial)
- 15:35 Uhr: Fortsetzung der Einträge ins Berichtsheft
- 15:45 Uhr: Telefonat mit Ulf wegen morgigem „Fahrdienst" zur Berufsschule
- 16:05 Uhr: Toner im Drucker gewechselt
- 16:15 Uhr: Besprechungsraum aufräumen
- 16:30 Uhr: Schreibtisch aufräumen, Kaffeetasse in Geschirrspüler räumen, kurzes Gespräch mit Freia
- 16:45 Uhr: Berichtsheft
- Ganztägig immer wieder: Telefonate annehmen und weiterleiten

To Do

- Ablage (der vergangenen 2 Wochen)
- Abgabe der Einladung der Berufsschule zur Ausbilderversammlung an Herrn Kuntz/Frau Huber!!! (Termin ist nächste Woche)
- Rückruf in Personalabteilung
- Tonerbestellung in Bestellliste eintragen
- Berichtsheft aktualisieren
- „Vergessenes" Angebot vorbereiten!!!

a) Beurteilen Sie Bens Zeitmanagement. Identifizieren Sie hierzu Störungen, Zeitfresser und Zeitfallen.

Störungen, Zeitfresser und Zeitfallen in Bens Tagesablauf:

Beurteilung von Bens Zeitmanagement und Selbstmanagement:

b) Arbeiten Sie die Aufgaben heraus, die Ben am nächsten Tag erledigen muss. Legen Sie hierauf aufbauend eine Reihenfolge fest, nach der die Aufgaben abgearbeitet werden sollten. Nennen Sie das Kriterium, was ausschlaggebend für die von Ihnen gewählte Reihenfolge der Aufgabenbearbeitung ist.

2. Für Ben ist es schwierig, spontan zu unterscheiden, welche Aufgaben wichtig sind und welche weniger. Die ABC-Analyse und das Eisenhower-Prinzip helfen, diese Unterscheidung zu treffen.

   Strukturieren Sie seine Aufgaben zunächst mithilfe der ABC-Analyse und wenden Sie dann das Eisenhower-Prinzip an.

ABC-Analyse

A-Aufgaben:

Aufgabe/Tätigkeit	Begründung für Zuordnung

B-Aufgaben:

Aufgabe/Tätigkeit	Begründung für Zuordnung

C-Aufgaben:

Aufgabe/Tätigkeit	Begründung für Zuordnung

Eisenhower-Prinzip

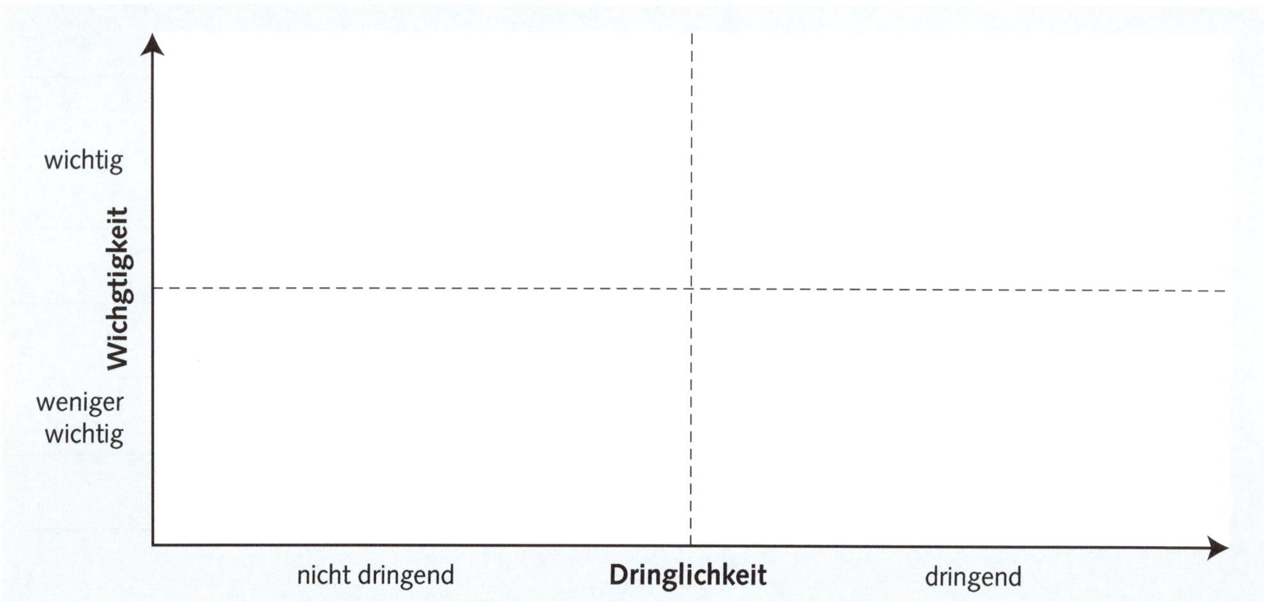

3. Erstellen Sie nun für Ben auf Grundlage der ALPEN-Methode einen Tagesablaufplan.

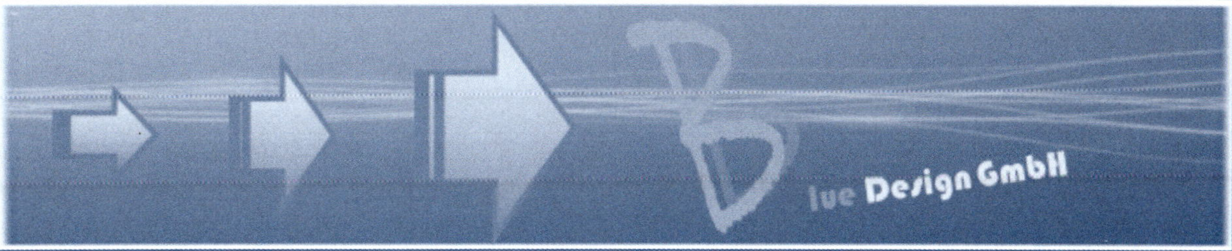

Tagesablaufplan für …

Priorität Nr.	Aufgabe/Tätigkeit	Geplante Dauer	Puffer	Nachkontrolle erfolgt
				❑
				❑
				❑
				❑
				❑
				❑
				❑
				❑
				❑
				❑
				❑
				❑

4. Ben ist dankbar für die Unterstützung und will auch in Zukunft Tagesablaufpläne führen. Damit aber auch alles, was im Zusammenhang mit dem Zeit- und Selbstmanagement besprochen wurde, nicht in Vergessenheit gerät, hängt er sich eine Checkliste an die Pinnwand, die ihn immer wieder an die Grundsätze des Zeit- und Selbstmanagements erinnert.

   Formulieren Sie Erinnerungssätze für die Checkliste.

Entwurf der Checkliste „Grundsätze des Zeit- und Selbstmanagements"

Erinnerungssatz	beachtet
	❑
	❑
	❑
	❑
	❑
	❑
	❑
	❑
	❑
	❑
	❑

Lernsituation 5:
Terminpläne erstellen

Der Auszubildende, Ulf Henning, hat heute seinen ersten Tag in der Abteilung „Events und Messen". Ansprechpartnerin für ihn ist Frau Invent, eine langjährige Mitarbeiterin der Abteilung.

Frau Invent: „Herzlich willkommen, Herr Henning. Bevor Sie mit Ihrer eigentlichen Arbeit bei uns anfangen, ist es sehr wichtig, dass Sie sich zunächst Ihre Termine notieren und in Ihren Terminplan eintragen, damit Sie einen Überblick über Ihre Aufgaben und Termine haben. Bitte notieren Sie sich:

©yurolaitsalbert-fotolia.com

Jeden Tag holen Sie bitte gegen 9:30 Uhr die Post für unsere Abteilung am Empfang ab und verteilen sie an die Kolleginnen und Kollegen. In der Regel werden Sie hierfür eine halbe Stunde brauchen.

Nachmittags gegen 16:30 Uhr sammeln Sie bitte die ausgehende Post aus den Postkästen der Kollegen ein und bringen sie zum Empfang. Das geht sicher ein wenig schneller als das Verteilen.

Am Mittwoch haben wir um 10:30 Uhr eine halbstündige Teambesprechung zwecks unserer Urlaubsplanung, an der Sie auch teilnehmen sollten.

Dann würde ich gerne den Mittwochvormittag nutzen, um mit Ihnen über ein Projekt zu sprechen, bei dem Sie mich unterstützen können. Da können wir uns im Anschluss an die Teambesprechung zusammensetzen. Ach, und am Freitag hat die Kollegin Marina Martens eingeladen. Sie hatte Geburtstag und lädt um 9:00 Uhr zu einem gemeinsamen Frühstück ein. Normalerweise haben wir ja immer nur eine Viertelstunde Frühstückspause, aber rechnen Sie da mal mit 30 bis 40 Minuten. Mittagspause machen wir übrigens immer von 12:30 bis 13:00 Uhr."

Ulf: „Ja. Okay. Ich werde die Termine eintragen. Von Frau Huber habe ich auch eine Mail bekommen, dass wir Azubis uns am Freitag um 10:00 Uhr für eine Stunde in unserem neuen Bürogebäude treffen. Das werde ich mir auch eintragen. Wissen Sie auch, dass wir dienstags und donnerstags Berufsschule haben? Allerdings komme ich am Donnerstagnachmittag in den Betrieb. Der Unterricht geht bis 13:00 Uhr."

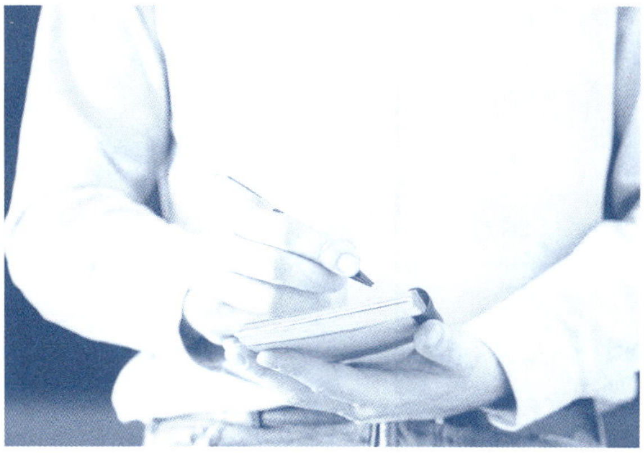
©peshkova-fotolia.com

Frau Invent: „Ach ja, Frau Huber erwähnte dies kürzlich. Es ist aber trotzdem gut, dass Sie mich noch einmal daran erinnern. Dann machen Sie gleich nach der Schule am Donnerstag noch Ihre Mittagspause. Wie lange brauchen Sie von der Schule bis hierher? Dann können wir uns, wenn Sie da sind, noch einmal eine halbe Stunde unterhalten."

Ulf: „Ja. Prima. Von der Schule bis hierher brauche ich ca. eine halbe Stunde. So, dann mache ich mich gleich an die Arbeit und notiere mir die Termine im Kalender."

Sie unterstützen ihn dabei.

Arbeitsaufträge

1. Erstellen Sie Ulfs Tagesterminpläne für die nächsten drei Tage.

	Mittwoch	Donnerstag	Freitag
07:00			
07:30			
08:00			
08:30			
09:00			
09:30			
10:00			
10:30			
11:00			
11:30			
12:00			
12:30			
13:00			
13:30			
14:00			
14:30			
15:00			
15:30			
16:00			
16:30			
17:00			

2. Am Donnerstag zeigt Ulf Frau Invent seinen Terminplan. Sie ist sehr zufrieden mit seinen Eintragungen.

   Frau Invent: „Das haben Sie gut gemacht. Deshalb können Sie mich auch gleich bei weiteren Terminplanungen unterstützen. Heute Morgen bei der Teambesprechung hatten wir ja vereinbart, dass wir uns alle nächste Woche noch einmal zusammensetzen wollen, um die Eckpunkte für eine internationale Sitzung im April festzulegen. Die Kolleginnen und Kollegen haben ja schon gesagt, wann Sie nächste Woche Zeit bzw. keine Zeit haben. D. h. wir müssen schauen, welche Zeitfenster noch frei sind, in die wir diese Besprechung legen können. Für die Besprechung sollten wir auch mindestens eine Stunde einplanen. Ich gebe Ihnen meine Aufzeichnungen, damit Sie schauen, wann alle Zeit haben."

   Erstellen Sie einen Wochenplan, in den Sie die Termine der Mitarbeiter so eintragen, dass Sie feststellen können, wann Termine für die nächste Teambesprechung möglich sind. Da auch Ulf an der Besprechung teilnehmen soll, berücksichtigen Sie auch seine festen Termine.

Anlage: Gesprächsnotiz von Frau Invent

- Herr Peters: hat bereits am Montagnachmittag einen Termin und kommt nach der Mittagspause nicht mehr ins Haus. Auch am Mittwochvormittag ist er außer Haus.
- Frau Albers: hat nur Montagnachmittag ab 15:00 Uhr Zeit oder Donnerstag ganztägig.
- Frau Pluta: ist in der nächsten Woche immer nur nachmittags im Unternehmen.
- Herr Kling: Ist nächste Woche von Montagfrüh bis Mittwochmittag auf einer Messe.
- Frau Invent: hat am Freitag Urlaub.

	Montag	Dienstag	Mittwoch	Donnerstag	Freitag
07:00					
07:30					
08:00					
08:30					
09:00					
09:30					
10:00					
10:30					
11:00					
11:30					
12:00					
12:30					
13:00					
13:30					
14:00					
14:30					
15:00					
15:30					
16:00					
16:30					
17:00					

Terminvorschläge:

3. Vor dem Sitzungstermin in der nächsten Woche möchte Frau Invent bereits festlegen, wann die internationale Sitzung stattfinden könnte. Im Vorfeld hatte man sich darauf geeinigt, dass der April ein geeigneter Monat wäre.

   Frau Invent überträgt Ulf Henning diese Aufgabe: „Die Sitzung dauert einen Tag. Üblicherweise beginnt die Veranstaltung um 10:00 Uhr, da ein Teil der internationalen Gäste erst am Sitzungstag anreist. Andere Teilnehmer reisen jedoch bereits am Vortag an. Deshalb kommen die Montage generell nicht in Betracht. Achten Sie bitte auch auf die Ferientermine in Deutschland. In der Zeit sind doch immer einige unserer Kollegen verreist. Deshalb schließen wir diese Zeit aus."

   Markieren Sie die Tage, die für die internationale Sitzung in Frage kommen.

April

Montag	Dienstag	Mittwoch	Donnerstag	Freitag	Samstag	Sonntag
27	28	29	30	31	1	2
3	4	5	6	7	8	9
10	11	12	13	14	15	16
				Karfreitag		
17	18	19	20	21	22	23
Ostermontag						
24	25	26	27	28	29	30

Anlage 2: Osterferien in Deutschland

Baden-Würtemberg	10.04. – 21.04.
Bayern	10.04. – 22.04.
Berlin	10.04. – 18.04.
Brandenburg	10.04. – 22.04.
Bremen	10.04. – 22.04.
Hamburg	06.03. – 17.03.
Hessen	10.04. – 15.04.
Mecklenburg-Vorpommern	10.04. – 19.04.
Niedersachsen	10.04. – 22.04.
Nordrhein-Westfalen	10.04. – 22.04.
Rheinland-Pfalz	10.04. – 21.04.
Saarland	10.04. – 22.04.
Sachsen	13.04. – 22.04.
Sachsen-Anhalt	10.04. – 13.04.
Schleswig-Holstein	08.04. – 21.04.
Thüringen	10.04. – 21.04.

4. Beim Treffen der Auszubildenden am Freitag berichten alle von Ihren Tätigkeiten in den Abteilungen. Ulf berichtet u. a., wie aufwendig es war, einen gemeinsamen Termin für die Teambesprechung in der nächsten Woche zu finden. Daraufhin kommt die Diskussion auf, mit einem digitalen Terminkalender zu arbeiten.

   Diskutieren Sie, ob sich der Einsatz einer digitalen Lösung in diesem Fall eignen würde. Gehen Sie hierbei auf Vorteile und Nachteile dieser Möglichkeit im Vergleich zum klassischen Papierkalender ein.

Vorteile eines digitalen Terminkalenders:

Nachteile eines digitalen Terminkalenders:

Entscheidung:

Lernsituation 6:
Eine Veranstaltung effizient gestalten

©maxoidos-fotolia.com

Der Auszubildende Ulf Henning, ist noch immer in die Abteilung Events und Messen eingeteilt. In dieser Abteilung ist es üblich, dass die Auszubildenden von Beginn an in die Arbeitsabläufe der Abteilung eingebunden werden. Seine Ansprechpartnerin für diesen Ausbildungsabschnitt ist Frau Invent, eine langjährige Mitarbeiterin der Abteilung, die ihm jederzeit zur Beantwortung von Fragen zur Verfügung steht. Ulf darf an Sitzungen und Besprechungen nicht nur teilnehmen, er wird darüber hinaus in die Vorbereitungen, Durchführungen und Nachbereitungen involviert. Er übernimmt kleine Aufgaben, wie zum Bespiel Termine und Rahmenbedingungen festlegen und vereinbaren, Tagesordnungen erstellen, Rückmeldungen entgegennehmen, Vorbereitungen treffen und Auswertungen zur Sitzung durchführen. Schnell wird ihm bewusst, dass es gar nicht so einfach ist, eine Veranstaltung vorzubereiten.

Heute Morgen ruft Frau Invent Ulf zu einem Gespräch in ihr Büro.

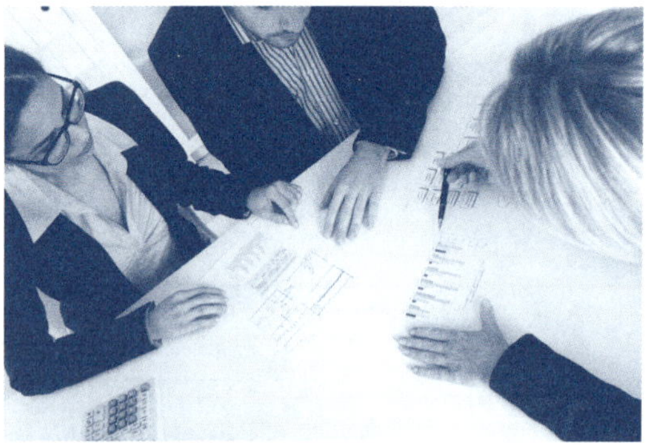
©Jeanette Dietl-fotolia.com

Frau Invent: „Ich bin mit Ihrem Einsatz und Ihrer Leistung sehr zufrieden, Herr Henning."

Ulf Hennig: „Vielen Dank für Ihr entgegengebrachtes Vertrauen, Frau Invent."

Frau Invent: „Deshalb möchte ich Ihnen die Gestaltung der internationalen Sitzung am 26.04. übertragen. An dieser werden deutschsprachige und englischsprachige Gäste teilnehmen. Die Teilnehmerliste werde ich Ihnen gleich per E-Mail zusenden. Bei Fragen können Sie sich gerne an mich wenden."

Unterstützen und helfen Sie Ulf bei seiner Aufgabe.

Arbeitsaufträge

1. Nachdem Ulf an seinen Schreibtisch zurückgekehrt ist, beschäftigt er sich erst einmal mit der Teilnehmerliste, die er von Frau Invent geschickt bekommen hat. Dabei stellt er fest, dass der Geschäftsführer, die Prokuristin, fünf Geschäftspartner aus der Region und ein weiterer Geschäftspartner aus England teilnehmen werden. Hochmotiviert setzt sich Ulf an seinen Computer, um das Einladungsschreiben zu formulieren. Beim Schreiben stellt er fest, dass ihm nicht alle Rahmenbedingungen bekannt sind.

   Erläutern Sie, welche Rahmenbedingungen und Informationen Ulf noch fehlen und wie er diese in Erfahrung bringen kann bzw. welche Tätigkeiten dabei auszuführen sind.

fehlende Information/ Rahmenbedingung	Tätigkeit

fehlende Information/ Rahmenbedingung	Tätigkeit

2. Nachdem die Rahmenbedingungen feststehen, erstellt Ulf die nebenstehende Tagesordnung für die Sitzung. Jetzt will er sich an das Einladungsschreiben machen.

   Helfen Sie Ulf beim Verfassen der Einladung für die Sitzung am 26.04.

   a) Setzen Sie sich dabei in Gruppen zusammen und skizzieren Sie zuerst den möglichen Inhalt.

lue Design GmbH

Tagesordnung

TOP 1: Begrüßung der Teilnehmer
TOP 2: Ergebnisse der bisherigen Werbemaßnahmen
TOP 3: Vorstellung von weiteren Werbemaßnahmen
TOP 4: Beschlussfassung der zukünftigen Werbemaßnahmen
TOP 5: Verabschiedung der Zeitplanung
TOP 6: Verteilung der Aufgaben
TOP 7: Verschiedenes

b) Erstellen Sie anhand Ihrer Aufzeichnungen die Einladung der Blue Design GmbH. Verwenden Sie dabei folgenden Vordruck. Schreiben Sie exemplarisch an Herr Walter Schmidt von der Bürosysteme Schmidt KG, Postfach 18 76 49 in 68199 Mannheim.

Blue Design GmbH

Ihr Zeichen:
Ihre Nachricht vom:
Unser Zeichen:
Unsere Nachricht vom:

Blue Design GmbH • Heidelberger Landstraße 51 • 68199 Mannheim

Name:
Telefon:
Telefax:
E-Mail:
Datum:

Mannheim HRB 1255Düsseldorf USt-IdNr.: DE 812 112 054 Tel.: 0621 200103-0 Zentrale Fax: 0621 200103-99	Geschäftsführer Matthias Blau E-Mail: m.blau@bluedesign.de	Internet-Adresse: www.bluedesign.de E-Mail: info@bluedesign.de	Raiffeisenbank Mannheim-Schwetzingen eG IBAN DE41 6709 0020 0000 2120 99 BIC GENODE65MAN

c) Nachfolgend erstellen Sie in Einzelarbeit die englischsprachige Einladung der Blue Design GmbH mithilfe des Briefvordrucks. Überprüfen Sie anschließend Ihr Ergebnis mit einem Gruppenmitglied. Schreiben Sie exemplarisch an Mr. William Brown, Marketing Manager der B & B Ltd, 102 - 108 New Oxford Street in London (Großbritannien) WC1A 1BA.

Blue Design GmbH

Blue Design GmbH • Heidelberger Landstraße 51 • 68199 Mannheim

Ihr Zeichen:
Ihre Nachricht vom:
Unser Zeichen:
Unsere Nachricht vom:

Name:
Telefon:
Telefax:
E-Mail:
Datum:

Mannheim HRB 1255Düsseldorf USt-IdNr.: DE 812 112 054 Tel.: 0621 200103-0 Zentrale Fax: 0621 200103-99	Geschäftsführer Matthias Blau E-Mail: m.blau@bluedesign.de	Internet-Adresse: www.bluedesign.de E-Mail: info@bluedesign.de	Raiffeisenbank Mannheim-Schwetzingen eG IBAN DE41 6709 0020 0000 2120 99 BIC GENODE65MAN

Lernsituation 6

3. Setzen Sie sich im Team zusammen und diskutieren Sie mögliche Fehler, die bei der Durchführung der Sitzung unterlaufen können.

____

____

____

____

____

____

____

4. Erstellen Sie zu den von Ihnen gefundenen Fehlerquellen (in Word) eine Checkliste zur Vermeidung der Fehler.

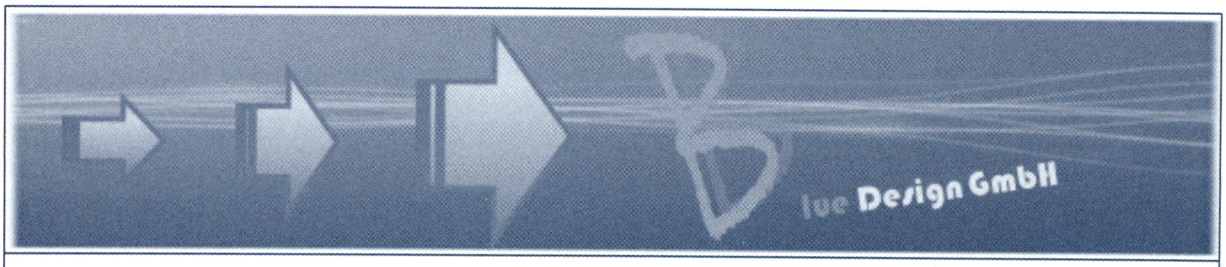

Checkliste zur Vermeidung von Fehlern

Aspekte	berücksichtigt ja	berücksichtigt nein
	❑	❑
	❑	❑
	❑	❑
	❑	❑
	❑	❑
	❑	❑
	❑	❑
	❑	❑

5. Nach der Durchführung der Sitzung muss ein Protokoll angefertigt werden. Ulf ist sich noch nicht sicher, welche Informationen in einem Protokollkopf enthalten sein müssen und welchen Protokolltypen er letztendlich verwenden soll.

   a) Unterscheiden und erläutern Sie zunächst die einzelnen Protokollarten und geben Sie Ulf eine begründete Empfehlung, welchen Protokolltyp er verwenden soll.

Ergebnisprotokoll	Verlaufsprotokoll

Empfehlung: ______________________________

____

____

____

   b) Erstellen Sie für Ulf eine Blanko-Protokollvorlage (in Word) mit allen wichtigen Inhalten eines Protokollkopfes.

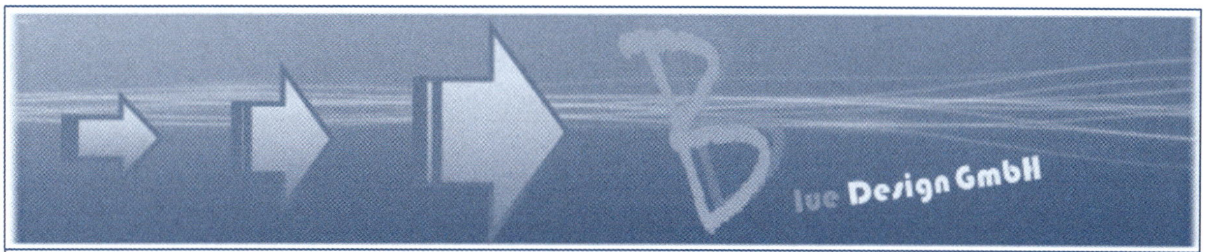

Protokoll	

Lernsituation 7:
Eingehende und ausgehende Informationen bearbeiten

©contrastwerkstatt-fotolia.com

Die neuen Auszubildenden der Blue Design GmbH Freia Mertens, Ulf Henning, Ben Schneider und Eva Kohl haben bereits einige Abteilungen erfolgreich durchlaufen. Da sie somit gezeigt haben, dass sie selbstständig und verantwortungsvoll arbeiten können, überträgt ihre Ausbildungsleiterin, Frau Huber, den Auszubildenden Freia Mertens und Ulf Henning die Zentrale und Eva Kohl und Ben Schneider die Postbearbeitung über die Weihnachtsferien. Frau Huber erklärt den Auszubildenden, dass zu den Tätigkeiten in der Zentrale die Bearbeitung von ein- und ausgehenden Telefonaten, E-Mails, der Empfang von Kunden und die Annahme/Weiterleitung von Warensendungen gehören. Frau Huber erläutert weiter, dass zur Postbearbeitung die Posteingangs- und Postausgangsbearbeitung verbunden mit der passenden Auswahl der Versandart gehört.

Unterstützen Sie die Auszubildenden bei ihren neuen Aufgaben.

Arbeitsaufträge

1. Visualisieren Sie die von Frau Huber beschriebenen Tätigkeiten und Zuständigkeiten der Informationsbearbeitung in Form eines Organigramms.

Informationsbearbeitung bei der Blue Design GmbH

Zentrale	Posteingang
-E-Mail -bearbeitung von Telefonen -Empfang von Kunden -Annahme Freia Mertens Ulf Henning	Postbearbeitung, Posteingang Kohl, Schneider

2. An der Zentrale müssen Freia Mertens und Ulf Henning die eingehenden Informationen der Blue Design GmbH bearbeiten. In den ersten Tagen fehlt ihnen jedoch bei den Arbeitsabläufen noch die Routine. Helfen Sie den beiden bei den nachfolgenden Situationen, damit die Tätigkeiten richtig ausgeführt werden.

1. Situation

Am Empfang steht vor Freia Mertens eine Geschäftsfrau und möchte die Prokuristin Katrin Breitenbacher sprechen.

Worum geht es, nachfragen ob die Dame frei ist, mit Wartezeit rechnen, zu der Dame schicken wenn frei. Haben Sie einen Termin.

©KB3-fotolia.com

2. Situation

Da die Geschäftsfrau (aus der ersten Situation) keinen Termin bei Frau Breitenbacher vereinbart hatte, erfährt Freia jetzt, dass Frau Breitenbacher nicht im Büro ist.

Termin vereinbaren, fragen ob jemand anderes noch helfen kann, wie dringend ist es.

©momius-fotolia.com

3. Situation

Ulf Henning nimmt ein Telefongespräch entgegen. Der Anrufende möchte den Verantwortlichen für die Messe am 16.06.20.. sprechen. Leider kann ihm der Anrufende den Verantwortlichen nicht namentlich benennen.

Die Nummer des Verantwortlichen notieren und anrufen

©Art3D-fotolia.com

4. Situation

Nach einer kleinen Recherche kann Ulf den Verantwortlichen für die Messe, Paul Peters, ausfindig machen. Leider ist Herr Peters nicht erreichbar, da er gerade in einem wichtigen Meeting ist.

©pressmaster-fotolia.com

3. Eva Kohl und Ben Schneider wurde die gesamte Postbearbeitung der Blue Design GmbH übertragen und sie erwarten nun mit Spannung den Eingang der ersten Post.

   a) Erstellen Sie für die beiden eine Handlungsanweisung, die gewährleistet, dass sie bei der **Posteingangsbearbeitung** alle notwendigen Aufgaben ausführen.

©beermedia-fotolia.com

Handlungsanweisung für die Bearbeitung des Posteingangs

Schritt 1:

Entscheidung treffen, ob die Sendung …

Schritt 2:

Darauf achten, dass …

Schritt 3:

Darauf achten, dass …

Schritt 4:

Die entnommenen Schreiben werden …

Schritt 5:

Entscheidung treffen, ob die Sendung …

b) Bei der Posteingangsbearbeitung tauchen einzelne Probleme bzw. Fragen zur Bearbeitung auf. Beschreiben Sie für jeden Sachverhalt die fachgerechte Postbearbeitung.

1. Sachverhalt
In der täglichen Post sind ein Brief für die Reif KG und mehrere unbedeutende Werbesendungen enthalten.

©apops-fotolia.com

2. Sachverhalt

Bei einem Brief ist im Empfängerfeld als Erstes Herr Matthias Blau genannt und dann die Blue Design GmbH.

3. Sachverhalt

Eva entdeckt einen großen Brief, in dem viele einzelne Blätter enthalten sind, die nicht zusammengeheftet wurden.

©pixelrobot-fotolia.com

4. Sachverhalt

Bei der Weiterleitung der Post fällt Ben auf, dass bei einer Sendung der Empfänger nicht namentlich genannt ist.

©Mopic-fotolia.com

5. Sachverhalt

Eva öffnet einen Brief, der eine Anfrage für die Gestaltung einer Webseite enthält.

©Mopic-fotolia.com

6. Sachverhalt
Die Post enthält Werbung der Messe Frankfurt.

©Mopic-fotolia.com

c) Unterstützen Sie Eva und Ben auch bei der Bearbeitung des Postausgangs. Beschreiben Sie jeweils die fachgerechte Bearbeitung.

1. Sachverhalt
Eva bekommt von Frau Roswita Bentz, der Sekretärin von Herrn Blau, die Unterlagen aus der Unterschriftenmappe mit dem Hinweis vorgelegt, die einzelnen Schriftstücke schnellstmöglich zu versenden.

Anlagen prüfen, Falzen, Kuvertieren und verschließen,
Adressieren, wiegen und Frankieren

©Melpomene-fotolia.com

2. Sachverhalt
Der Abteilungsleiter, Jan Hausmann, gibt Ben 3.460 Schreiben Routinepost mit dem Vermerk, dass diese noch heute kuvertiert und versendet werden sollen.

Mit Falzmaschine geht es schneller

©Dalmatin.o-fotolia.com

3. Sachverhalt

Beim Versenden der Post müssen Eva und Ben die richtige und zweckmäßige Versandart ausfindig machen. Recherchieren Sie im Internet bei der Deutschen Post AG und helfen Sie Eva und Ben beim Versenden der Post.

Ausgehende Post	zweckmäßige Versandart
1) vier Briefe haben ein Gewicht von 820 g 2) 18 Briefe haben eine Höhe von 2,5 cm 3) drei Briefe haben ein Gewicht von 32 g 4) 50 Briefe haben eine Länge von 16 cm und eine Breite von 10 cm	1) Maxibrief 2,75 € 2) Maxi 2,45 € 3) Kompakt 1 € 4) ~~Postkarte~~ Standard 0,85 €
Die Abteilungsleiterin Marie-Sophie Marx möchte 200 Warenproben an die besten Kunden der Blue Design GmbH versenden.	
Die bestellten neuen Broschüren der Blue Design GmbH werden mit den dazugehörigen Rechnungen und einem Überweisungsträger im offenen Umschlag versendet.	Büchersendung oder Großbrief 1,60 €
Die Blue Design GmbH versendet 6.000 Briefe bundesweit an eventuelle Neukunden.	Dialogpost 0,33 cent pro Brief.
Herr Matthias Blau muss zwei wichtige Schreiben versenden. Für eins der Schreiben benötigt er einen schriftlichen Nachweis über die Entgegennahme und für das andere nicht.	Einschreiben Rückschein 4,85 € Standardbrief 0,85 cent
Frau Breitenbacher möchte einem Kunden die geforderten Unterlagen zusenden. Wichtig ist ihr, dass die Sendung dem Empfänger in der vorher festgelegten Lieferzeit zugestellt wird.	
Paul Peters muss einem Mitarbeiter eine wertvolle Digitalkamera für den Messestand übersenden.	Transportversicherung
Mark Kuhlert sendet einem Kunden die in Auftrag gegebene erstellte Werbung zu. Da es sich um einen neuen Kunden handelt, möchte er, dass der Kunde die Dienstleistung direkt bezahlt.	Nachnahme aufpreis 4,40 €

4. Frau Huber ist sehr zufrieden mit der Arbeit von Eva und Ben. Sie erklärt ihnen, dass die Blue Design GmbH in der regionalen Abwicklung des Postversandes einen kompetenten Dienstleister auswählen möchte. Die Auszubildenden sollen deshalb eine Übersicht vorbereiten, die hierfür die Entscheidungsgrundlage bildet.

   a) Recherchieren Sie bezüglich der nachfolgenden Kriterien die benötigten Informationen. Wählen Sie neben der Deutschen Post AG zwei weitere KEP-Dienstleister aus.

©ninelutsk-fotolia.com

Übersicht über das Leistungsangebot der KEP-Dienstleister			
Kriterium	**KEP-Dienstleister**		
	Deutsche Post AG		
Qualifikationen (z. B. Lizenzen, Zertifikate)			
Leistungsumfang			
Zustelllaufzeiten			
Zustellgebiete und Zustellart			

   b) Bilden Sie sich ein Urteil: Entscheiden Sie, welchen Dienstleister Sie empfehlen. Begründen Sie Ihre Entscheidung.

Lernsituation 8:
Schriftstücke und elektronische Dokumente sachgerecht ordnen und verwahren

Eva Kohl und Freia Mertens werden im nächsten Ausbildungsabschnitt in der Abteilung „Rechnungswesen" der Blue Design GmbH eingesetzt. Der Abteilungsleiter, Carsten Bähr, führt am ersten Tag ein ausführliches Gespräch mit den beiden Auszubildenden:

©contrastwerkstatt-fotolia.com

Herr Bähr: „Ich freu mich, dass Sie beide uns in der nächsten Zeit unterstützen werden. Nächste Woche wird unsere Abteilung allerdings in das vor Kurzem neu angemietete Gebäude umziehen. Deshalb müssen in dieser Woche noch alle Unterlagen und technischen Geräte verpackt werden. Ich hoffe, Sie können uns beim Verpacken tatkräftig unterstützen."

Freia: „Gar keine Frage, Herr Bähr! Wir unterstützen die Abteilung gerne."

Herr Bähr: „Der Umzug bringt allerdings noch einige Aufgaben mit sich. Wir wollen zum einen die Gelegenheit nutzen, alte Unterlagen im Hinblick auf ihre Aufbewahrungsfristen zu überprüfen, um diese ggf. anschließend zum Vernichten weiterzuleiten."

©contrastwerkstatt-fotolia.com

Eva: „Hört sich sehr interessant an und ich bin froh, diesen Umzug in die neuen Räumlichkeiten mitzuerleben."

Herr Bähr: „Außerdem will die Blue Design GmbH die Verwaltung der Dokumente optimieren. Da Sie das Thema zu interessieren scheint, können Sie uns hierbei auch noch tatkräftig unterstützen."

Ganz begeistert von der ungewöhnlichen und nicht alltäglichen Arbeit in einer Rechnungswesenabteilung nehmen Eva und Freia ihre ersten Aufgaben entgegen.

Verfolgen Sie die einzelnen Tätigkeiten von Eva und Freia und helfen Sie ihnen.

Arbeitsaufträge

1. Herr Bähr bittet Eva und Freia, sich zunächst einen Überblick über die verwendeten Ablage- und Ordnungssysteme in der Abteilung zu machen.

   Analysieren Sie die verwendeten Ablage- und Ordnungssysteme und tragen Sie Ihre Ergebnisse in die Tabelle ein.

Aktenschrank

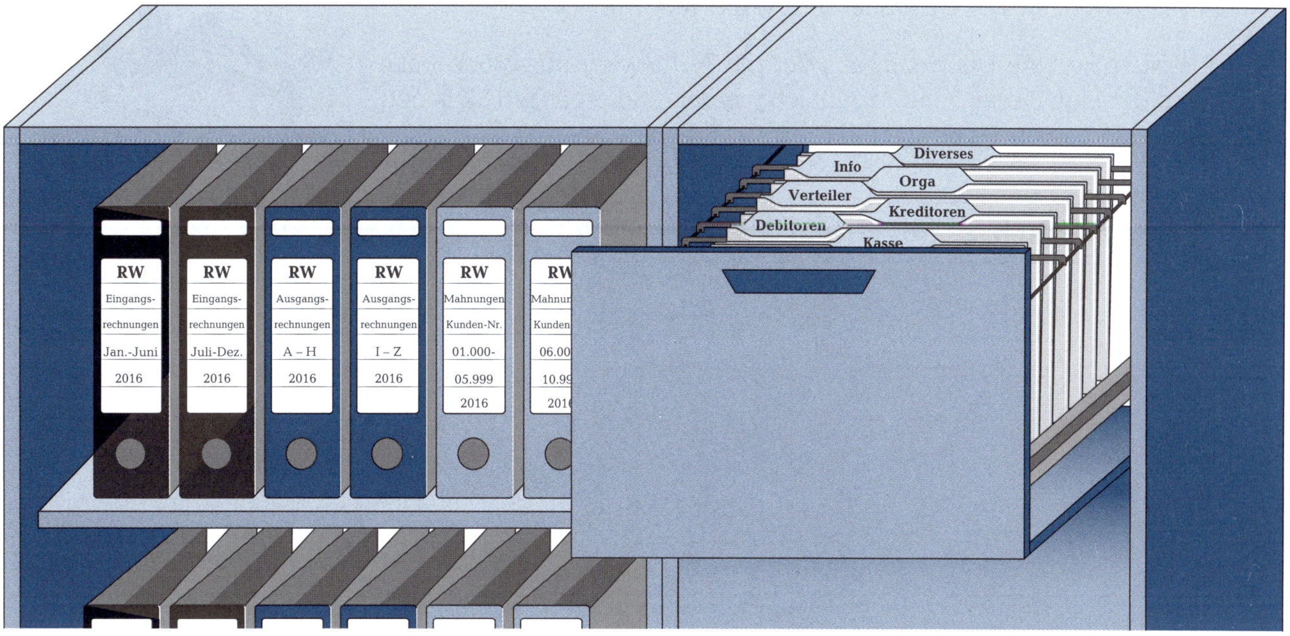

Ablage und Ordnungssystematik der Abteilung Rechnungswesen		
Belegart	**Ablagesystem**	**Ordnungssystem**
		Stehordner
		Alphabetisch
		Chronologisch Datum/Zeit
		Unterschiedliche Farben

2. Nun geht es ans Einpacken der vielen Unterlagen und bei den beiden Auszubildenden kommt die Frage auf, warum die Blue Design GmbH so viele Unterlagen aufbewahrt und wonach sich die Dauer der Aufbewahrung richtet.

©fotomek-fotolia.com

a) Erstellen Sie eine Übersicht, aus der die Aufbewahrungsgründe aus Sicht der Blue Design GmbH deutlich werden und ergänzen Sie jeden durch ein passendes Beispiel.

Aufbewahrungsgrund	Beispiel

b) Herr Bähr erklärt den beiden, dass es neben den betrieblichen, auch gesetzliche Gründe gibt, die die Aufbewahrung der Dokumente notwendig machen, denn der Gesetzgeber gebe die Dauer der Aufbewahrung vor. Da sich Eva und Freia gerade über das Thema Gedanken gemacht haben, nutzt Herr Bähr die Gelegenheit und bittet sie, die Vernichtungszeitpunkte verschiedener Dokumente zu vermerken.

Legen Sie für die genannten Dokumente die Vernichtungszeitpunkte fest und begründen Sie Ihre Entscheidung.

Übersicht über die Vernichtungszeitpunkte verschiedener Unterlagen der Abteilung „Rechnungswesen“		
Dokumente	**Vernichtungsdatum**	**Begründung** (Art des Dokuments und gesetzliche Aufbewahrungsfrist)
Ausgangsrechnungen aus dem Jahr 2018	01.01.2029	
Eingangsrechnungen aus dem Jahr 2017		
Kontoauszüge aus dem Jahr 2016	2026 10 Jahre	
Kassenbelege aus dem Jahr 2017		
Kopien der Bestellungen für die neue Büroeinrichtung aus dem Jahr 2018	6 Jahre	
Zahlungserinnerungen und Mahnungen an Kunden aus dem Jahr 2017		

Lernsituation 8

3. Beim Packen der Umzugskartons ist Freia Mertens aufgefallen, dass die Ordner nicht immer einheitlich beschriftet sind und dass ihr auch nicht immer klar ist, wo die Unterlagen in den neuen Räumlichkeiten wieder einsortiert werden sollen. Als sie Herrn Bähr darauf anspricht, erklärt ihr dieser, dass diese und weitere Hinweise in sogenannten Aktenplänen vermerkt werden. Allerdings habe man diese Dokumentation in den letzten Jahren vernachlässigt. Er schlägt deshalb vor, dass Freia in Word einen Vordruck für ein solches Formular entwerfen könnte.

   Erstellen Sie ein Musterformular für einen Aktenplan.

Musteraktenplan

Gliederung/Bezeichnung

4. Beim Umzug wird deutlich, dass die beleghafte Ablage viel Platz benötigt und im Grunde nicht mehr zeitgemäß ist. Herr Bähr ist Mitglied der Arbeitsgruppe, die sich in diesem Zusammenhang mit dem Thema „Dokumentenmanagementsysteme“ beschäftigt. Er nimmt Eva und Freia mit auf eine Veranstaltung, auf der über diese Art der elektronischen Archivierung informiert wird. Unternehmensintern soll die Arbeitsgruppe über ihre Erkenntnisse berichten.

©z_amir-fotolia.com

a) Informieren Sie sich anhand der Unterlagen aus der Veranstaltung, die Eva und Freia besucht haben, über das Thema und schreiben Sie die wesentlichen Schlüsselwörter heraus.

Auszug aus dem Informationsmaterial

Dokumentenmanagementsysteme (DMS)

Ein Dokumentenmanagementsystem (DMS) verhilft dem Unternehmen zu einem erfolgreichen Informationsmanagement. Es übernimmt die Verwaltung aller Dokumente über ihre gesamte Verwendungsdauer.

Mit einem DMS sind alle digitalen Dokumente und eingescannten Papierdokumente für alle Mitarbeiter mit der entsprechenden Berechtigung überall und zu jeder Zeit zugänglich. Langwieriges Ablegen, Suchen, Wiederablegen entfällt.

Ein DMS ermöglicht
- die schnelle und einfache Erfassung aller Dokumente,
- die sichere Archivierung und
- ein schnelles Finden der benötigten Unterlagen.

Anstelle von Papierbergen und Metern von Aktenschränken besteht mit einem DMS das Archiv im Grunde nur noch aus einem PC-Arbeitsplatz und einer Datenbank. Damit benötigt man nur einen Bruchteil der Räumlichkeiten.

Das zeit- und nervenraubende Aktensuchen entfällt: Suchbegriff eingeben, klicken und fertig!
Kein Kopieren, Faxen oder Scannen von Originalpapieren mehr: Versenden oder Ausdrucken der Dokumente erfolgt auf Knopfdruck!

Arbeitsschritte zur Speicherung und Verwaltung von Dokumenten mithilfe des DMS

Arbeitsschritt	Erläuterung
Dokumente erfassen	In Papierform vorliegende Dokumente werden eingescannt und digitalisiert.
Indizieren	Digitalisierte Dokumente werden mit drei Merkmalen belegt: 1. Index, z. B. Barcode, 2. Dokumententyp, z. B. .docx für Word-Dokumente, 3. Suchmerkmale, z. B. Datum, Kundennummer.
Ablegen und archivieren	In einer Ablagestruktur wird bestimmt, wo die Dokumente abgelegt werden. Um den gesetzlichen Bestimmungen zu genügen, werden die Daten in verschlüsselten Containern (Jukeboxen) gespeichert. Die Dokumente können nur gelesen, aber nicht verändert werden.
Dokumente suchen	**Möglichkeiten**: 1. **Indexsuche** Suche nach Merkmalen 2. **Dokumententyp** z. B. .docx für Word-Datei 3. **Volltextsuche** Suche über Textelemente, die im gesuchten Dokument vorkommen.

b) Präsentieren Sie Ihre Erkenntnisse vor den Kolleginnen und Kollegen. Verwenden Sie hierfür die vorliegende Darstellung.

Graphische Darstellung eines DMS

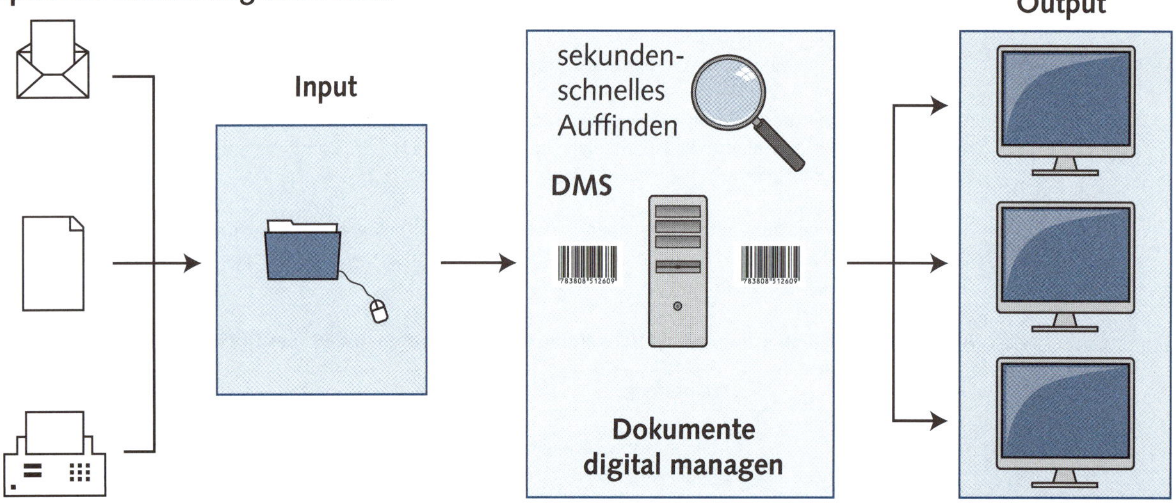

5. Im Rahmen der Informationsveranstaltung im Unternehmen wird deutlich, dass das Thema Datensicherheit und Datenschutz für die Kunden von immer größerer Bedeutung ist. Deshalb wurden alle Maßnahmen, die die Blue Design GmbH bislang hierzu ergriffen hat, notiert und sollen auf der Homepage den bestehenden und zukünftigen Kunden vorgestellt werden.

   Erstellen Sie auf Grundlage der Notizen einen Entwurf für die Homepage zum Thema „Datensicherheit und Datenschutz" bei der Blue Design GmbH. Konkretisieren Sie gegebenfalls die Informationen.

   Notizen

Datensicherheit und Datenschutz bei der Blue Design GmbH
- Jeder Mitarbeiter hat mit seinem persönlichen Passwort Zugang zum internen Netz und den entsprechenden Netzlaufwerken. Dabei gibt es verschiedene Berechtigungen, die sich aus dem jeweiligen Aufgabengebiet ergeben.
- Unsere Rechner sind mit Spiegelungstechnik ausgestattet.
- Wir haben einen Wartungsvertrag mit unserem DV-Ausstatter.
- Unser Rechenzentrum ist in einem feuersicheren Raum untergebracht. Der Raum ist außerdem klimatisiert.
- Einmal täglich werden automatisch Datensicherungen vorgenommen.
- Wir arbeiten mit dem Generationsprinzip.
- Wir haben einen Datenschutzbeauftragten und berücksichtigen die Vorgaben des Bundesdatenschutzgesetzes.
- Wir gehen sorgfältig mit unseren Passwörtern um und nutzen auch außerhalb des Unternehmens nur sichere Verbindungen.
- Wir setzen Antiviren-Programme ein.

Entwurf der Webseite zum Thema „Datenschutz und Datensicherheit"

Datensicherheit und Datenschutz der Blue Design GmbH

Maßnahmen im Hardwarebereich	
Maßnahmen im Softwarebereich	
Maßnahmen im bautechnischen Bereich	
Maßnahmen im Bereich der Organisation	
Verhalten unserer Mitarbeiter	

6. Eva und Freia diskutieren noch weiter über das Thema Datensicherung, denn nicht immer ist es zweckmäßig, die Dokumente nur in der Datenbank zu speichern. Ihnen fallen die folgenden Beispiele ein, bei denen man unter Umständen auf alternative Speichermöglichkeiten zurückgreifen sollte.

   Entscheiden Sie sich jeweils für ein geeignetes Speichermedium und begründen Sie Ihre Wahl.

Beispiel	Speichermedium	Begründung für die Wahl des Speichermediums
Freia soll nächste Woche eine PowerPoint-Präsentation in der Berufsschule halten.		
Eva hat sich bereit erklärt, den anderen Auszubildenden die von ihr erstellten Formatvorlagen zur Verfügung zu stellen.		
Im Rahmen einer innerbetrieblichen Schulung sollen Beratungsgespräche gefilmt und anschließend analysiert werden.		
Die Fotos des letzten Betriebsfestes sollen allen Mitarbeitern zur Verfügung gestellt werden.		

Lernsituation 9:
Kommunikations- und Teamfähigkeit entwickeln

Wie schon seit einigen Jahren üblich, sollen die Auszubildenden am Ende des Ausbildungsjahres die Begrüßungsveranstaltung für die „Neuen" planen.

©Edyta Pawlowska-fotolia.com

Ulf Henning ist begeistert: Endlich können er und seine Azubikolleginnen und -kollegen des ersten Ausbildungsjahres zusammenarbeiten und sind nicht auf verschiedene Abteilungen verteilt. Doch schon nach einer Woche gibt es die ersten Probleme. Er kommt nicht gut mit Eva Kohl klar. Heute Morgen auf dem Weg ins Besprechungszimmer hat sie ihn angesprochen. Sie beschwerte sich bei ihm darüber, dass er für seine Aufgaben zu lange bräuchte und anstatt konzentriert zu arbeiten, sich zu häufig mit anderen unterhalte. Andererseits sei er arrogant und abweisend, wenn man sich mit einer Frage an ihn wende. Auf seinem Schreibtisch herrsche ein einziges Chaos. Mit einem abwertenden Blick stellte sie fest, dass er sich auch ruhig mal angemessener kleiden sollte. Als dann Freia Mertens vorbeikam, ließ sie ihn auch noch einfach stehen, sodass er nicht einmal auf ihre Vorwürfe reagieren konnte.

Ulf ist verärgert und enttäuscht. Er kann Evas Kritik nicht nachvollziehen. Er findet, er habe tolle Ideen und bringe sich immer sehr konstruktiv und aktiv in das Projekt ein. Ob sein Schreibtisch aufgeräumt sei oder nicht, sei ja schließlich sein Problem, er müsste ja seine Sachen finden. Auch sein Kleidungsstil sei ausschließlich seine Sache. Hilfesuchend wendet er sich an Freia, mit der er in der Vergangenheit schon zusammengearbeitet hat. Er erzählt ihr von Evas – aus seiner Sicht ungerechtfertigter – Kritik.

Freia ist ein wenig überrascht, dass Ulf die Kritik von Eva nicht verstehen kann. Sie hat sich gerade gestern über die Unordnung auf Ulfs Schreibtisch gewundert, als sie den Projektplan für die Begrüßungsveranstaltung bei ihm suchte. Auch sie findet, dass er seine Hemden ruhig mal bügeln könnte. Sie ist allerdings froh, ihn als Kollegen zu haben, denn er hat kreative Ideen. Allerdings hat sie auch schon festgestellt, dass man ihn in seinen Brainstorming-Phasen besser nicht ansprechen sollte. Wenn er dann aber mit seinen Ideen „herausplatzt", verhält er sich fast wie ein kleines Kind, das pausenlos Aufmerksamkeit haben möchte, bis man ihm zuhört. Da wünscht sie sich von ihm schon mehr Geduld und mehr Distanz.

©stockWERK-fotolia.com

Freia möchte Ulf gerne helfen und ihm ein Feedback geben, das ihn und das Team voranbringt. Die beiden verabreden sich für den Nachmittag zu einem Gespräch.

Unterstützen Sie das Auszubildenden-Team bei der Verbesserung seiner Kommunikations- und Teamfähigkeit.

Arbeitsaufträge

1. Freia nutzt die Zeit bis zu ihrer Verabredung mit Ulf, um sich auf das Feedbackgespräch vorzubereiten.
   a) In der Berufsschule hatten sie sich bei Präsentationen schon häufiger Feedback gegeben und sie versucht sich zu erinnern, worauf man dabei achten muss.

©stockWERK-fotolia.com

Ordnen Sie Freias Gedanken und tragen Sie Ihre Ergebnisse in die nachfolgende Tabelle ein.

Freias Gedanken zum Thema „Feedbackgespräch"

- genau zuhören
- Feedbackgeber aussprechen lassen
- immer zuerst positive Gesichtspunkte ansprechen
- Wörter wie „immer" und „nie" vermeiden
- beim Feedback nicht abrechnen
- sich nicht verteidigen
- freundlicher, wertschätzender Ton
- gemeinsam nach Lösungen suchen
- Bedürfnisse, Wünsche und Gefühle zielorientiert vermitteln
- sich für das Feedback bedanken
- Feedback als Hilfe verstehen
- Grenzen setzen, wenn es zu viel wird
- Feedback soll den Bedürfnissen des Empfängers angemessen sein und ihm nützen.
- konkrete Situationen ansprechen

Regeln für den	
Feedbackgeber	**Feedbacknehmer**

b) Freia denkt noch einmal über die Schilderungen von Ulf nach: was Eva ihm vorgeworfen hat und wie er sich sieht. Sie gleicht diese mit ihren eigenen Erfahrungen mit Ulf ab und notiert sich, welche Rückmeldung sie Ulf über sein Verhalten geben möchte.

Notieren Sie, was Freia Ulf im Feedbackgespräch sagen sollte. Berücksichtigen Sie dabei auch Ulfs Auffälligkeiten im Hinblick auf das Selbst- und das Fremdbild und seine Art der Kommunikation.

c) Bilden Sie Gruppen:

Führen Sie ein Rollenspiel durch, in dem eine Person die Rolle von Freia und eine Person die Rolle von Ulf übernimmt.

Die übrigen Gruppenmitglieder nehmen die Rolle des Beobachters ein: Prüfen Sie, ob die Regeln für das Feedbackgespräch (vgl. auch Ergebnisse aus Aufgabe 1a) eingehalten werden.

2. Ulf ist froh, dass er mit Freia über seine Probleme mit Eva gesprochen hat und möchte nun auch das Gespräch mit Eva suchen. Ulf möchte sich auf das Gespräch mit ihr gut vorbereiten, damit es nicht wieder eskaliert.

   a) Notieren Sie hierfür, gegen welche Kommunikationsregeln Eva bei ihrem ersten Gespräch mit Ulf verstoßen hat.

   b) Simulieren Sie in einem Rollenspiel das Gespräch zwischen Ulf und Eva.

   Achten Sie darauf, dass die Feedbackregeln eingehalten werden, um die zuvor gemachten Fehler zu vermeiden.

3. Das Gespräch zwischen Eva und Ulf läuft gut und beide hoffen, dass in Zukunft die Zusammenarbeit besser funktionieren wird. In diesem Zusammenhang fällt ihnen ein, dass sie in der Berufsschule schon einmal darüber gesprochen haben, dass die Gruppenmitglieder bei der Teamarbeit meist unterschiedliche Rollen einnehmen. Jetzt wollen sie noch einmal schauen, welche Rolle sie jeweils eingenommen haben und suchen im Internet einen Artikel über die Charakteristika von Teammitgliedern heraus.

   Ordnen Sie die jeweilige Teamrolle zu. Begründen Sie anhand Ihres Ergebnisses, warum ein ausgewogener Mix unterschiedlicher Rollen für die Teamarbeit wichtig ist.

Anlage 1: Ausschnitt aus Internetartikel

Teamrollen im Überblick [nach Belbin]			
Teamrolle	**Rollenbeitrag**	**Charakteristika**	**zulässige Schwächen**
Neuerer/Erfinder	bringt neue Ideen ein	unorthodoxes Denken	oft gedankenverloren
Wegbereiter/ Weichensteller	entwickelt Kontakte	kommunikativ, extrovertiert	oft zu optimistisch
Koordinator/ Integrator	fördert Entscheidungsprozesse	selbstsicher, vertrauensvoll	kann als manipulierend empfunden werden
Macher	hat Mut, Hindernisse zu überwinden	dynamisch, arbeitet gut unter Druck	ungeduldig, neigt zu Provokation
Beobachter	untersucht Vorschläge auf Machbarkeit	nüchtern, strategisch, kritisch	mangelnde Fähigkeit zur Inspiration
Teamarbeiter/ Mitspieler	verbessert Kommunikation, baut Reibungsverluste ab	kooperativ, diplomatisch	unentschlossen in kritischen Situationen
Umsetzer	setzt Pläne in die Tat um	diszipliniert, verlässlich, effektiv	unflexibel
Perfektionist	vermeidet Fehler, stellt optimale Ergebnisse sicher	gewissenhaft, pünktlich	überängstlich, delegiert ungern
Spezialist	liefert Fachwissen u. Information	selbstbezogen, engagiert, Fachwissen zählt	verliert sich oft in technischen Details
Aus https://de.wikipedia.org/w/index.php?title=Teamrolle&oldid=152365737			

Freia Teamrolle:

Ulfs Teamrolle:

Evas Teamrolle:

Ein ausgewogener Mix an Teamrollen ist für die Arbeit eines Teams wichtig:

4. Eva und Ulf sprechen in der nächsten Teamsitzung ihre Auseinandersetzung an, denn sie möchten, dass sich auch die anderen Teammitglieder mit dem Thema „Teamentwicklung" auseinandersetzen, damit dahingehend möglichst keine Probleme mehr entstehen und sie nun mehr auf ein positives Klima in der Gruppe achten.

   Eva gibt deshalb allen Teammitgliedern eine Übersicht über die Phasen der Teamentwicklung.

   a) Beschreiben Sie, in welcher Phase sich das Team augenblicklich befindet und welche Aufgaben die Teammitglieder im nächsten Schritt angehen sollten, damit die Arbeitsfähigkeit der Gruppe gewährleistet ist.

©fotomek-fotolia.com

Übersicht über Phasen der Teamentwicklung

Phasenmodell nach Tuckman [...]

1. **Forming** – die Einstiegs- und Findungsphase (Kontakt)

Die erste Phase ist durch Unsicherheit und Verwirrung gekennzeichnet. Es geht zunächst darum, dass die Teammitglieder sich miteinander bekannt machen und ihre Zugehörigkeit zur Gruppe absichern. Erste Ziele und Regeln werden definiert und die Gruppe wendet sich langsam der Aufgabe zu, doch die Beziehungen der Teammitglieder untereinander sind noch unklar.

2. **Storming** – die Auseinandersetzungs- und Streitphase (Konflikt)

In der zweiten Phase, dem Storming, kommt es häufig zu Unstimmigkeiten über Prioritätensetzungen, wenn die Teammitglieder verschiedene Ziele verfolgen. Es kommt zu Machtkämpfen um die Führungsrolle und den Status in der Gruppe, dadurch entstehen Spannungen zwischen den Teammitgliedern. Die Beziehungen sind eher konfliktbeladen, im schlimmsten Fall sogar feindselig, doch es erfolgen erste Abstimmungen über die Arbeitsorganisation. In dieser Phase ist die Leistung der Gruppe eher gering.

3. **Norming** – die Regelungs- und Übereinkommensphase (Kontrakt)

In der Phase des Norming werden Normen und Regeln diskutiert oder durch stillschweigende Übereinkunft gefunden und eingehalten. Die Teammitglieder haben ihre Rollen gefunden und es wird verstärkt kooperiert. Die Beziehungen sind harmonischer, die gegenseitige Akzeptanz steigt und das Team wendet sich verstärkt seiner Aufgabe zu.

4. **Performing** – die Arbeits- und Leistungsphase (Kooperation)

In der Phase Performing pendelt sich die Leistung der Teammitglieder auf einer gleichbleibenden Ebene ein. Das Team handelt geschlossen und orientiert sich an dem gemeinsamen Ziel. Es herrscht eine Atmosphäre von Anerkennung, Akzeptanz und Wertschätzung. Die Teammitglieder arbeiten erfolgreich zusammen. Rollen können durchaus flexibel zwischen Personen wechseln. Das Team geht offen miteinander um, kooperiert und hilft sich gegenseitig. Aus diesem Grund läuft die Aufgabenbearbeitung erfolgreich.

5. **Adjourning** – die Auflösungsphase

Die fünfte Phase, Adjourning, wurde durch Tuckman im Jahr 1977 in das Phasenmodell ergänzt. Nicht für alle Teams ist die fünfte Phase relevant. Die Phase des Adjourning bezieht sich auf die Gruppen, die längerfristig zusammenarbeiten, doch nach Abschluss ihres Auftrags getrennte Wege gehen. Zum Beispiel Mitglieder eines Projektteams, die nach Abschluss eines Projekts in ein anderes Projektteam wechseln oder sich wieder um ihre Aufgaben aus dem Tagesgeschäft kümmern, sind von der Adjourning-Phase betroffen. Teammitglieder sind häufig traurig über das bevorstehende Ende und machen sich Sorgen über die Zeit nach der Arbeit im Team. Organisationen ist zu empfehlen, eine abschließende Dokumentation über die Arbeit des Teams zu erstellen, die den anderen Mitarbeitern auch noch zu einem späteren Zeitpunkt hilft, mögliche Fehler zu finden und zu beheben oder erfolgreiche Prozesse auf andere Aufgaben zu transferieren.

Aktuelle Teamentwicklung:

Folgende notwendige Arbeitsschritte:

b) Das Team beschließt, im Besprechungsraum einen Aushang zu machen, der die Teammitglieder immer wieder an die Grundregeln guter Teamarbeit erinnern soll.
Konkretisieren Sie die im Informationsband genannten Grundregeln guter Teamarbeit, indem Sie sie so gut wie möglich auf das Projekt der Auszubildenden beziehen und entwerfen Sie den Aushang.

Unsere Regeln für eine gute Teamarbeit im Rahmen des Projekts „Begrüßungsveranstaltung für die neuen Auszubildenden"

Unser Ziel ist,

Damit dies gelingt, halten wir uns an folgende Schritte und Regeln:

c) Als Frau Huber, die die Auszubildenden betreut, den Aushang mit den Regeln sieht, fällt ihr ein Spiel ein, das die positiven Wirkungen von Teamarbeit zeigt. Sie stellt es der Gruppe vor und fordert die Teammitglieder auf, es zu spielen.
Spielen Sie das Spiel in Ihrer Klasse. Berücksichtigen Sie dabei die Grundregeln guter Teamarbeit. Beschreiben Sie die Wirkung, die diese Art der Zusammenarbeit auf die Lösung der Aufgabe hat.

Teamspiel: Wie viele Quadrate erkennen Sie?

Spielverlauf:

1. Arbeiten Sie zunächst alleine.
   Betrachten Sie die Zeichnung.
   Sie haben 90 Sekunden Zeit, um herauszufinden, wie viele Quadrate sich in der Zeichnung finden lassen. Notieren Sie Ihre Zahl auf einem Extrablatt unter 1.
2. 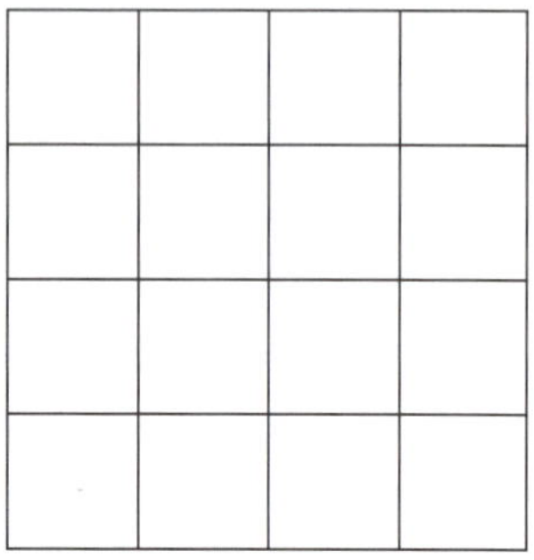
3. Finden Sie sich nun in Zweier-Teams zusammen. Finden Sie wieder in 90 Sekunden ein Ergebnis zu der o. g. Fragestellung und notieren Sie dieses unter 2. auf Ihrem Extrablatt.
4. Finden Sie sich mit einem anderen Paar zusammen. Lösen Sie die Aufgabe erneut in 90 Sekunden und notieren Sie das Ergebnis unter 3.
5. Verdoppeln Sie die Teamstärke und wiederholen Sie die Aufgabe solange, bis nur noch zwei große Gruppen übrig sind.
6. Jede Gruppe nennt nun ihr Endergebnis.
7. Vergleichen Sie die Lösungen, die Sie auf dem Extrablatt gemacht haben, untereinander, indem Sie den Weg zur „richtigen" Lösung anhand Ihrer „Zwischenergebnisse" beschreiben. Welche Wirkung hat Teamarbeit in diesem Zusammenhang?

Aufträge bearbeiten

Aufträge bearbeiten

Die Kompetenzentwicklung umfasst, …

… die Bedeutung des Geschäftsprozesses der Auftragsbearbeitung für die Mitarbeiter, das Unternehmen und die Kundenzufriedenheit zu kennen.

Prozesse in Unternehmen	Rahmenbedingungen der Auftragsbearbeitung	Kunden-zufriedenheit	Kritik, Selbstkritik

… die Rahmenbedingungen für die Erstellung von Angeboten zu beurteilen und den erforderlichen Schriftverkehr normgerecht zu gestalten.

Anfragen, Angebot	Lieferschein, Rechnung	Formatierung von Dokumenten	Prüfung der Realisierbarbeit

… die Beherrschung und bedarfsgerechte Anwendung der kaufmännischen Rechenarten.

Dreisatzrechnung	Prozentrechnung	Handelskalkulation	Unterstützung von Entscheidungsprozessen

… die Erstellung von Schriftstücken unter Beachtung der Nachhaltigkeit.

sinnvolles Drucken und Vervielfältigen	scannen von Text- und Bilddokumenten	Leistungsmerkmale von Bürogeräten	Dateiformate, Schutzmechanismen

… die situationsgerechte Kommunikation mit in- und ausländischen Geschäftspartnern unter adäquater Nutzung betrieblicher Kommunikationsmöglichkeiten.

Telefon, E-Mail	situationsbezogene Auswahl der Kommunikationsmittel	Kommunikation in einer Fremdsprache	Verhaltensregeln mit ausländischen Geschäftspartnern

Der Modellbetrieb im Lernfeld 3
Unternehmensbeschreibung

Firma **Geschäftszweck** **Geschäftssitz** **Registergericht**	Bürobedarf Müngsten GmbH Handel mit Bürobedarf, Bürotechnik und Büromöbeln aller Art 40474 Düsseldorf, Aggerstraße 7 Amtsgericht Düsseldorf HRB 2244U Steuernummer: 134/2688/2731 USt-IdNr. DE147000234
Gesellschafter **Geschäftsführer** **Prokura**	Dr. Robert Müngsten Dr. Robert Müngsten Ingrid Berg
Telefon – Telefax **Homepage** **E-Mail**	0211 7654-0 0211 7654-40 buero-muengsten.de info@buero-muengsten.de
Bankverbindung	Volksbank Düsseldorf-Neuss e.G. BIC: GENODED1DNE IBAN: DE47 3016 0213 2407 7254 28
Mitarbeiter **Anzahl der Auszubildenden**	25 Mitarbeiter, davon 3 Auszubildende, davon 2 Auszubildende im 1. Ausbildungsjahr: Jan Bürgel Aylin Yilmaz eine Auszubildende im 2. Ausbildungsjahr: Lena Appel
Auszug aus dem Absatzprogramm	Kopierpapier, Schreibstifte, Aktenordner Drucker, Multifunktionsgeräte, PCs Schreibtische, Bürostühle, Aktenschränke
Weitere Informationen für die Bearbeitung der Lernsituationen	
Abteilungen	Geschäftsleitung: Dr. Robert Müngsten Rechnungswesen: Bettina Bach Einkauf: Andreas Reinartz Personalwesen: Ingrid Berg Auftragsbearbeitung: Susanne Erwin, Sonja Bader Verkauf/Marketing: Heike Schrader, Frank Oehler, Irene Jacobs Fuhrpark: Hartmut Kemnade
Personalbüro/ **Betreuung der Auszubildenden:**	Ingrid Berg

Lernsituation 1:
Geschäftsprozesse der Auftragsbearbeitung analysieren und kontrollieren

Die Bürobedarf Müngsten GmbH ist ein mittelständisches Unternehmen in Düsseldorf. Das Unternehmen handelt mit Bürobedarf und Büromöbeln aller Art. Wie jedes Unternehmen hat auch die Bürobedarf Müngsten GmbH feststehende Geschäftszeiten. In diesem Zeitraum findet der Geschäftsbetrieb statt, d. h., es werden Aufträge bearbeitet und Kunden können das Unternehmen unmittelbar, z. B. telefonisch, kontaktieren. Auch die übrigen Arbeiten, die ein kaufmännischer Geschäftsbetrieb mit sich bringt, werden in diesem Zeitrahmen erledigt. Die Geschäftszeit beginnt bei der Bürobedarf Müngsten GmbH montags bis freitags jeweils um 07:30 Uhr und endet um 16:30 Uhr. Jan Bürgel, Auszubildender im Unternehmen, ist angewiesen um 07:30 Uhr im Unternehmen präsent zu sein, sofern er nicht die Berufsschule besucht.

An einem Tag der vergangenen Woche erschien Jan erst um 07:50 Uhr im Unternehmen. Gegenüber Frau Berg erklärte er seine Verspätung damit, dass die Batterie seines Weckers schon seit einigen Tagen offenbar leistungsschwach gewesen wäre. Folglich habe der Wecker nicht geklingelt. Frau Berg weist Jan darauf hin, dass die Müngsten GmbH sehr großen Wert auf Pünktlichkeit der Mitarbeiter und besonders auf die Pünktlichkeit der Auszubildenden legt. Einige Tage später erscheint Jan erst um 07:45 Uhr im Unternehmen. Der Bus musste seit diesem Tag eine Großbaustelle umfahren, erklärte er. Dadurch habe sich die Fahrzeit verlängert.

Frau Berg, Ausbildungsverantwortliche und Prokuristin im Unternehmen, ruft Jan zu sich. „Herr Bürgel, hat Herr Hübner von der Anwaltskanzlei Hübner & Partner mit Ihnen telefoniert?" „Ach ja", erwidert **Jan.** „Herr Hübner hat vor zwei Tagen angerufen. Die Kanzlei überlegt, mehrere Tablet-PCs zu beschaffen und bat um ein Beratungsgespräch." „Und warum haben Sie dann diese Information nicht an mich weiter gegeben?", fragt **Frau Berg.** „Das habe ich dann leider vergessen", antwortet **Jan.**

©Gulien Diavel-fotolia.com

Frau Berg: „Glücklicherweise ist Herr Hübner ein Stammkunde und hat sich soeben noch einmal bei mir telefonisch gemeldet. Ihnen ist bewusst, dass ein anderer Kunde wahrscheinlich schon längst einen Mitbewerber kontaktiert hätte? Und Sie sollten wissen, dass Ihre Verspätungen in den letzten Tagen nicht akzeptabel sind.

Ist Ihnen der Begriff Prozesse geläufig? Prozesse sind in einem Unternehmen sehr wichtig. Die ‚Missgeschicke', die Ihnen in den letzten Tagen passiert sind, stören bzw. unterbrechen unsere Geschäftsprozesse und können unter Umständen den Erfolg des Unternehmens beeinflussen."

„Das tut mir leid", antwortet **Jan,** „es war mir nicht bewusst, dass mein Verhalten so einen großen Einfluss auf das Unternehmen haben kann. Ich glaube, das liegt daran, dass ich die Abläufe im Unternehmen noch nicht so genau kenne."

Frau Berg erteilt Jan deshalb den Auftrag, sich über die Abläufe der Auftragsbearbeitung zu informieren und sich dazu mit der Kollegin Lena Appel, Auszubildende im 2. Ausbildungsjahr, zusammenzusetzen.

Lena berichtet: „Der Prozess beginnt damit, dass wir eine Anfrage vom Kunden erhalten. Dann wird kontrolliert, ob wir den Artikel überhaupt führen und ob er im Lager vorrätig ist. Ist das nicht der Fall, müssen wir den Auftrag eventuell ablehnen. Treffen die beiden Bedingungen zu, dann unterscheiden wir, ob es sich um einen neuen oder einen Bestandskunden handelt. Je nach Größe des Auftrages prüfen wir nun unter Umständen bereits, ob der Kunde zahlungsfähig ist. Egal, ob das Geschäft mit einem Interessenten zustande kommt oder nicht, nehmen wir ihn in unsere Kundendatenbank auf, wenn er uns zuverlässig erscheint. Bei Kunden, die wir nicht als zahlungsfähig einstufen, müssen wir den Auftrag in der Regel ablehnen."

Jan staunt: „Das sind ja viele Arbeitsschritte, schon bevor das eigentliche Geschäft abgeschlossen werden kann."

„Ja, das ist richtig“, antwortet **Lena,** „aber wenn diese genauen Prüfungen am Anfang nicht stattfinden, kann es entweder passieren, dass der Kunde unzufrieden ist oder dass die Rechnung vom Kunden nicht bezahlt wird.

Aber wie du richtig festgestellt hast, sind wir an dieser Stelle noch lange nicht am Ende. Gilt der Kunde für uns als zuverlässig und können wir die Ware liefern, wird nun ein Angebot erstellt und an den Kunden verschickt. Ist der Kunde mit den Bedingungen einverstanden, so bestellt er im Gegenzug die Ware. Meist erhalten die Kunden von uns noch eine Auftragsbestätigung. Die Bestellung wird dann weiter an das Lager, das die Ware kommissioniert, bzw. die Versandabteilung geleitet, Lieferschein und Rechnung müssen erstellt werden. Schließlich wird die Ware an den Kunden gesendet.“

Jan: „Dann fehlt also nur noch die Bezahlung der Rechnung durch den Kunden und alles ist gut gelaufen.“

Lena: „Richtig, aber auch hier muss wie bei allen Schritten zuvor klar sein, wer wofür zuständig ist. Beispielsweise muss das Rechnungswesen unter anderem prüfen, ob die Zahlung tatsächlich eingegangen ist und die Buchung vornehmen. Oder stell dir vor, wir verschicken das Angebot und der Kunde bestellt nicht. Das kann ja viele Gründe haben. Unsere Verkaufsabteilung fragt dann noch einmal beim Interessenten nach.“

Unterstützen Sie Jan Bürgel dabei, sich mit den Geschäftsprozessen der Auftragsbearbeitung auseinanderzusetzen.

Arbeitsaufträge

1. Jan hat fleißig bei den Erläuterungen von Lena mitgeschrieben, aber übersichtlich ist dieser Mitschrieb nicht.

   Skizzieren Sie stellvertretend für ihn den Ablauf der Auftragsbearbeitung mithilfe Ihres Informationsbandes als Geschäftsprozess oder Ablaufdiagramm.

Prozess der Auftragsbearbeitung

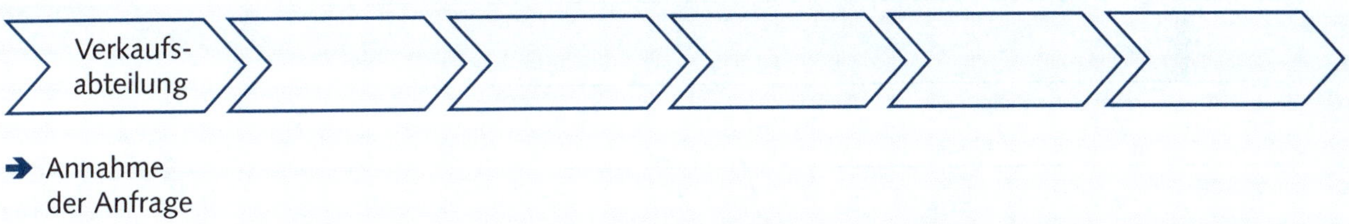

2. Jan ist nun bewusst, welche negativen Folgen sein Verhalten der letzten Wochen hätte haben können. Frau Berg hat ihn nochmals zu einem Gespräch gebeten. Jan möchte beweisen, dass er sich intensiv mit dem Prozess der Auftragsbearbeitung auseinandergesetzt hat und dass ihm sein Fehlverhalten leidtut. Helfen Sie ihm bei der Vorbereitung auf das Gespräch mit Frau Berg.

   a) Notieren Sie hierfür stichwortartig, an welcher Stelle Jan den Prozess gestört hat und die Auswirkungen, die sein Verhalten hätte haben können.

   Störung des Prozesses:

   Mögliche negative Folgen des Fehlverhaltens:

   ➔ **auf das Unternehmen:**

   ➔ **auf Jan als Mitarbeiter:**

   ➔ **auf den Kunden:**

   b) Bei der Bürobedarf Müngsten GmbH erwartet man von den Mitarbeitern die Fähigkeit zur Selbstkritik.

   Formulieren Sie stellvertretend für Jan eine selbstkritische Äußerung bezogen auf sein Fehlverhalten.

3. Als Jan Frau Berg das Ablaufdiagramm der Auftragsbearbeitung zeigt, entscheidet sie, diese Darstellung ins Qualitätsmanagement-Handbuch zu übernehmen. Außerdem möchte sie, dass dort noch vermerkt wird, welche Vorteile es hat, Abläufe als festgelegte Prozesse zu organisieren.

Formulieren Sie diese Vorteile für den Eintrag ins Qualitätsmanagement-Handbuch.

Entwurf für das Qualitätsmanagement-Handbuch
Vorteile der Abläufe als festgelegte Prozesse:

Vorteile der Abläufe als festgelegte Prozesse:

4. Bei einem Treffen mit den Mitarbeitern der Verkaufsabteilung, der Jan momentan zugeordnet ist, spricht **Frau Berg** das Thema Kundenzufriedenheit an: „Wir haben viele unserer unternehmerischen Abläufe als Prozesse organisiert, um damit unter anderem die Qualität unserer Leistungen zu sichern. Dennoch können wir nicht immer sicher sein, ob auch aus Kundensicht unsere Prozesse optimal laufen. Die Geschäftsleitung hat deshalb beschlossen, dass es wichtig ist, die Zufriedenheit unserer Kunden im Hinblick auf den Prozess der Auftragsbearbeitung zu erfragen. Hierzu soll an unsere Kunden ein Fragebogen per E-Mail verschickt werden. Da die Verkaufsabteilung am stärksten an dem Prozess der Auftragsabwicklung beteiligt ist und Sie als Mitarbeiter im direkten Kontakt mit unseren Kunden stehen, bitte ich Sie, diesen Fragebogen zu entwickeln. Sie erhalten von mir noch einige Hinweise für die Erstellung des Fragebogens."

Erstellen Sie unter Zuhilfenahme der Hinweise einen Entwurf des Fragebogens.

Hinweise für die Erstellung des Fragebogens

Thema: Kundenzufriedenheitsbefragung in Bezug auf den Prozess der Auftragsbearbeitung

Vorschläge in Bezug auf Fragetypen:

Fragetyp	Erläuterung	Beispiel der Darstellung
Ja-Nein-Frage	Entscheidung für Ja oder Nein	☐ Ja ☐ Nein
Multiple-Choice-Frage	mehrere festgelegte Antwortmöglichkeiten	☐ Telefon ☐ Brief ☐ Fax ☐ E-Mail
Rating-Skala	vorgegebene Bewertungskriterien	☐ sehr gut ☐ gut ☐ mittelmäßig ☐ schlecht ☐ sehr schlecht
offene nummerische Frage	freie Eingabe einer Zahl	Bitte notieren Sie die Anzahl:
offene Frage	freie Antwortmöglichkeit	Wie heißen Sie?

Zur besseren Auswertung sollte der Fragebogen möglichst wenige offene Fragen beinhalten.

Entwurf des Fragebogens zum Thema Kundenzufriedenheit in Bezug auf den Prozess der Auftragsbearbeitung:

5. Die Kundenzufriedenheitsbefragung hat ergeben, dass die Kunden im Durchschnitt nach ihrer Anfrage sieben Tage auf ein Angebot der Bürobedarf Müngsten GmbH warten müssen und dass dies länger dauert, als die Kunden sich dies wünschen.

   Sammeln Sie als Mitarbeiter der Verkaufsabteilung in einem Brainstorming mögliche Gründe, die in der Vergangenheit dazu geführt haben könnten, dass die Arbeitsschritte vom Eingang der Anfrage bis zur Versendung des Angebotes nicht effizient genug erledigt wurden.

Gründe für Ineffizienz

Lernsituation 2:
Dreisatz- und Prozentrechnung anwenden

Jan Bürgel wird in das Büro von Herrn Dr. Müngsten, Geschäftsführer der Bürobedarf Müngsten GmbH, gerufen.

Dr. Müngsten: „Herr Bürgel, ich überlege derzeit, die Büroräume zu renovieren, insbesondere die Bodenbeläge, die mittlerweile verschlissen sind. Ich habe mich aber noch nicht entschieden, ob die Beläge in allen Räumen ausgewechselt werden. Wie Sie sich sicher vorstellen können, bedarf es hierfür einiger Überlegungen und Vorbereitungen. Ich habe bereits mit Herrn Reinartz, der für die Immobilienunterhaltung zuständig ist, gesprochen. Er wird sich dieser Aufgabe annehmen. Ferner möchte ich Sie, Herr Bürgel, bitten, Herrn Reinartz dabei zu unterstützen. Sie werden feststellen, dass u. a. die kaufmännischen Rechenarten, wie z. B. die Dreisatz- und Prozentrechnung, angewandt werden. Beide Rechenarten gehören zum ‚Grundwerkzeug' der Kaufleute. Also eine hervorragende Gelegenheit für Sie, sich mit diesen Rechenarten vertraut zu machen, indem Sie einige Berechnungen durchführen."

©frenta-fotolia.com

Jan wird freudig von **Herrn Reinartz** begrüßt: „Schön, dass Sie uns bei der Planung der Renovierungsarbeiten unterstützen. Für einen Büroraum (Büroraum 1) liegt uns bereits ein Angebot für den neuen Bodenbelag vor. Aber Herr Müngsten überlegt auch, ob er nicht noch einen zweiten Büroraum, den Empfang, das Büro der Prokuristin Frau Berg und sein eigenes Büro renovieren sollte. Dafür müssen wir jetzt erst einmal auf Grundlage des uns vorliegenden Angebotes die Kosten für die Bodenbeläge berechnen."

Arbeitsaufträge

1. Berechnen Sie auf Grundlage des vorliegenden Angebots der Konrad Schreiter GmbH auf der nächsten Seite die Kosten der Bodenbeläge für die vier zusätzlichen Büroflächen. Nutzen Sie hierfür die folgende Tabelle.

Raum	Fläche in Quadratmetern	Bodenbelag			
		Laminat	Parkett Buchenholz	Parkett Eiche	Massivholzdielen
Büroraum 1	42				
Büroraum 2	55				
Empfang	37				
Büroraum Frau Berg	22				
Büroraum Dr. Robert Müngsten	28				

Die ganze Welt der Bodenbeläge – seit 1960

Konrad Schreiter GmbH

Parkett • Laminat • Teppichboden • Marmor

Ihr Zeichen: ro-mü
Ihre Nachricht vom: 06.10.20..
Unser Zeichen: ps
Unsere Nachricht vom:

Name: Herr Philip Schreiter
Telefon: 0212 984453
Telefax: 0212 994321
E-Mail: p.schreiter@bb-schreiter.de

Datum: 07.10.20..

Konrad Schreiter GmbH, Urdenbach 15, 42652 Solingen

Bürobedarf Müngsten GmbH
Herrn Dr. Robert Müngsten
Aggerstr. 7
40474 Düsseldorf

Angebot über den Bodenbelag in Büroraum 1, Aggerstraße 7, Düsseldorf
Angebotsnummer- A423

Sehr geehrter Herr Dr. Müngsten,

aufgrund unseres Gesprächs bieten wir Ihnen an:

Bodenbelag für Ihren Büroraum 1, Fläche 42 qm

Laminat	**630,00 EUR**
Parkett Buchenholz	**1.470,00 EUR**
Parkett Eiche	**1.890,00 EUR**
Massivholzdielen Eiche	**2.520,00 EUR**
Verlegung (2 Mitarbeiter je 3 Stunden)	**270,00 EUR**

Für die Verlegung an einem Wochenende berechnen wir einen Nachtarbeitszuschlag von 25 % sowie einen Sonntagszuschlag von 50 %.

Alle Preise sind zuzüglich Umsatzsteuer. Es gelten unsere Allgemeinen Geschäftsbedingungen.

Zahlungsbedingungen: zahlbar innerhalb von 10 Tagen mit 2 % Skonto oder innerhalb von 30 Tagen netto Kasse.

Mit freundlichen Grüßen

Konrad Schreiter KG

Philip Schreiter

Philip Schreiter

HRB 2232 Amtsgericht Solingen
USt-IdNr.: DE 407 642 517

Geschäftsführer
Klaus Schreiter
Philip Schreiter

Tel.: 0212 984453
Internet-Adresse:
www.bb-schreiter.de

Volksbank Remscheid-Solingen e.G.
IBAN DE31 3406 0094 1504 2498 7651
BIC VBRSDE33XXX

LERNFELD 3

2. Als Jan Herrn Reinartz die Ergebnisse vorlegt, zeigt er ihm eine E-Mail von Herrn Müngsten.

Von: robert.muengsten@buero-muengsten.de

Cc:

Betreff: Renovierungsarbeiten

Lieber Herr Reinartz,

ich tendiere jetzt tatsächlich dazu, gleich mehrere unserer Räume mit neuen Bodenbelägen ausstatten zu lassen. Allerdings sollten die Arbeiten den Geschäftsbetrieb so wenig wie möglich beeinträchtigen.

In dem Angebot der Konrad Schneider GmbH ist vermerkt, dass das Fachgeschäft für die Verlegung der Bodenbeläge 2 Mitarbeiter mit je 3 Stunden beauftragen würde. Ich habe jetzt noch mal nachgefragt, was sie für einen Zeitaufwand für die übrigen Räume kalkulieren. Demnach rechnen sie bei 2 Mitarbeitern mit folgenden Zeiten:

- Büro 2: 4 Stunden
- Empfang: 3,5 Stunden
- Büro Berg: 1,5 Stunden
- mein Büro: 2 Stunden

D. h., die Beeinträchtigung wäre durch die Dauer der Arbeiten schon erheblich. Somit ist es überlegenswert, ob nicht mehr Arbeiter für die Verlegung beauftragt werden sollten.

Bitte machen Sie mir deshalb eine Aufstellung mit dem Zeitaufwand bei der Beschäftigung von 3 bzw. 4 Arbeitern.

Vielen Dank.

Mit freundlichen Grüßen

Robert Müngsten
Geschäftsführer

Berechnen Sie den Zeitaufwand für die Verlegearbeiten für die einzelnen Räume und notieren Sie Ihre Ergebnisse in der folgenden Tabelle.

Raum	Anzahl der Mitarbeiter		
	2	3	4
	Zeitaufwand in Stunden		
Büroraum 1	3,00		
Büroraum 2	4,00		
Empfang	3,50		
Büroraum Ingrid Berg	1,50		
Büroraum Dr. Robert Müngsten	2,00		

3. Inzwischen sind auch Angebote von anderen Anbietern eingegangen. Herr Reinartz hat hierüber bereits eine Aufstellung gemacht.

   Ergänzen Sie die noch fehlenden Angaben in der Aufstellung.

Anbieter	Bodenbelag			
	Laminat	Parkett Buchenholz	Parkett Eiche	Massivholz-dielen
Bodenbelag Schreiter GmbH	630,00 EUR	1470,00 EUR	1890,00 EUR	2520,00 EUR
Trittmann KG	661,50 EUR	1528,80 EUR	2041,20 EUR	2671,20 EUR
Abweichung in Prozent zum Angebot der Schreiter GmbH				
Georg Huber e.K.	642,60 EUR	1425,90 EUR	1927,80 EUR	2394,00 EUR
Abweichung in Prozent zum Angebot der Schreiter GmbH				

4. Herr Müngsten hat die Aufstellung über den Zeitaufwand für die Verlegearbeiten erhalten. Deshalb wendet er sich erneut per Mail an Herrn Reinartz.

Von: robert.muengsten@buero-muengsten.de

Cc:

Betreff: Renovierungsarbeiten - Ergänzung

Lieber Herr Reinartz,

auch wenn wir für die Verlegung der Bodenbeläge mehr Arbeiter anfordern, die Störungen im Geschäftsbetrieb werden nicht unerheblich sein. Deshalb ist noch eine weitere Überlegung, ob wir die Arbeiten nicht an einem Wochenende oder nachts durchführen lassen sollten. Der Nachteil ist, dass wir dann einen Nachtarbeitszuschlag von 25 % bzw. einen Sonntagszuschlag von 50 % zahlen müssten. Dies gilt auch für die anderen Angebote. Ich weiß noch nicht, ob es mir das wert ist.

Ich bitte Sie, mir deshalb in einer Übersicht die Zuschlagsbeträge für die Nacht- und Sonntagsarbeit für alle drei Anbieter einander gegenüberzustellen. Schreiter berechnet einen Stundenlohn von 45,00 Euro. Von Trittmann habe ich die Information, dass der Stundenlohn 44,00 Euro beträgt, Huber verlangt 41,00 Euro die Stunde.

Vielen Dank.

Mit freundlichen Grüßen

Robert Müngsten
Geschäftsführer

Berechnen Sie, wie von Herrn Müngsten gewünscht, die Zuschlagsbeträge in der nachfolgenden Tabelle.

Anbieter	Bodenbelag		
	Bodenbelag Schreiter GmbH	Trittmann KG	Georg Huber e. K.
Stundenlohn			
Zuschlag für Nachtarbeit in EUR			
Zuschlag für Sonntagsarbeit in EUR			

5. Da die Büroräume für die Renovierungsarbeiten ausgeräumt werden müssen, hat Herr Reinartz aus einer Insolvenz günstig Umzugsmaterial gekauft. Herr Müngsten möchte wissen, wie viel das Material ursprünglich gekostet hat.

   Berechnen Sie unter Zuhilfenahme der Auflistung von Herrn Reinartz den ursprünglichen Verkaufspreis.

©Robert Kneschke-fotolia.com

Umzugsmaterial	Kaufpreis	Kaufpreis entsprechend X % vom ursprünglichen Verkaufspreis	Ursprünglicher Verkaufspreis
Umzugskarton Größe 1	1,04 EUR	65 %	
Umzugskarton Größe 2	1,14 EUR	60 %	
Bilderkarton	1,45 EUR	50 %	
Aktenkarton	1,40 EUR	70 %	
Umzugsdecke Größe L	1,54 EUR	55 %	
Umzugsdecke Größe XL	2,40 EUR	75 %	

Lernsituation 2

Lernsituation 3:
Eingehende Anfragen bearbeiten, Angebote kalkulieren und formulieren

Der Auszubildende Jan Bürgel absolviert derzeit seine Ausbildung in der Verkaufsabteilung. Die Abteilungsleiterin, Frau Heike Schrader, hat ihn beauftragt, die eingehenden E-Mails zu kontrollieren. Im E-Mail-Postfach entdeckt er eine E-Mail des Autohauses Georg Reiss GmbH.

Sehr geehrte Damen und Herren,

wir modernisieren derzeit unser DV-System. In diesem Zusammenhang interessieren wir uns kurzfristig für Drucker, die bei unseren Verkaufsberatern sowie in der Verwaltung eingesetzt werden. Wir würden uns freuen, von Ihnen zu hören.

Mit freundlichen Grüßen

i. A. Sophie Reiss

Autohaus Georg Reiss GmbH
Gelderner Str. 123
40474 Düsseldorf

Jan Bürgel wendet sich mit der E-Mail an Frau Schrader: „Frau Schrader, ich weiß nicht, welche Reaktion der Kunde jetzt von uns erwartet."

Frau Schrader schaut sich die E-Mail an: „Das ist eine Anfrage vom Autohaus Reiss, ein seit Jahrzehnten treuer Kunde. Nun, um dem Autohaus zu antworten, werden Sie zunächst das Unternehmen um einige Informationen bitten."

Jan Bürgel: „Wieso, das Autohaus möchte doch Drucker?"

Heike Schrader: „Das stimmt, aber wenn Sie einen Mobilfunkladen betreten und sagen, Sie möchten ein Smartphone, dann ist es doch für den Verkäufer wichtig zu wissen, welche Bedürfnisse Sie haben, damit er Sie dahingehend beraten kann."

Arbeitsaufträge

1. Erstellen Sie für Jan eine Liste mit möglichen Fragen an das Autohaus zur weiteren Bearbeitung der Anfrage.

2. Jan Bürgel erhält vom Autohaus Reiss die benötigten Informationen und sucht das Büro von Frau Schrader auf.

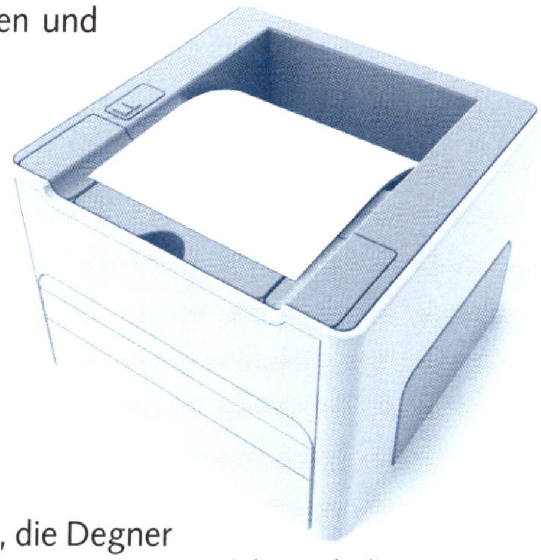

©ekostsov-fotolia.com

Jan Bürgel: „Ich habe jetzt alle Informationen."

Heike Schrader: „Und wie würden Sie fortfahren?"

Jan Bürgel: „Ich habe bereits das Modell FATHER Office 77LS als passenden Drucker herausgesucht und würde nun dem Autohaus antworten."

Heike Schrader: „Das haben Sie sehr gut gemacht. Aber wir müssen auch noch die Lieferantenseite betrachten."

Jan Bürgel: „Natürlich, ich habe schon geprüft, dass unser Lieferant, die Degner Computer GmbH, den Drucker im Sortiment hat."

Heike Schrader: „Das ist leider noch nicht ausreichend. Es sind noch weitere Klärungen auf der Lieferantenseite erforderlich. Denken Sie z. B. daran, dass die Drucker auch geliefert werden müssen."

Stellen Sie auf folgender Seite den Prozess (z. B. als Flussdiagramm) dar, den Jan Bürgel durchlaufen muss, bevor er die Antwort an das Autohaus Reiss formuliert.

Ablaufplan „Von der Anfrage bis zum Angebot“

Anfrage
geht ein

3. Erstellen Sie die Anfrage für zehn Drucker an die Degner Computer GmbH. Die Adresse des Unternehmens lautet: Maschseestr. 57, 30175 Hannover.

Bürobedarf **Müngsten** GmbH

Ihr Zeichen:
Ihre Nachricht vom:
Unser Zeichen:
Unsere Nachricht vom:

Müngsten GmbH ♦ Aggerstraße 7 ♦ 40474 Düsseldorf

Name:
Telefon: 0211 7654-0
Telefax: 0211 7654-40
E-Mail: @buero-muengsten.de

Datum:

HRB 2244 Amtsgericht Düsseldorf
USt-IdNr. DE 147 000 234

Geschäftsführer
Dr. Robert Müngsten

Tel.: 0211 7654-0 Zentrale
Internet-Adresse:
www.buero-muengsten.de

Volksbank Düsseldorf-Neuss e. G.
IBAN DE47 3016 0213 2407 7254 28
BIC GENODED1DNE

4. Nach zwei Tagen liegt Jan das Angebot der Degner Computer GmbH für die angefragten Drucker vor:

DEGNER Computer GmbH

Ihr Zeichen: jb
Ihre Nachricht vom: 15.10.20..
Unser Zeichen: pt
Unsere Nachricht vom:

Name: Herr Philip Trautner
Telefon: 0511 672884-18
Telefax: 0511 672884-55
E-Mail: trautner@degner-dv.de

Datum: 17. Oktober 20..

DEGNER GmbH, Maschseestr. 57, 30175 Hannover

Bürobedarf Müngsten GmbH
Herrn Jan Bürgel
Aggerstr. 7
40474 Düsseldorf

Angebot über Drucker FATHER Office 77 LS
Angebotsnummer: 3488

Sehr geehrter Herr Bürgel,

vielen Dank für Ihre Anfrage über 10 Drucker des Modells FATHER Office 77 LS. Wir unterbreiten Ihnen folgendes Angebot:

FATHER Office 77 LS, Preis pro Stück 85,00 EUR
zuzüglich Umsatzsteuer

Auf den Preis gewähren wir einen Rabatt von 8 %.

Lieferzeit: 2 Tage nach Bestelleingang

Zahlungsbedingungen: zahlbar innerhalb von 10 Tagen mit 3 % Skonto oder innerhalb von 30 Tagen netto Kasse

Für Fracht und Verpackung berechnen wir je Drucker 10,00 EUR zuzüglich Umsatzsteuer.

Mit freundlichen Grüßen

DEGNER Computer GmbH

Philip Trautner

i. A. Philip Trautner

HRB 9834 Amtsgericht Hannover
USt-IdNr. DE 538 611 222

Geschäftsführer
Matthias Degner
Melanie Degner

Tel.: 0511 672884-0
Internet-Adresse:
www.degner-dv.de

Sparkasse Hannover
IBAN DE37 2505 0180 0065 7852 22
BIC SPKHDE2HXXX

Jan Bürgel hat nun auch die erforderlichen Prüfungen im eigenem Unternehmen vorgenommen. Auch hier sind die Voraussetzungen gegeben, um dem Autohaus Reiss ein Angebot zu senden. Er möchte gerade mit dem Angebotsschreiben an das Autohaus beginnen, als er feststellt, dass er den Angebotspreis noch nicht weiß. Er wendet sich wieder an Frau Schrader.

Jan Bürgel: „Ich wollte gerade mit der Formulierung des Angebots beginnen, als mir bewusst wurde, dass ich den Angebotspreis noch nicht weiß. Da wir ja Kosten haben und auch einen Gewinn realisieren wollen, frage ich mich, welchen Betrag ich zum Angebotspreis addieren soll."

Heike Schrader: „Ihre Überlegung ist zwar grundsätzlich richtig, aber es wird nicht einfach ein festgelegter Betrag addiert. Der Preis wird stattdessen durch eine Handelskalkulation ermittelt."

©Andrey Popov-fotolia.com

Informieren Sie sich über die Positionen der Handelskalkulation und erstellen Sie hierzu Lernkarten, um die Definitionen und Zusammenhänge besser erfassen zu können. Ihre Definitionen können Sie kopieren und auf Karteikarten aufkleben.

Informationen zur Lernkartei

Eine Lernkartei ist vergleichbar mit dem Vokabellernen mittels Karteikarten:

- Zunächst benötigen Sie also einen Stapel leerer Karteikarten.
- Beschriften Sie die eine Seite der Karteikarte mit dem Fachbegriff.
- Auf die Rückseite schreiben Sie stichwortartig die Definition oder auch weitere Erläuterungen.

©Michael Rogner-fotolia.com

Wie helfen Ihnen die Karteikarten beim Lernen?

1. Sortieren Sie die Karteikarten in einem Karteikasten mit mindestens drei Registern:
   a) In die vorderste Rubrik kommen die Karten mit den Begriffen, die Sie noch nicht erläutern können. Diese müssen Sie häufig wiederholen.
   b) Beherrschen Sie die Definition des Begriffs, so sortieren Sie diese in die nächste Rubrik ein. Wiederholen Sie diese Begriffe in regelmäßigen Abständen. Begriffe, die Sie dann weiterhin beherrschen, sortieren Sie in die dritte Rubrik ein. Begriffe, deren Definition Sie vergessen haben, kommen wieder in die erste Rubrik.
   c) Die dritte Rubrik brauchen Sie nun nur noch selten wiederholen, z. B. vor der nächsten Klassenarbeit.
2. Sie können die Definitionen auch in der Gruppe lernen. Arbeiten Sie hierzu nur mit der Vorderseite der Karteikarte.
   a) Jeder nimmt seinen Stapel mit Begriffen und sortiert sie in zwei Stapel:
      - verstanden oder
      - nicht verstanden.
   b) Um die Begriffe zu klären, die Sie nicht verstanden haben, treffen Sie sich mit einem Partner: Erklären Sie sich gegenseitig die nicht verstandenen Begriffe (soweit möglich).
   c) Suchen Sie sich ein weiteres Paar und klären Sie nun die Begriffe, die Sie immer noch nicht verstanden haben.
   d) Sollten nun immer noch nicht verstandene Begriffe übrig sein, so lesen Sie die Definition auf der Rückseite.
3. Eine weitere Möglichkeit ist es, in der Gruppe die Zusammenhänge zwischen den Begriffen zu thematisieren.
   a) Verteilen Sie hierzu den Stapel mit den Begriffen gleichmäßig auf die Gruppenmitglieder.
   b) Eine Person beginnt, legt die Karte mit ihrem Begriff in die Mitte und erläutert diesen.
   c) Eine Person, deren Begriff gut zu dem eben erläuterten passt, erläutert nun ihren und den Zusammenhang zu dem vorherigen Begriff.
   d) Jede Person ergänzt nun das Strukturbild durch ihren Begriff.

Listeneinkaufspreis:	**Liefererrabatt:**
Zieleinkaufspreis:	**Liefererskonto:**
Bareinkaufspreis:	**Bezugskosten:**
Bezugspreis/Einstandspreis:	**Handlungskosten:**

Selbstkosten:	**Gewinn:**
Barverkaufspreis:	**Kundenskonto:**
Vertreterprovision:	**Zielverkaufspreis:**
Kundenrabatt:	**Listenverkaufspreis/Nettoverkaufspreis:**

5. Nachdem die einzelnen Positionen der Handelskalkulation bekannt sind, kann der Listenverkaufspreis für den ausgewählten Drucker berechnet werden. Frau Schrader hat Jan Bürgel hierfür folgende Informationen gegeben:

   ➔ Handlungskostenzuschlagssatz: 30 %,

   ➔ Gewinnzuschlagssatz: 15 %,

   ➔ Skonto 2 % bei einer Zahlung innerhalb von 14 Tagen ab Rechnungsdatum,

   ➔ Vertreterprovision: 5 %,

   ➔ Rabatt für das Autohaus Reiss: 10 %.

=	
=	
=	
=	
=	
=	
=	

6. Jan legt Frau Schrader seine Berechnungen vor.

   Heike Schrader: „Ihre Berechnungen sind korrekt. Dann erstellen Sie doch ein verbindliches Angebot an das Autohaus. Da die Firma Degner sehr kurzfristig liefert, können Sie dem Autohaus Reiss eine Lieferung innerhalb von 5 Tagen zusagen."

   Erstellen Sie das verbindliche Angebot an das Autohaus Georg Reiss.

Bürobedarf **Müngsten** GmbH

Müngsten GmbH ♦ Aggerstraße 7 ♦ 40474 Düsseldorf

Ihr Zeichen:
Ihre Nachricht vom:
Unser Zeichen:
Unsere Nachricht vom:

Name:
Telefon: 0211 7654-0
Telefax: 0211 7654-40
E-Mail: @buero-muengsten.de

Datum:

HRB 2244 Amtsgericht Düsseldorf
USt-IdNr. DE 147 000 234

Geschäftsführer
Dr. Robert Müngsten

Tel.: 0211 7654-0 Zentrale
Internet-Adresse:
www.buero-muengsten.de

Volksbank Düsseldorf-Neuss e. G.
IBAN DE47 3016 0213 2407 7254 28
BIC GENODED1DNE

7. Einen Tag nach dem Versand des Angebots an das Autohaus ruft Frau Schrader Jan in ihr Büro.

Heike Schrader: „Ich habe soeben mit Frau Reiss telefoniert und sie möchte alternativ noch ein Angebot für ein weiteres Druckermodell erhalten. Ich habe bereits einen Drucker ermittelt, das Modell PH IV des Herstellers Bulitt. Der Listeneinkaufspreis bei der Degner Computer GmbH ist 83,00 EUR. Bitte kalkulieren Sie auch für dieses Gerät den Listenverkaufspreis."

Jan Bürgel: „Das mache ich, aber dann wäre es sinnvoll, für die Kalkulation ein Tabellenkalkulationsprogramm zu nutzen."

Erstellen Sie für den Drucker Modell PH IV die **Handelskalkulation** mithilfe eines Tabellenkalkulationsprogramms und ermitteln Sie den Listenverkaufspreis. Frau Schrader schlägt hierfür das folgende Layout vor.

	A	B
1	**Handelskalkulation**	
2		
3	**Produkt:**	
4		
5		**Werte eingeben:**
6	Listeneinkaufspreis (netto):	
7	Bezugskosten:	
8		
9	Liefererrabatt (%):	
10	Liefererskonto (%):	
11	Handlungskosten (%):	
12	Gewinn (%):	
13	Kundenskonto (%):	
14	Vertreterprovision (%):	
15	Kundenrabatt (%):	
16		
17		
18		
19		
20		
21		
22		
23		
24		
25		
26		
27		
28		
29		
30		
31		
32		
33		
34		

Lernsituation 4:
Formulierungs- und Gestaltungsregeln von Texten einhalten

Die Auszubildende Aylin Yilmaz wird zu Susanne Erwin, Mitarbeiterin im Bereich Auftragsbearbeitung, gerufen.

Frau Erwin: „Frau Yilmaz, ich habe gerade ein Telefonat mit Herrn Frank Luckert vom Architekturbüro Luckert geführt. Herr Luckert hat Interesse, fünf Schreibtischlampen für seine Mitarbeiter bei uns zu erwerben. Ich habe mit Herrn Luckert vereinbart, dass ich ihm hierzu unseren Hausprospekt sende. Verfassen Sie doch bitte ein Anschreiben für den Postversand des Prospekts an das Architekturbüro Luckert. Vergessen Sie in dem Anschreiben nicht, für das Interesse an unseren Schreibtischlampen zu danken und dass wir uns über einen Auftrag freuen würden. Weisen Sie bitte auch auf unsere AGB (Allgemeine Geschäftsbedingungen) hin und dass wir für den Versand pauschal 30,00 EUR berechnen. Die Adressdaten habe ich auf der Telefonnotiz hier vermerkt: Architekturbüro Frank Luckert, Dieselweg 9, 97071 Würzburg."

Aylin begibt sich mit der Telefonnotiz an ihren Schreibtisch und überlegt, wie sie nun das Anschreiben erstellen soll. Da sie bereits bei der Postbearbeitung zugeschaut hat, weiß sie, dass viele Unternehmen ihre Briefpost mit einem Fensterbriefumschlag versenden. Sie überlegt, wie sie wohl die Adresse im Textverarbeitungsprogramm platzieren muss, damit die Adresse auch im Fenster des Umschlags erscheint. Da aber das Unternehmen regelmäßig Briefe versendet, ist sie überzeugt, dass es hierfür sicher eine Vorlage gibt. Um diese Vorlage zu erhalten, wendet sie sich an Frau Erwin:

©lichtbildmaster-fotolia.com

Aylin: „Es gibt doch bestimmt eine Vorlage im Haus, mit der sichergestellt ist, dass die Anschrift eines Briefs exakt im Fenster eines Fensterbriefumschlags erscheint."

Frau Erwin: „Ja, das stimmt. Unsere Geschäftsbriefvorlage orientiert sich an der DIN 5008 Norm. Allerdings gibt es noch viel mehr zu beachten, wenn wir uns an diese DIN-Norm halten. Das ist auch unser Anspruch, denn schließlich wollen wir professionell unseren Kunden gegenüber auftreten. Das gilt auch für den Schreibstil. Hierzu gibt es allerdings keine Norm. Aber wenn Sie ein paar Geschäftsbriefe gelesen haben und sich vielleicht auch noch im Internet informiert haben, was einen modernen Schreibstil im Geschäftsalltag ausmacht, dann ist es auch nicht mehr schwierig, entsprechend zu formulieren."

Aylin: „Dann informiere ich mich am besten über die Vorgaben dieser Norm und über die angemessene Formulierung von Geschäftsbriefen, bevor ich mit dem Schreiben des Briefes beginne."

Unterstützen Sie Aylin bei der Bewältigung ihrer Aufgaben.

Arbeitsaufträge

1. Um die Vorgaben der DIN 5008 Norm für das Schreiben von Geschäftsbriefen immer in übersichtlicher Form parat zu haben, möchte Aylin alle relevanten Regelungen in der Geschäftsmaske der Müngsten GmbH notieren.

   Machen Sie auf der Geschäftsbriefvorlage an den passenden Stellen Angaben zur Gestaltung des Briefes gemäß der DIN 5008. Kennzeichnen Sie hierbei jede erforderliche Leerzeile durch das Zeichen „>".

Bürobedarf **Müngsten** GmbH

Müngsten GmbH ♦ Aggerstraße 7 ♦ 40474 Düsseldorf

Ihr Zeichen:
Ihre Nachricht vom:
Unser Zeichen:
Unsere Nachricht vom:

Name:
Telefon: 0211 7654-0
Telefax: 0211 7654-40
E-Mail: aylin.yilmaz@buero-muengsten.de

Datum:

HRB 2244 Amtsgericht Düsseldorf
USt-IdNr. DE 147 000 234

Geschäftsführer
Dr. Robert Müngsten

Tel.: 0211 7654-0 Zentrale
Internet-Adresse:
www.buero-muengsten.de

Volksbank Düsseldorf-Neuss e. G.
IBAN DE47 3016 0213 2407 7254 28
BIC GENODED1DNE

2. Formulieren Sie für ein Merkblatt die wichtigsten Regeln für einen modernen Schreibstil.

Merkblatt: Moderner Schreibstil im Geschäftsalltag

©peshkova-fotolia.com

Bei Geschäftsbriefen:

Betreff

Einstieg/Einleitung

Hauptteil (Lesbarkeit des Inhalts und Länge)

Briefschluss

Grußformel

Allgemeines

3. Formulieren Sie das Anschreiben an das Architekturbüro Luckert.

Bürobedarf **Müngsten** GmbH

Ihr Zeichen:
Ihre Nachricht vom:
Unser Zeichen:
Unsere Nachricht vom:

Müngsten GmbH ♦ Aggerstraße 7 ♦ 40474 Düsseldorf

Name:
Telefon: 0211 7654-0
Telefax: 0211 7654-40
E-Mail: aylin.yilmaz@buero-muengsten.de

Datum:

HRB 2244 Amtsgericht Düsseldorf
USt-IdNr. DE 147 000 234

Geschäftsführer
Dr. Robert Müngsten

Tel.: 0211 7654-0 Zentrale
Internet-Adresse:
www.buero-muengsten.de

Volksbank Düsseldorf-Neuss e. G.
IBAN DE47 3016 0213 2407 7254 28
BIC GENODED1DNE

4. Aylin hat festgestellt, dass es beim Schreiben von Geschäftsbriefen doch vieles zu beachten gibt. Sie unterhält sich darüber mit Frau Erwin.

Frau Erwin: „Ich kann mich gut an meine Ausbildung erinnern. Am Anfang fällt es jedem schwer, diese Vorgaben zu beachten. Aber Sie haben das wirklich gut gemacht."

©Rawpixel-fotolia.com

Aylin: „Danke. Aber wenn ich innerhalb des Unternehmens kommuniziere, kann ich mich hoffentlich weniger formell verständigen."

Erkundigen Sie sich in Ihrem Ausbildungsbetrieb nach den Regeln, die bei der unternehmensinternen, schriftlichen Kommunikation zu beachten sind. Vergleichen Sie Ihre Informationen mit denen Ihrer Mitschülerinnen und Mitschüler.

Lernsituation 5:
Abwicklung von Aufträgen organisieren und rechtliche Wirkungen von Angeboten berücksichtigen

Der Auszubildende Jan Bürgel hatte vor einigen Tagen zusammen mit Sonja Bader, die für die Bearbeitung von Kundenanfragen zuständig ist, ein weiteres Angebot erstellt, diesmal an die Werbeagentur Selters & Wasser GmbH für den DIN-A0-Drucker „Megaprint 3000".

Die Antwort erhält Jan einige Tage später:

©DOC RABE Media-fotolia.com

Von: klaus.bender@werbung-selters-wasser.de

Cc:

Betreff: Bestellung Drucker „Megaprint 3000"

Sehr geehrte Damen und Herren,

auf Grundlage Ihres Angebots bestellen wir den DIN-A0-Drucker „Megaprint 3000".

Bitte teilen Sie uns den genauen Liefertermin mit, da wir das Gerät kurzfristig benötigen.

Mit freundlichen Grüßen

Klaus Bender

Werbeagentur Selters & Wasser GmbH
Humperdinckstr. 107
40593 Düsseldorf

Frau Bader: „Meinen Glückwunsch, Herr Bürgel! Die Werbeagentur hat unser Angebot unverändert angenommen, das macht die Abwicklung für Sie einfacher. Da wir genau ein Stück des Artikels derzeit auf Lager haben, müssen Sie nur noch den Liefer- und Installationstermin mit Herrn Kemnade vom Fuhrpark abstimmen. Dann können wir die Auftragsbestätigung fertig stellen und an den Kunden senden."

Jan: „Aber das war doch zu erwarten. Ein Kunde kann ja an einem Angebot nichts mehr ändern, dies muss immer von uns als Lieferanten ausgehen."

Frau Bader: „Der Kunde kann sehr wohl Änderungen vornehmen, das kommt sogar recht häufig vor. Allerdings müssen wird dann immer überlegen, ob wir mit den Änderungen einverstanden sind."

Jan: „Und wann wissen dann beide Seiten, Käufer und Verkäufer, welche Vereinbarungen gelten?"

Frau Bader: „Wenn beide Seiten sich mit denselben Bedingungen für den Kaufvertrag einverstanden erklärt haben, ist der Kaufvertrag zustande gekommen. Das ist gesetzlich geregelt. Und nun machen wir weiter mit dem Auftrag der Werbeagentur Selters & Wasser."

Unterstützen Sie Jan bei der Organisation der Auftragsabwicklung.

Arbeitsaufträge

1. Informieren Sie sich über sinnvolle Inhalte und die normgerechte Gestaltung der Auftragsbestätigung.

   Formulieren Sie die Auftragsbestätigung an die Werbeagentur Selters & Wasser GmbH unter Berücksichtigung der DIN 5008 für die Gestaltung von Geschäftsbriefen.
   Der Verkaufspreis des Druckers „Megaprint 3000" für die Werbeagentur Selters & Wasser beträgt 7800,00 EUR zuzüglich Umsatzsteuer. Für die Anlieferung, Inbetriebnahme und Einweisung durch die Bürobedarf Müngsten GmbH wird eine Pauschale von 150,00 EUR zuzüglich Umsatzsteuer berechnet. Es wird ein Skonto von 2 % bei einer Zahlung von innerhalb von 10 Tagen gewährt. Liefertermin ist vier Tage nach Datum der Auftragsbestätigung.

Bürobedarf **Müngsten** GmbH

Müngsten GmbH ♦ Aggerstraße 7 ♦ 40474 Düsseldorf

Ihr Zeichen:
Ihre Nachricht vom:
Unser Zeichen:
Unsere Nachricht vom:

Name:
Telefon: 0211 7654-0
Telefax: 0211 7654-40
E-Mail: @buero-muengsten.de

Datum:

HRB 2244 Amtsgericht Düsseldorf
USt-IdNr. DE 147 000 234

Geschäftsführer
Dr. Robert Müngsten

Tel.: 02177 7654-0 Zentrale
Internet-Adresse:
www.buero-muengsten.de

Volksbank Düsseldorf-Neuss e. G.
IBAN DE47 3016 0213 2407 7254 28
BIC GENODED1DNE

2. Am selben Tag erhält Jan den Telefonanruf eines weiteren Kunden. Dieser interessiert sich ebenfalls für den Drucker „Megaprint 3000". Er würde den Drucker sofort abholen und bar bezahlen und einen höheren Kaufpreis akzeptieren.

Jan: „Sie werden es nicht glauben, aber ich kann den Drucker sofort einem anderen Kunden verkaufen – und ich bestelle für die Werbeagentur Selters & Wasser kurzfristig ein weiteres Gerät."

©Gina Sanders-fotolia.com

Frau Bader: „Sie wissen, dass der Hersteller grundsätzlich eine vierwöchige Lieferzeit hat. Und die Werbeagentur benötigt das Gerät umgehend. Zudem können bei der Abwicklung und Lieferung Verzögerungen entstehen."

Jan: „Dann informieren wir die Werbeagentur über die neue Lieferzeit von vier Wochen."

Frau Bader: „Das geht nicht. Das bringt uns auch rechtlich in Schwierigkeiten."

a) Recherchieren Sie (Informationsband und § 433 BGB), welche rechtlichen Schwierigkeiten Frau Bader anspricht.

Notieren Sie hierzu, wie der Vertrag zwischen der Bürobedarf Müngsten GmbH und der Werbeagentur Selters & Wasser zustande gekommen ist und welche rechtlichen Konsequenzen sich für die Vertragsparteien daraus ergeben.

Auszug aus BGB

§ 433 BGB: Vertragstypische Pflichten beim Kaufvertrag

(1) Durch den Kaufvertrag wird der Verkäufer einer Sache verpflichtet, dem Käufer die Sache zu übergeben und das Eigentum an der Sache zu verschaffen. Der Verkäufer hat dem Käufer die Sache frei von Sach- und Rechtsmängeln zu verschaffen.

(2) Der Käufer ist verpflichtet, dem Verkäufer den vereinbarten Kaufpreis zu zahlen und die gekaufte Sache abzunehmen.

Zwischen ____________________ und ____________________

wurde ein Kaufvertrag abgeschlossen, weil ____________________

____

____

Konsequenzen für die Vertragspartner:

Pflichten beim Kaufvertrag für	
den Verkäufer	**den Käufer**

LERNFELD 3

Folge der Änderung der Lieferzeit durch die Müngsten GmbH: ______________________________

____

____

____

Jan hat verstanden, dass er den für die Werbeagentur Selters & Wasser vorgesehenen Drucker nicht an den anderen Kunden verkaufen kann.

Jan: „Okay. Irgendwie auch schade, dass die Werbeagentur unser Angebot bereits angenommen hatte. Wäre das nicht der Fall gewesen, hätten wir den Drucker doch zu dem höheren Preis an den anderen Kunden verkaufen können."

Frau Bader: „Das geht nicht so einfach. Wir sind schon für eine gewisse Zeit an unsere Angebote gebunden."

Jan: „Und was heißt das: für eine gewisse Zeit?"

Frau Bader: „Das hängt immer davon ab, auf welche Art und Weise das Angebot abgegeben wurde. Ich schlage vor, ich kümmere mich um den anderen Kunden. Und Sie informieren sich über die rechtlichen Regelungen zum Thema „Bindung an Angebote". Das ist immer wieder ein Thema bei uns in der Auftragsbearbeitung. Deshalb wäre hier auch ein Eintrag in unser Qualitätsmanagement-Handbuch sinnvoll. Machen Sie doch bitte einen Vorschlag."

b) Erstellen Sie einen Entwurf für den Eintrag zum Thema „Bindung an Angebote" für das Qualitätsmanagement-Handbuch.

Auszug aus BGB

§ 130 BGB: Wirksamwerden der Willenserklärung gegenüber Abwesenden

(1) Eine Willenserklärung, die einem anderen gegenüber abzugeben ist, wird, wenn sie in dessen Abwesenheit abgegeben wird, in dem Zeitpunkt wirksam, in welchem sie ihm zugeht. Sie wird nicht wirksam, wenn dem anderen vorher oder gleichzeitig ein Widerruf zugeht. [...]

§ 145 BGB: Bindung an den Antrag

Wer einem anderen die Schließung eines Vertrags anträgt, ist an den Antrag gebunden, es sei denn, dass er die Gebundenheit ausgeschlossen hat.

§ 147 BGB: Annahmefrist

(1) Der einem Anwesenden gemachte Antrag kann nur sofort angenommen werden. Dies gilt auch von einem mittels Fernsprechers oder einer sonstigen technischen Einrichtung von Person zu Person gemachten Antrag.

(2) Der einem Abwesenden gemachte Antrag kann nur bis zu dem Zeitpunkt angenommen werden, in welchem der Antragende den Eingang der Antwort unter regelmäßigen Umständen erwarten darf.

§ 148 BGB: Bestimmung einer Annahmefrist

Hat der Antragende für die Annahme des Antrags eine Frist bestimmt, so kann die Annahme nur innerhalb der Frist erfolgen.

§ 150 BGB: Verspätete und abändernde Annahme

(1) Die verspätete Annahme eines Antrags gilt als neuer Antrag.

(2) Eine Annahme unter Erweiterungen, Einschränkungen oder sonstigen Änderungen gilt als Ablehnung verbunden mit einem neuen Antrag.

Entwurf für das Qualitätsmanagement-Handbuch – Bindung an Angebote

Bitte beachten Sie die folgenden Bindungsfristen für Angebote. Abweichungen sind aus Kulanzgründen möglich, müssen aber mit der Abteilungsleitung abgesprochen werden.

Grundsatz (§ 145 BGB): ______________________________

____

D. h.: ______________________________

____

Ausnahme: ______________________________

Einschränkung der Bindung durch gesetzliche Annahmefristen des BGB: ______________________________

§ 147 (1) BGB: Angebot unter ______________________________

D. h.: ______________________________

____

____

§ 147 (2) BGB: Angebot unter ______________________________

D. h.: ______________________________

____

____

____

____

§ 148 BGB: ______________________________

D. h.: ______________________________

____

Sonstige Fälle, in denen die Bindung an ein Angebot entfällt: ______________________________

§ 150 BGB: ______________________________

D. h.: ______________________________

____

§ 130 (1) BGB: ______

D. h.: ______

c) Entscheiden Sie: Wie lange ist die Bürobedarf Müngsten GmbH an das Angebot für die Werbeagentur Selters & Wasser gebunden?

3. Jan stellt Frau Bader den Entwurf für das Qualitätsmanagement-Handbuch vor.

Jan: „Das bedeutet, wenn wir ein Angebot abgeschickt haben, sind wir für eine gewisse Zeit daran gebunden. Und das ohne Ausnahme?"

Frau Bader: „Nahezu ohne Ausnahme. Es kommt darauf an, ob unser Kunde unser Angebot schon erhalten hat. Wenn nicht, können wir i. d. R. laut Gesetz die Willenserklärung widerrufen."

Jan: „Dass so viele rechtliche Bedingungen und Möglichkeiten mit dem Verkauf von Waren verbunden sind, hätte ich nicht gedacht. Ich schaue mir diese Regelungen noch einmal an, damit ich in Zukunft Bescheid weiß."

Frau Bader: „Gute Idee. Schauen Sie insbesondere noch einmal in den Paragraphen § 130 BGB. Der klärt die Wirksamkeit von Willenserklärungen unter Abwesenden."

Ergänzen Sie die folgenden Sätze:

Wirksamkeit von (empfangsbedürftigen) Willenserklärungen – Möglichkeiten des Widerrufs (§ 130 I BGB)

Willenserklärungen unter Abwesenden werden ______ rechtswirksam (§ 130 (1) BGB).

Solange die Willenserklärung noch nicht rechtswirksam ______ ist, ______

kann ______ (§ 130 (1) BGB).

Willenserklärungen unter Anwesenden werden ______ rechtswirksam, ______

denn der Zeitpunkt der Äußerung und der Wahrnehmung fallen zusammen.

Lernsituation 5

4. Jan überlässt Frau Bader die Verhandlung mit dem anderen Kunden und konzentriert sich wieder auf den Auftrag mit der Werbeagentur Selters & Wasser. Frau Bader hatte ihm noch gesagt, dass er nun die Abteilungen informieren muss, die nun ebenfalls Aufgaben im Zusammenhang mit der Erfüllung des Kaufvertrages übernehmen.

   Stellen Sie in Form eines Prozesses (z. B. als Flussdiagramm) dar, welche Abteilungen an der Erfüllung des Auftrages beteiligt sind und welche Aufgaben sie haben.

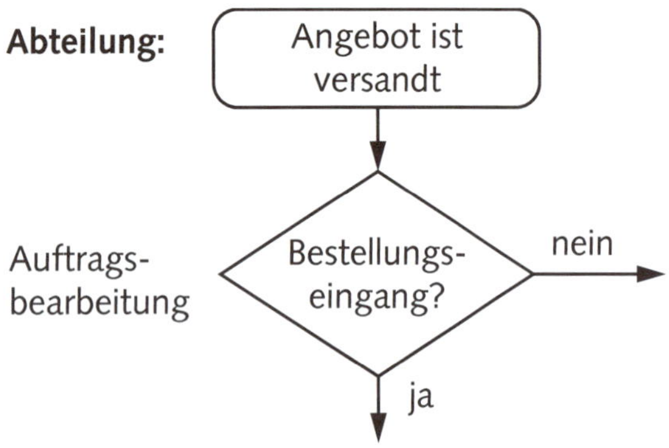

5. Jan ist nun klar geworden, dass weitere Aufgaben erledigt werden müssen.

   Entwerfen Sie den Lieferschein und die Rechnung für den Auftrag an die Werbeagentur Selters & Wasser GmbH. Berücksichtigen Sie dabei ggf. rechtliche Aspekte und die DIN 5008 für die Gestaltung von Geschäftsbriefen.

Bürobedarf Müngsten GmbH

Müngsten GmbH ♦ Aggerstraße 7 ♦ 40474 Düsseldorf

Ihr Zeichen:
Ihre Nachricht vom:
Unser Zeichen:
Unsere Nachricht vom:

Vorname, Name:
Telefon: 0211 7654-0
Telefax: 0211 7654-40
E-Mail: @buero-muengsten.de

Datum:

HRB 2244 Amtsgericht Düsseldorf
USt-IdNr. DE 147 000 234

Geschäftsführer
Dr. Robert Müngsten

Tel.: 02177 7654-0 Zentrale
Internet-Adresse:
www.buero-muengsten.de

Volksbank Düsseldorf-Neuss e. G.
IBAN DE47 3016 0213 2407 7254 28
BIC GENODED1DNE

Bürobedarf **Müngsten** GmbH

Müngsten GmbH ♦ Aggerstraße 7 ♦ 40474 Düsseldorf

Ihr Zeichen:
Ihre Nachricht vom:
Unser Zeichen:
Unsere Nachricht vom:

Name:
Telefon: 0211 7654-0
Telefax: 0211 7654-40
E-Mail: @buero-muengsten.de

Datum:

HRB 2244 Amtsgericht Düsseldorf
USt-IdNr. DE 147 000 234

Geschäftsführer
Dr. Robert Müngsten

Tel.: 02177 7654-0 Zentrale
Internet-Adresse:
www.buero-muengsten.de

Volksbank Düsseldorf-Neuss e. G.
IBAN DE47 3016 0213 2407 7254 28
BIC GENODED1DNE

6. Jan ist erstaunt über die vielen Dokumente, die für einen solch kleinen Auftrag erstellt werden müssen. Er ist sich noch nicht ganz schlüssig, ob der Aufwand wirklich notwendig ist.

   Veranschaulichen Sie deshalb die Bedeutung des Lieferscheins für den Lieferanten und den Kunden.

Bedeutung des Lieferscheins für ...	
... den Lieferanten	
... den Kunden	

7. Jan unterhält sich mit Frau Bader über den „Aufwand“, den er für den Auftrag tätigen musste. Sie weist ihn darauf hin, dass man für Briefe, die man immer wieder in ähnlicher Form erstellt, wie beispielsweise Angebote und Auftragsbestätigungen, gut mit Textbausteinen arbeiten kann. Die Textbausteine, auch Schnellbausteine genannt, werden in einem Texthandbuch zusammengestellt und können dann in Word gespeichert werden. Sie sind dann über ein Kürzel abrufbar und können so in einen Brief eingesetzt werden.

   a) Informieren Sie sich (z. B.: Büro 2.1 – Informationsverarbeitung, Word – PowerPoint, Kaufmann/Kauffrau für Büromanagement) über die Anwendung von Textbausteinen in einem Textverarbeitungsprogramm. Erstellen und speichern Sie Textbausteine für die Auftragsbestätigungen der Bürobedarf Müngsten GmbH.

Kategorie	Textpassage	Kürzel
Betreff		
Anrede		
Einleitung		

Kategorie	Textpassage	Kürzel
Annahme		
Bedingte Annahme		
Bestätigung		
Schluss		
Grußformel mit Briefabschluss		
Anlage		

b) Schreiben Sie nun die Auftragsbestätigung an die Werbeagentur Selters & Wasser unter Einsatz der Schnellbausteine.

Bürobedarf **Müngsten** GmbH

Müngsten GmbH ♦ Aggerstraße 7 ♦ 40474 Düsseldorf

Ihr Zeichen:
Ihre Nachricht vom:
Unser Zeichen:
Unsere Nachricht vom:

Name:
Telefon: 0211 7654-0
Telefax: 0211 7654-40
E-Mail: @buero-muengsten.de

Datum:

HRB 2244 Amtsgericht Düsseldorf USt-IdNr. DE 147 000 234	Geschäftsführer Dr. Robert Müngsten	Tel.: 02177 7654-0 Zentrale Internet-Adresse: www.buero-muengsten.de	Volksbank Düsseldorf-Neuss e. G. IBAN DE47 3016 0213 2407 7254 28 BIC GENODED1DNE

8. Im Berufsschulunterricht hat Jan in letzter Zeit viel mit dem Tabellenkalkulationsprogramm „Excel" gearbeitet und gelernt, dass man Excel-Tabellen auch in Word-Dokumente einbinden kann. Das möchte er nun für den Lieferschein-Vordruck der Bürobedarf Müngsten GmbH anwenden.

   Erstellen Sie unter Nutzung der Vorlage für einen Geschäftsbrief einen Lieferschein-Vordruck und formatieren Sie die darin enthaltene Tabelle als eingebettete Excel-Tabelle. Ändern Sie alternativ den in Aufgabe 5 erstellten Lieferschein ab. Hinterlegen Sie dort geeignete Formeln.

Anleitung

Für den Lieferschein ist beispielsweise folgende Tabelle verwendbar:

	A	B	C	D	E	F	G
1							
2							
3							
4		**Artikel-Nr.**	**Artikelbezeichnung**	**bestellte Menge**	**gelieferte Menge**	**Differenz-menge**	**Preis/ Einheit**
5		(Art-Nr.)	Megaprint 3000	1	1	0	7.800,00 EUR
6							
7							
8							

In Formelansicht:

	A	B	C	D	E	F	G
1							
2							
3							
4		**Artikel-Nr.**	**Artikelbezeichnung**	**bestellte Menge**	**gelieferte Menge**	**Differenz-menge**	**Preis/ Einheit**
5		(Art-Nr.)	Megaprint 3000	1	1	=D5-E5	7800
6							
7							
8							

Erstellen eines neuen Excel-Tabellenblatts in einem Word-Dokument

1. Positionieren Sie die Einfügemarke an die Stelle, an der Sie das Excel-Tabellenblatt einfügen möchten.
2. Klicken Sie auf der Registerkarte **Einfügen** in der Gruppe Tabellen auf Tabelle, und klicken Sie dann auf **Excel-Kalkulationstabelle**.

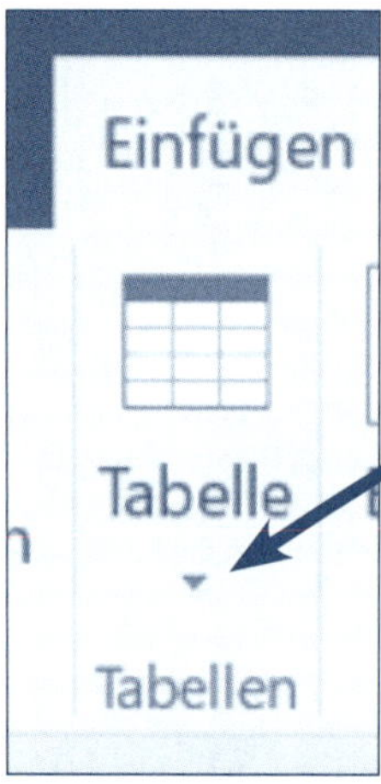

3. Sie können nun die gewünschten Daten und Formeln in das Tabellenblatt eingeben.

Bürobedarf **Müngsten** GmbH

Müngsten GmbH ♦ Aggerstraße 7 ♦ 40474 Düsseldorf

Ihr Zeichen:
Ihre Nachricht vom:
Unser Zeichen:
Unsere Nachricht vom:

Name:
Telefon: 0211 7654-0
Telefax: 0211 7654-40
E-Mail: @buero-muengsten.de

Datum:

HRB 2244 Amtsgericht Düsseldorf
USt-IdNr. DE 147 000 234

Geschäftsführer
Dr. Robert Müngsten

Tel.: 02177 7654-0 Zentrale
Internet-Adresse:
www.buero-muengsten.de

Volksbank Düsseldorf-Neuss e. G.
IBAN DE47 3016 0213 2407 7254 28
BIC GENODED1DNE

Lernsituation 6:
Schriftstücke vervielfältigen

Aylin Yilmaz absolviert derzeit ihre Ausbildung in der Marketingabteilung. Das Unternehmen plant ein Kundenseminar über den Nutzen und die Funktionsweise von Multifunktionsgeräten im Haus. Herr Oehler, Mitarbeiter der Marketingabteilung, ruft Aylin zu sich an seinen Arbeitsplatz.

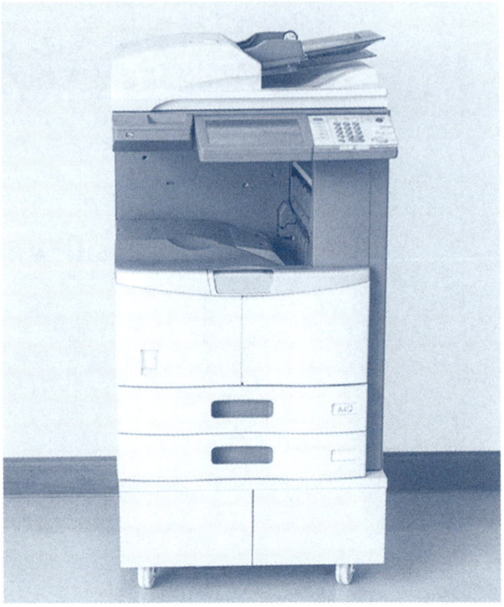
©Suwat – stock.adobe.com

„Das ist wirklich ärgerlich", meint **Herr Oehler.** „Ich habe für das letzte Kundenseminar zum Thema Multifunktionsgeräte einen Text erstellt, in dem die Vorteile dieser Geräte erläutert werden. Aber offensichtlich hat ihn jemand im System gelöscht. Glücklicherweise habe ich einen Papierausdruck für mich aufbewahrt. Aber unser aktuelles Gerät hat Papierkassetten mit einem größeren Fassungsvermögen. Außerdem ist die Druckgeschwindigkeit höher. Ich kann also den Text nicht einfach kopieren."

„Ihren Ärger kann ich verstehen", ergänzt **Aylin.** „Insbesondere, da sich dieses Problem einfach hätte vermeiden lassen. Ich gehe davon aus, dass niemand absichtlich die Datei gelöscht hat."

Aylin unterstützt Herrn Oehler bei der Vorbereitung des Kundenseminars.

Arbeitsaufträge

1. Aylin hat richtig erkannt, dass sich der Verlust der Datei hätte verhindern lassen.

   Empfehlen Sie die Ihrer Meinung nach geeignetste Methode, mit der Herr Oehler das Löschen der Datei durch einen Unbefugten hätte verhindern können. Begründen Sie Ihre Entscheidung.

   ____

   ____

   ____

   ____

   ____

   ____

2. Aylin erhält von Herrn Oehler den Papierausdruck mit dem Text über die Vorteile von Multifunktionsgeräten und die Aufgabe, den Text mit den Aktualisierungen erneut und sicher als Textdatei zu speichern. Beschreiben Sie die Arbeitsschritte, die Aylin zweckmäßigerweise dazu ausführen sollte.

   ____

   ____

3. Bevor weitere Vorbereitungen für das Kundenseminar getroffen werden, müssen zunächst die Einladungen verschickt werden. Herr Oehler schickt Aylin hierzu in einer E-Mail den Entwurf der Einladung als Anlage.

   Informieren Sie sich über kostengünstige Möglichkeiten des Drucks der Einladungen (z. B. als Auftrag an eine Druckerei) und antworten Sie Herrn Oehler per Mail in der Rolle von Aylin. Beschreiben Sie auch den Umgang mit der Textdatei für die Vorbereitung des Drucks.

Von: frank.oehler@buero-muengsten.de

Cc:

Betreff: Einladungen für Kundenseminar

Hallo Frau Yilmaz,

anbei schicke ich Ihnen die Datei mit den Einladungen für das Kundenseminar über den Nutzen und die Funktionsweise von Multifunktionsgeräten.

Die Einladungen sollen 500-mal verschickt werden. Der Ausdruck soll unbedingt in Farbe erfolgen. Bitte informieren Sie sich, welche Möglichkeiten wir haben, diese Einladungen kostengünstig zu vervielfältigen.

Bevor die Einladungen in den Druck gehen, informieren Sie mich bitte über Ihre Vorgehensweise.

Vielen Dank.

Mit freundlichen Grüßen

Frank Oehler

Marketing

Anlage: Kundenseminar-Einladung.docx

Von:	aylin.yilmaz@buero-muengsten.de
Cc:	
Betreff:	Re: Einladungen für das Kundenseminar

Anlage:

4. Ein paar Tage später.

   Aylin hat den Text über das Multifunktionsgerät erstellt und aktualisiert. Sie legt ihn Herrn Oehler vor.

   Herr Oehler: „Wir erwarten zu unserem Kundenseminar 15 Teilnehmer. Die Teilnehmer sollen den von Ihnen erstellten Text als Papierausdruck erhalten und zwar idealerweise so, dass sie interessiert sind, den Ausdruck mitzunehmen und zu archivieren. Der Ausdruck soll möglichst kosten- und ressourcenschonend erfolgen. Bitte erledigen Sie das für mich."

   Entscheiden Sie, welches Gerät Aylin für die Erfüllung des Auftrages von Herrn Oehler nutzen sollte und beschreiben Sie, mithilfe welcher Funktionsmöglichkeiten des Gerätes sie die Vorgaben von Herrn Oehler realisieren kann. Berücksichtigen Sie auch grundsätzliche Nachhaltigkeitsaspekte.

5. Bei der Betriebsversammlung wurde mitgeteilt, dass die Kopierkosten im Unternehmen in letzter Zeit deutlich gestiegen sind, weil der Aspekt der Ressourcenschonung offensichtlich nicht ausreichend beachtet wurde.

   a) Diskutieren Sie stellvertretend für die Mitarbeiter, wie man zukünftig den Aspekt der Nachhaltigkeit bei der Nutzung der Kopier- und Multifunktionsgeräte beachten kann.

      Erstellen Sie auf Grundlage Ihrer Ergebnisse ein Merkblatt, das man im DIN-A4-Format als Aushang bei den Geräten anbringen könnte. Binden Sie das Logo der Bürobedarf Müngsten GmbH in das Dokument ein.

Bürobedarf Müngsten GmbH

Lernsituation 7:
Kommunikationsmittel situationsgerecht nutzen

Irene Jacobs, Mitarbeiterin der Verkaufsabteilung, erläutert Jan Bürgel gerade einen Sachverhalt, als das Telefon klingelt. Herr Dr. Müngsten ist am Apparat und bittet Frau Jacobs um eine kurzfristige Vorbereitung des Besprechungsraums.

Frau Jacobs: „Herr Bürgel, ich muss kurzfristig im Besprechungsraum Vorbereitungen für eine Besprechung organisieren. Könnten Sie bitte an meinem Arbeitsplatz bleiben und eventuelle Anrufe entgegennehmen? Die Bedienung des Telefons ist Ihnen ja bekannt."

Jan: „Selbstverständlich. Telefonieren und E-Mailen kann doch jeder. Und außerdem besitzt heutzutage doch fast jeder ein Smartphone."

Frau Jacobs: „Gut, dann bis später."

©Robert Kneschke-fotolia.com

Nach wenigen Minuten klingelt das Telefon von Frau Jacobs.

Jan: „Hallo, hier ist der Apparat von Frau Jacobs. Hier ist Jan Bürgel."

Anrufer: „Kann ich bitte mit Frau Jacobs sprechen?"

Jan: „Ich vertrete Sie für kurze Zeit am Telefon. Würden Sie bitte später wieder anrufen oder kann ich Ihnen behilflich sein?"

Anrufer: „Nun, ich möchte persönlich mit Frau Jacobs sprechen – es ist dringend."

Jan: „Ich werde versuchen, Sie zu Frau Jacobs durchzustellen. Einen Augenblick bitte."

Jan bedient die Telefonanlage und muss feststellen, dass er in deren Handhabung nicht sicher ist. Er verliert den Kunden aus der Telefonleitung. Jan ist entsetzt und sehr erleichtert, als sich der Anrufer nach wenigen Minuten wieder meldet.

Jan entschuldigt sich ausführlich.

Der Anrufer teilt Jan mit, dass er eine dringende Bestellung tätigen möchte. Nach der vorangegangenen Hektik notiert Jan alles auf einem leeren Blatt Papier ohne jedoch den Inhalt der Bestellung zu wiederholen, Rückfragen zu stellen oder sich für den Auftrag zu bedanken.

Frau Berg, Prokuristin des Ausbildungsbetriebs, hat während des Telefonats das Büro betreten und zufällig das Gespräch mitgehört. Sie kommt zu Jan an den Schreibtisch.

Frau Berg: „Es war eine hektische Situation, stimmt's?"

Jan nickt.

Frau Berg: „Wer hat jetzt gerade bei uns bestellt?"

Jan: „Oh, das habe ich ganz vergessen zu fragen."

In diesem Telefongespräch ist so einiges schief gelaufen. Helfen Sie Jan bei der Aufarbeitung der Situation.

Arbeitsaufträge

1. Jan informiert sich über die Funktionen der Telefonanlage der Müngsten GmbH.

   Informieren Sie sich (z. B. in Ihrem Ausbildungsbetrieb), wie die Weiterleitung eines entgegengenommenen Telefonats an eine andere Nebenstelle funktioniert. Beschreiben Sie den Ablauf.

2. Jan Bürgel vollzieht in Gedanken noch einmal das Telefonat nach. Die wesentlichen Punkte waren die Annahme des Telefongesprächs, das Verhalten gegenüber dem Anrufer und die Aufnahme der Bestellung. Er überlegt, wie er sich in Zukunft bei vergleichbaren Gesprächssituationen verhalten soll.

   Verhaltensweise beim Empfang von Telefongesprächen:

   Begrüßung:

   Gesprächsverhalten gegenüber dem Anrufer:

Durchführung der Bestellannahme:

3. Als Frau Jacobs wieder im Büro ist, gesteht ihr Jan, dass er bei einem Telefonat die Bestellung nur unvollständig notiert und sich auch den Namen des Anrufers nicht gemerkt hat. Als er ihr aber berichtet, dass er sich bereits über die Telefonanlage informiert und sich auch Gedanken darüber gemacht hat, wie er in Zukunft professioneller arbeiten könnte, beruhigt sie ihn: Aufgrund der Schilderung von Jan weiß sie, wer der Kunde war und klärt sofort mit ihm telefonisch alle Unklarheiten.

   Sie legt Jan zwei Formulare vor: eines für Gesprächsnotizen und ein Bestellformular. Beim nächsten Anruf soll er gleich zeigen, dass er professionell telefonieren kann. Da klingelt auch schon das Telefon.

   a) Führen Sie stellvertretend für Jan das Telefonat unter Verwendung der Formulare: Eine Person übernimmt die Rolle des Auszubildenden und eine andere die Rolle des Kunden. Grundlage ist die folgende Rollenkarte. Fehlende Informationen ergänzen Sie bitte realitätsnah.

Rollenspielkarte „Kunde"

Sie sind Inhaber des Steuerbüros Wimmer & Partner. Sie erneuern gerade Ihre Büroausstattung und wollen deshalb bei der Büro Müngsten GmbH acht Bürostühle der Marke SITMOLL ERGO Y07 (Artikel-Nr. 394843) bestellen. Im Katalog ist der Nettoverkaufspreis mit 589,00 Euro pro Stück angegeben.

Als Rechnungsanschrift geben Sie an: Hauptstr. 5, 40699 Erkrath.

Geliefert werden sollen die Stühle jedoch an die Zweigstelle in der Dorfstraße 2.

   b) Beurteilen Sie das Gespräch anhand der Ergebnisse aus Aufgabe 2.

Bürobedarf **Müngsten** GmbH

Gesprächsnotiz

Datum des Gesprächs	***Uhrzeit des Gesprächs***
Gesprächspartner	***Name des Unternehmens***
Straße	***PLZ, Ort***

Telefon	***E-Mail***	***Telefax***

Mit der Bitte um

- ☐ Kenntnisnahme
- ☐ Bearbeitung
- ☐ Angebot
- ☐ Rückruf
- ☐ Bestätigung
- ☐ ____________________

Notizen zum Gespräch

Gespräch entgegen genommen von	***Gesprächsnotiz weiterleiten an***
Datum	***Unterschrift***

Bürobedarf **Müngsten** GmbH

Bestellung

Unternehmen:	
Name:	*Vorname:*
Datum:	*Kundennummer:*

Rechnungsanschrift

Straße:	*PLZ, Ort:*

ggf. abweichende Lieferanschrift

Straße:	*PLZ, Ort:*

Telefon	*E-Mail*	*Telefax*

Artikel-Nr.	*Beschreibung*	*Anzahl*	*Einzelpreis netto*	*Gesamtbetrag netto*

Datum	*Unterschrift*	*ggf. Firmenstempel*

4. Nicht nur die Vorbereitung auf das Telefonat, sondern auch die Verwendung der Formulare hat dazu beigetragen, dass Jan bei seinem nächsten Telefonat alle wichtigen Angaben notieren konnte. Allerdings stört ihn, dass er die Eintragungen nur auf dem Papier vornehmen kann. Viel lieber würde er die Eintragungen direkt am PC tätigen. Deshalb schlägt er vor, aus dem Bestellformular ein Online-Formular zu entwickeln. Frau Jacobs ist von dieser Idee begeistert und bittet ihn um die Realisierung.

   Übernehmen Sie Jans Aufgabe und entwerfen Sie mithilfe eines Textverarbeitungsprogramms (z. B. Word) das Online-Bestellformular. (Hinweise finden Sie im Informationsband, aber auch in dem Buch: Büro 2.1 – Informationsverarbeitung Word – PowerPoint, Kaufmann/Kauffrau für Büromanagement, Verlag Europa-Lehrmittel.)

   Sollte Ihnen kein Textverarbeitungsprogramm zur Verfügung stehen, notieren Sie die anzuwendenden Formatierungen im Formular unter Aufgabe 3.

5. Jan sitzt wieder an seinem Schreibtisch, als Frau Jacobs ihm folgenden Auftrag erteilt:

   „Ich habe gerade von unserem Spediteur erfahren, dass er den von unserem Kunden, Paul Kunze, bestellten Schreibtisch morgen um 10:00 Uhr bei ihm anliefern wird. Schreiben Sie dem Kunden doch bitte eine E-Mail, damit er über die Anlieferung informiert wird." Jan erledigt unverzüglich den Auftrag.

   Eine Stunde später ruft Frau Jacobs Jan an ihren Arbeitsplatz:

   „Ich hatte Sie doch gebeten, unserem Kunden Paul Kunze eine E-Mail zu senden. Herr Kunze hat mich eben angerufen, dass er Ihre E-Mail etwas sonderbar formuliert findet."

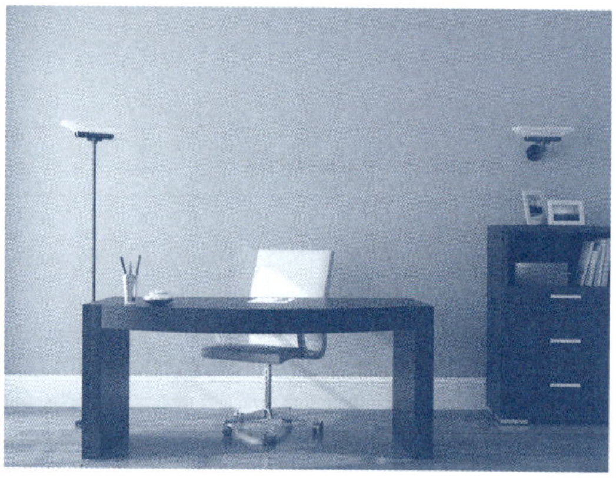

   Die E-Mail enthält folgenden Text:

   SgDuH,

   der best. Schreibtisch wird mo. um 10 von der Sped. angeliefert. :-)

   MfG

   Bürgel

   „Darin ist doch alles Wichtige enthalten", meint Jan. „Großzügig interpretiert schon", entgegnet Frau Jacobs. "Aber auch bei geschäftlichen E-Mails gibt es Regeln bezüglich der Gestaltung und Formulierung. Der Kunde war sogar unsicher, ob die Mail überhaupt von uns sei."

   a) Beschreiben Sie, gegen welche Vorschriften Jan in seiner Geschäfts-E-Mail verstoßen hat.

   ____

   ____

   ____

   ____

   ____

b) Formulieren Sie die obige Mail erneut unter Einhaltung der Formvorschriften und der E-Mail Netiquette.

An:	paul.kunze@kunzelei.de
Cc:	
Betreff:	
Anlage:	

6. Unter anderem sind folgende E-Mails in Jans Postfach eingegangen.

   Nennen Sie das geeignete Kommunikationsmittel, mit dem Jan antworten sollte. Begründen Sie Ihre Entscheidung.

   Ausschnitt aus E-Mail-Nachricht

   > *Hallo Jan,*
   >
   > *kannst du mir bitte schnell deine Mitschrift aus dem gestrigen Deutsch-Unterricht zukommen lassen? Ich musste doch gestern wegen einer betrieblichen Schulung früher gehen und wir schreiben morgen die Klassenarbeit.*
   >
   > *Danke!*
   >
   > *Viele Grüße von Tom*

   ____

   ____

   ____

   ____

   ____

   > *Hallo Herr Bürgel,*
   >
   > *vielen Dank, dass Sie mir noch einmal die Bedienungsanleitung für den Drucker gemailt haben. Leider komme ich an einer Stelle immer noch nicht mit der Bedienung weiter.*
   >
   > *Es wäre schön, wenn sich jemand von Ihnen bei mir melden würde.*
   >
   > *Vielen Dank im Voraus!*
   >
   > *Freundliche Grüße*
   >
   > *Conny Raimer*

   ____

   ____

   ____

   ____

   ____

Hallo Herr Bürgel,

ich bin heute leider nicht im Hause, benötige aber dringend für meine Terminplanung von Ihnen die Information, an welchem Tag Ihre Berufsschulklasse zu einer Betriebsbesichtigung bei uns im Unternehmen erscheint.

Vielen Dank schon jetzt für Ihre schnelle Antwort.

Freundliche Grüße

Ingrid Berg

7. Jan erhält einen Anruf von einem Kunden, der auf der Internetseite der Bürobedarf Müngsten GmbH vergeblich nach einem digitalen Produktkatalog gesucht hat. Dieser bittet um Zusendung des aktuellen Kataloges. Tatsächlich beschränkt sich der Internetauftritt des Unternehmens auf eine kurze Darstellung der Unternehmensgeschichte, eine Produktübersicht und die wichtigsten Kontaktdaten.

   Diskutieren Sie die Gründe, die die Geschäftsleitung dazu veranlasst haben könnte, auf weitere Informationen im Internet zu verzichten.

   Welche Vor-, aber auch Nachteile in Bezug auf die Kundenorientierung können sich aus dieser Entscheidung ergeben?

   Mögliche Gründe:

Vorteile	Nachteile

8. Der Kunde fragt Jan außerdem, ob auf dem Konto der Bürobedarf Müngsten GmbH bereits seine Zahlung eingegangen sei, die er vorgestern überwiesen habe. Als Jan auf diese Kundendaten im Intranet zugreifen will, stellt er fest, dass der Zugriff für ihn gesperrt ist.

   Erläutern Sie mögliche Gründe dafür, dass Jan keinen Zugriff auf diese Daten hat.

   Mögliche Gründe:

Lernsituation 8:
Mit ausländischen Geschäftspartnern kommunizieren

Jan Bürgel sitzt an seinem Schreibtisch, als das Telefon klingelt.

Jan: „Bürobedarf Müngsten, Bürgel, guten Tag!"

George Collins: „This is George Collins from Birmingham calling. I want to talk to Dr. Müngsten, please."

Jan: „Äh... Dr. Müngsten is not in his office."

George Collins: „When will Dr. Müngsten return to his office?"

Jan: „Ähm..., at 4 o'clock."

George Collins: „Thanks for your information. Ask him to return my call. Goodbye."

Jan: „Äh... goodbye."

Jan ist bewusst, dass ihn sein Gesprächspartner zwar verstanden hat, aber dass er sich ihm gegenüber nicht professionell verhalten hat. Als er Aylin von seinem misslungenen Telefonat berichtet, beschließen beide, sich auf Gespräche mit ausländischen Geschäftspartnern vorzubereiten.

Unterstützen Sie die beiden dabei.

©Picture-Factory-fotolia.com

Arbeitsaufträge

1. Jan und Aylin überlegen, mit welchen Formulierungen Jan hätte professioneller auf den Anruf reagieren können.

   a) Halten Sie die wichtigen englischsprachigen Redewendungen für das Gespräch mit dem Geschäftspartner George Collins aus Birmingham fest und führen Sie im Anschluss das Telefonat in Form eines Rollenspiels durch.

b) Beurteilen Sie in der Gruppe das Gespräch: Was lief gut? Wo fehlten eventuell noch passende Formulierungen?

Halten Sie Ihre Ergebnisse fest und führen Sie das Gespräch gegebenenfalls erneut.

Beurteilung des Rollenspiels	
Das lief gut:	**Hierauf sollte man auch noch achten:**

2. Als Jan Dr. Müngsten über den Anruf informiert, meint dieser: „Herr Bürgel, das Thema England ist das richtige Stichwort. Ich habe gestern in einer Fachzeitschrift einen Bericht über einen Schreibtischcontainer gelesen, der hervorragend unser Sortiment ergänzen würde. Der Hersteller hat seinen Unternehmenssitz in England. Schreiben Sie doch bitte an das Unternehmen eine Anfrage und bitten um ein Angebot."

   Erstellen Sie die englischsprachige **Anfrage** an die Hemmings & Partner Ltd, 43 Westward Road, SE1 9HX London, um ein Angebot über Schreibtisch- bzw. Rollcontainer der Modelle MSC-26Z und MSC-28Q (movable storage container) zu erhalten.

©by-studio-fotolia.com

Bürobedarf **Müngsten** GmbH

Müngsten GmbH ♦ Aggerstraße 7 ♦ 40474 Düsseldorf

Ihr Zeichen:
Ihre Nachricht vom:
Unser Zeichen:
Unsere Nachricht vom:

Vorname, Name:
Telefon: 0211 7654-0
Telefax: 0211 7654-40
E-Mail:

Datum:

HRB 2244 Amtsgericht Düsseldorf
USt-IdNr. DE 147 000 234

Geschäftsführer
Dr. Robert Müngsten

Tel.: 0211 7654-0 Zentrale
Internet-Adresse:
www.buero-muengsten.de

Volksbank Düsseldorf-Neuss e. G.
IBAN DE47 3016 0213 2407 7254 28
BIC GENODED1DNE

3. Aufgrund seiner Erlebnisse unterhält sich Jan in der Berufsschule mit seinen Mitschülern über das Thema ausländische Kunden- und Lieferantenkontakte.

©Picture-Factory-fotolia.com

Peter: „Ich habe neulich um 09:00 Uhr versucht, einen ausländischen Lieferanten telefonisch zu erreichen. Zunächst vergeblich. Später informierte man mich, dass die Ansprechpartner häufig nicht vor 10:00 Uhr erreichbar sind."

Jennifer: „Die Schilderung kommt mir bekannt vor. Ich habe neulich in der Mittagszeit versucht, einen ausländischen Kunden zu erreichen. Ebenfalls vergeblich. Mittlerweile weiß ich, dass in diesem Land eine ausgiebige Mittagspause üblich ist."

Max: „Ich durfte vor einigen Wochen meinen Ausbilder bei einem Verhandlungstermin im Ausland begleiten. Auffällig war, wie lange man sich zu Beginn über Nebensächlichkeiten, wie die Anreise oder das gute Wetter, unterhielt."

Jans Mitschüler nennen in dem Gespräch einige geschäftliche Gepflogenheiten in europäischen Nachbarländern.

a) Notieren Sie diese und ordnen Sie sie den entsprechenden Ländern zu.

b) Wie verhalten sich demgegenüber deutsche Geschäftsführungen typischerweise? Notieren Sie die Verhaltensweisen.

c) Diskutieren Sie: Wie sollte man sich als deutscher Geschäftspartner gegenüber den im Dialog genannten ausländischen Gepflogenheiten verhalten? Halten Sie Ihre Ergebnisse schriftlich fest.

4. Im weiteren Gespräch erwähnt Jan, dass er sich aufgrund seiner negativen Erfahrung intensiv auf mögliche Telefonate mit englischsprachigen Geschäftspartnern vorbereitet hat.

Jennifer: „Und die Redewendungen hast du ständig auf dem Schreibtisch liegen? Gelegentlich muss man auch improvisieren. Meine Spanischkenntnisse sind zwar gering, aber ich habe neulich telefonisch Waren für unser Unternehmen bei einem spanischen Lieferanten bestellt. Und die Abwicklung war einwandfrei."

©Picture-Factory-fotolia.com

Jan: „Also mit spanischen Grundkenntnissen würde ich dieses Gespräch nicht führen."

Warum ist es nicht ratsam, Vertragsverhandlungen in einer Fremdsprache zu führen, die man nicht sehr gut beherrscht? Erläutern Sie.

Sachgüter und Dienstleistungen beschaffen und Verträge schließen

©Kadmy -fotolia.com

Wie Unternehmen die Beschaffung organisieren und Verträge schließen

1 - Sie beachten die Grundlagen des Vertragsrechts.

2 - Sie planen und steuern Beschaffungsprozesse.

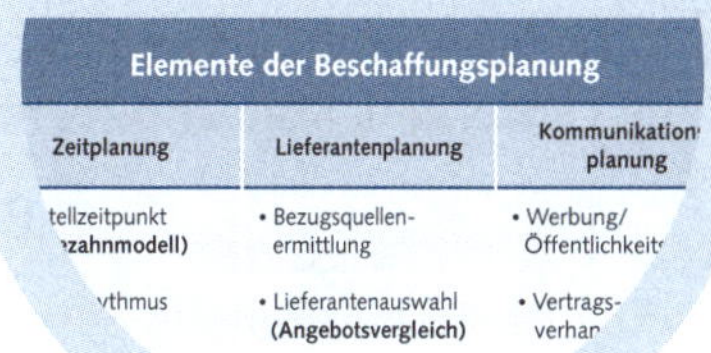

3 - Sie stellen Anfragen, bewerten Angebote und nehmen Bestellungen vor.

©Martin Debus

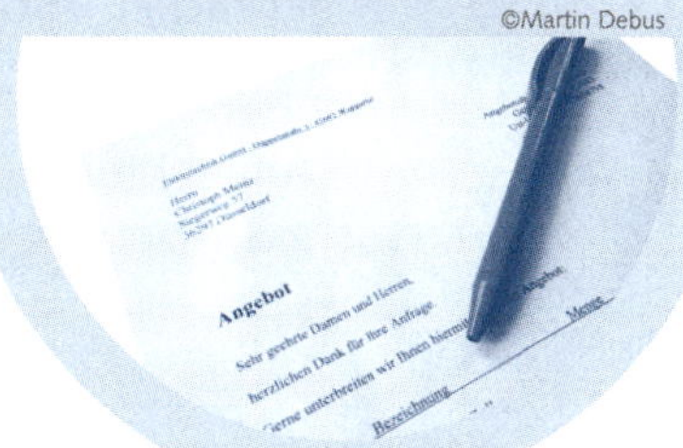

4 - Sie prüfen den Wareneingang und lagern die Waren nach wirtschaftlichen Gesichtspunkten.

©maxoidos-fotolia.com

5 - Sie überwachen die Vertragsabwicklung und reagieren auf Kaufvertragsstörungen.

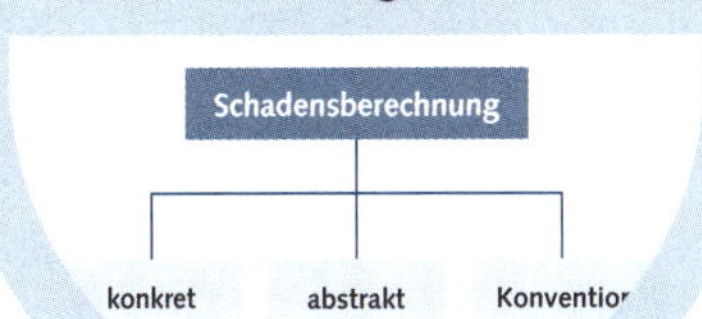

6 - Sie nehmen den Rechnungsausgleich vor und wählen geeignete Zahlungsarten aus.

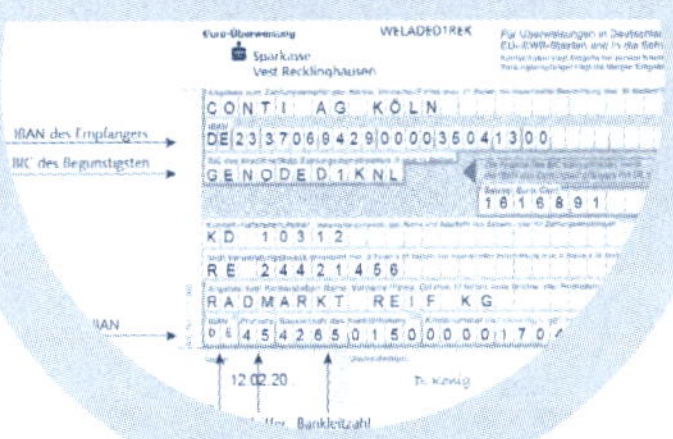

LERNFELD 4

©ag visuell-fotolia.com

Sachgüter und Dienstleistungen beschaffen und Verträge schließen

Die Kompetenzentwicklung umfasst, …

… über grundlegende Kenntnisse des Vertragsrechts zu verfügen, um Verträge zielgerichtet und rechtssicher abschließen zu können.

Grundzüge der Rechtsordnung	Rechtswirksamkeit von Rechtsgeschäften	Zustandekommen von Verträgen	Vertragsarten, Kaufvertragsarten, AGB, Fernabsatzverträge

… grundlegende Elemente der Beschaffungsplanung zu beherrschen und anzuwenden.

Bedarfsplanung	Zeitplanung	Lieferantenplanung	ABC-Analyse

… Beschaffungsprozesse unter Berücksichtigung quantitativer, qualitativer sowie rechtlicher Kriterien zu beurteilen und durchzuführen.

Inhalte eines Angebotes	Angebotsvergleich	Lieferantenauswahl	Vertragsabschluss, Bestellung

… Beschaffungsprozesse unter wirtschaftlichen und rechtlichen Gesichtspunkten zu kontrollieren.

Wareneingangskontrolle	Lagerhaltung, Lagerbestandskontrolle	mangelhafte Lieferung	Lieferungsverzug

… den Zahlungsverkehr situationsgerecht zu gestalten.

Rechnungsprüfung	Barzahlung, halbbare Zahlung	bargeldlose Zahlung einschließlich Sonderformen	elektronischer Zahlungsverkehr

Der Modellbetrieb im Lernfeld 4
Unternehmensbeschreibung

Firma **Geschäftszweck** **Geschäftssitz** **Registergericht**	**Reif KG** Radmarkt: Kaufhaus rund ums Fahrrad Schlossgraben 30, 45657 Recklinghausen Amtsgericht Recklinghausen HRA 1222 Steuernummer: 320/5000/0181 USt-IdNr.: DE146279918
Gesellschafter **Prokura** **allgemeine Handlungsvollmacht**	**Komplementäre:** Werner Reif, Petra Reif **Kommanditistin:** Sabine Reif (Mutter von Werner und Petra Reif) Dirk König Katharina Höger
Telefon – Telefax **Homepage** **E-Mail**	02361 2409-1 02361 2410 www.radmarkt-reif.com info@radmarkt-reif.de www.instagram.com/radmarktreif/ twitter.com/radmarktreif www.facebook.com/radmarktreif
Bankverbindung	Sparkasse Vest Kto.-Nr.: 170642 IBAN: DE45 4265 0100 0000 1706 42 BIC: WELADED1REK
Auszug aus dem Absatzprogramm	**Auszug aus dem Sortiment:** • **Fahrräder:** Cityräder, Trekking- und Tourenräder, Mountain-Bikes, BMX-Räder, Crossräder, Komforträder, Tief-Einsteiger, E-Bikes, Rennräder • **Fitness- und Heimsportgeräte** • **Fahrradzubehör** (z. B. Helme, Schlösser, Radtaschen, Beleuchtung, Fahrradcomputer) • **Fahrradbekleidung** **Dienstleistungen:** Lieferung, Montage, Werkstatt, Indoor-Teststrecke, Fahrradverleih, Ladestation für E-Bikes, Trainingsberatung, Körpervermessung, Jahres-/Winterinspektionen, Finanzierung, Mobilität während der Reparatur)

Weitere Informationen für die Bearbeitung der Lernsituationen	
Verantwortungsbereiche: **Verwaltung, Personal, Buchhaltung** **Einkauf** **Verkauf** **Lager**	 Dirk König Werner Reif Petra Reif, Katharina Höger Martin Kraft
Beschäftigte insgesamt **davon 6 Auszubildende, u. a.**	35 Mitarbeiter Michelle Hoffmann (Büromanagement, 2. Ausbildungsjahr) Heiko Rabinger (Einzelhandel, 1. Ausbildungsjahr)

LERNFELD 4

Lernsituation 1:

Grundzüge der Rechtsordnung kennenlernen und Rechte und Pflichten von Jugendlichen einschätzen

Der Radmarkt

Reif KG
Rund ums Rad

Frank Löb, 13 Jahre alt, ist im Radmarkt Reif an diesem Samstag der erste Kunde des Tages. Er lässt sich von der Verkäuferin einen Fahrrad-Computer mit GPS erklären. Obwohl er die Funktionsweise nicht sofort versteht, möchte er ihn zum Preis von 89,90 EUR kaufen. Die Verkäuferin lehnt jedoch mit dem Hinweis ab, dass er für diesen Kauf noch zu jung sei. Frank solle doch bitte mit seinem Vater oder seiner Mutter wiederkommen, um den Kauf perfekt zu machen.

In der Mittagspause, die Heiko Rabinger (Auszubildender im Verkauf) und Michelle Hoffmann (Auszubildende im Büro) häufig gemeinsam im benachbarten Café verbringen, wird der Vorfall kontrovers diskutiert.

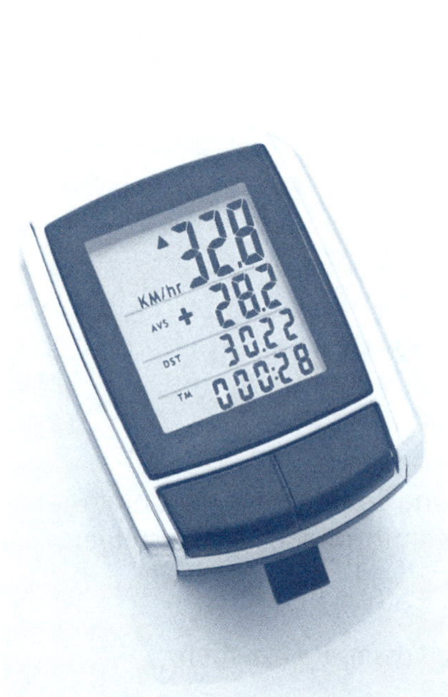

Heiko: „Ich verstehe nicht, warum wir den Fahrrad-Computer nicht an den Jungen verkauft haben. Er ist zwar noch nicht volljährig, aber der Betrag ist nicht besonders hoch. Frank bekommt doch bestimmt Taschengeld, sodass mit einer ordentlichen Sparrate schnell die 89,90 EUR zusammenkommen."

Michelle: „Du weißt aber, dass unser Chef die strikte Anweisung an das Verkaufspersonal gegeben hat, das Alter unserer jungen Käufer auf jeden Fall zu prüfen. Herr Reif ist schließlich der Rechtsexperte. Er möchte nicht, dass wir Probleme mit den Eltern bekommen, und auf gar keinen Fall will er einen Rechtsstreit riskieren."

Heiko: „Das verstehe ich gut, Michelle, aber ich bin auch erst 17 Jahre alt und habe einen Ausbildungsvertrag unterschrieben, berate unsere Kunden, verkaufe schon selbstständig unsere Ware, helfe bei der Wareneingangskontrolle und übernehme Botengänge zur Bank. Als Auszubildende sind wir doch in allen Geschäftsbereichen tätig. Wie ist denn die Rechtslage, wenn ich etwas verkaufe? Werden unsere Kunden nicht die rechtmäßigen Besitzer?"

Michelle: „Du meinst Eigentümer, Heiko. Da gibt es einen rechtlichen Unterschied zwischen Eigentum und Besitz. Selbst die Grundlagen des Rechts sind manchmal schon kompliziert, auch wenn man das im Alltagsgeschäft nicht immer merkt. Hab ich in der Berufsschule gelernt."

Heiko: „Was ist denn daran so kompliziert, und wozu gibt es so viele Gesetze?"

Michelle: „Bei der Vielzahl von Rechtsgeschäften, die bei uns täglich getätigt werden, fallen mir viele Dinge ein, die man berücksichtigen muss:

- ➔ Der Fall „Frank Löb" zeigt doch, dass wir klären müssen, wer Rechtsgeschäfte selbstständig wirksam abschließen kann. Und das wirft weitere Fragen auf:
- ➔ Wie kommen Rechtsgeschäfte eigentlich zustande? Müssen immer alle Beteiligten zustimmen oder gibt es Ausnahmen? Welche Formvorschriften existieren für den Abschluss von Verträgen?
- ➔ Was versteht man unter „Besitz" bzw. unter „Eigentum", und wie wird das Eigentum eigentlich übertragen?
- ➔ Falls du in den Gesetzen nachlesen möchtest, solltest du zur Orientierung aber zuallererst feststellen, welches Rechtsgebiet prinzipiell zuständig ist."

Heiko: „Du blickst ja voll durch, Michelle. Ich bin mittlerweile neugierig auf Einzelheiten."

Arbeitsaufträge

1. Die beiden großen Rechtsgebiete, die Michelle Hoffmann erwähnt, betreffen das **öffentliche Recht** und das **Privatrecht**.

   a) Unterscheiden Sie die beiden **Rechtsgebiete,** indem Sie die folgenden **Merkmale und Gesetze** zuordnen:

   - ➔ Regelungen zwischen Staat und Bürgern – Regelungen zwischen Bürgern untereinander,
   - ➔ Gleichordnung – Über- bzw. Unterordnung,
   - ➔ HGB, Strafrecht, BGB, Steuergesetze, GmbHG, Verwaltungsrecht, Verfassungsrecht.

Unterscheidungskriterien	öffentliches Recht	Privatrecht
Rechtsbereiche		
Rechtsbeziehungen		
Gesetze (Beispiele)		

   b) Stellen Sie fest, welche der folgenden **Aussagen zu den beiden großen Rechtsgebieten** richtig bzw. falsch sind.

Nr.	Aussagen	richtig	falsch
1.	Die Mitarbeiter der Reif KG müssen sich – wie alle anderen Bürger auch – nicht nur im Beruf, sondern auch privat an das Grundgesetz halten. Damit ist das Grundgesetz Teil des Privatrechts.		
2.	Das öffentliche Recht wird auch als zwingendes Recht bezeichnet, d. h., in der Öffentlichkeit ist jeder gezwungen, sich daran zu halten, im privaten Bereich darf aber davon abgewichen werden.		
3.	Wenn Werner Reif von der Stadt Recklinghausen ein Grundstück pachtet, fällt dieser Vertrag in das Gebiet des öffentlichen Rechts.		
4.	Im Privatrecht gilt der Grundsatz der „Privatautonomie". D. h.: Das Privatrecht gibt einen Rechtsrahmen für Rechtsgeschäfte vor, innerhalb dessen die Vertragspartner individuelle Vereinbarungen nach eigenem Willen treffen.		
5.	Petra Reif ist verpflichtet, für ihren privaten Pkw Kraftfahrzeugsteuern zu entrichten. Das ist im Privatrecht (KraftStG) gesetzlich geregelt.		
6.	Die Stadt Recklinghausen beschließt, die Mitarbeiter des Ordnungsamtes mit Fahrrädern des Radmarktes „Reif KG" neu auszustatten. Der Abschluss des Kaufvertrages fällt damit in den Bereich des öffentlichen Rechts.		
7.	Rechtsbeziehungen zwischen Bürgern untereinander fallen immer unter das Privatrecht, Rechtsbeziehungen zwischen Bürger und Staat zählen immer zum öffentlichen Recht.		

Nr.	Aussagen	richtig	falsch
8.	Dem Auszubildenden Heiko Rabinger wird auf einer privaten Hochzeitsfeier sein Auto gestohlen. Damit liegt ein Verstoß gegen das Privatrecht vor.		
9.	Wenn die Mitarbeiter der Reif KG nach einer gelungenen Betriebsfeier gegen Mitternacht laut singend durch die Innenstadt von Recklinghausen ziehen, verstoßen sie gegen Vorschriften des öffentlichen Rechts.		
10.	Alle Kaufverträge, die von der Reif KG geschlossen werden, unterliegen dem Privatrecht – und zwar unabhängig davon, wer der Käufer ist.		

c) Die Reif KG unterhält Kontakte zu ganz unterschiedlichen „Personen". Klären Sie, um welche „Art der Person" es sich bei den folgenden Rechtssubjekten handelt: um eine **natürliche Person,** eine **juristische Person des Privatrechts** oder um eine **juristische Person des öffentlichen Rechts.**

Nr.	Rechtssubjekte	Art der Person
1.	Heiko Rabinger (Auszubildender der Reif KG)	
2.	Heiko Rabingers Berufsschule	
3.	Dirk König (Prokurist der Reif KG)	
4.	Frank Löb (Kunde der Reif KG)	
5.	Conti AG (Lieferant der Reif KG)	
6.	Stadt Recklinghausen (Kunde der Reif KG)	
7.	Bürgermeister der Stadt Recklinghausen	

d) Am Rechtsleben teilhaben können sowohl natürliche als auch juristische Personen nur, wenn sie **Rechtsfähigkeit** besitzen. Beurteilen Sie, ob die folgenden **Aussagen zur Rechtsfähigkeit** richtig oder falsch sind und korrigieren Sie die falschen Aussagen.

Nr.	Aussagen zur Rechtsfähigkeit	richtig oder falsch?
1.	Rechtsfähigkeit bezeichnet die Fähigkeit, Träger von Rechten und Pflichten zu sein.	
2.	Mit der Rechtsfähigkeit erwirbt man z. B. das Recht zu erben und die Pflicht, Steuern zu zahlen.	
3.	Grundsätzlich sind alle natürlichen Personen – und damit auch Tiere – rechtsfähig.	
4.	Die Rechtsfähigkeit einer natürlichen Person beginnt mit Vollendung ihrer Geburt und bleibt auch nach ihrem Tod erhalten.	
5.	Juristische Personen können Rechtsfähigkeit erlangen.	
6.	Die Rechtsfähigkeit einer juristischen Person des Privatrechts beginnt mit der Löschung aus dem öffentlichen Register, in dem sie bei Gründung eingetragen wurde.	

2. Ob Personen Rechtsgeschäfte selbstständig wirksam abschließen können, hängt vom Grad ihrer **Geschäftsfähigkeit** ab.

   a) Überlegen Sie, warum in der Reif KG die Abgabe von **Willenserklärungen** sowohl geschäftsunfähiger als auch voll geschäftsfähiger Kunden als „unkompliziert" eingestuft wird.

   Wirksamkeit von Willenserklärungen Geschäftsunfähiger bzw. voll Geschäftsfähiger:

   b) Heiko Rabinger hat gegenüber seiner Mitauszubildenden Michelle Hoffmann Bedenken hinsichtlich der in der Eingangssituation beschriebenen Entscheidung der Verkäuferin geäußert: „Ich verstehe nicht, warum wir den Fahrrad-Computer nicht an den Jungen verkauft haben. Er ist zwar noch nicht volljährig, aber der Betrag ist nicht besonders hoch. Frank bekommt doch bestimmt Taschengeld, sodass mit einer ordentlichen Sparrate schnell die 89,90 EUR zusammenkommen."

   Prüfen Sie anhand der gesetzlichen Regelungen zur **beschränkten Geschäftsfähigkeit,** ob die Verkäuferin mit dem Hinweis auf das Alter von Frank Löb richtig entschieden hat, ihm den Fahrrad-Computer nicht zu verkaufen.

   Prüfung der Wirksamkeit des Rechtsgeschäftes zwischen Frank Löb und der Reif KG:

c) Heiko wirft in seinem Gespräch mit Michelle auch die Frage auf, ob er als **nicht volljähriger Auszubildender** überhaupt rechtswirksam die Waren des Radmarktes verkaufen darf.

Geben Sie mithilfe von § 165 BGB begründet Ihre rechtliche Einschätzung ab.

Wirksamkeit von Willenserklärungen beschränkt Geschäftsfähiger im Rahmen der Ausbildungstätigkeit:

d) Obwohl ihm sein Ausbildungsbetrieb gut gefällt, träumt Heiko Rabinger gelegentlich davon, die **Ausbildung abzubrechen** und sich schon jetzt **mit einer kleinen Fahrradwerkstatt selbstständig** zu machen. Seine Eltern würde er erst informieren, wenn er bereits alles geregelt hat.

Untersuchen Sie, ob der Gesetzgeber beschränkt Geschäftsfähigen einen solchen Spielraum gewährt.

Kündigung der Berufsausbildung durch beschränkt Geschäftsfähige:

Eröffnung eines Erwerbsgeschäfts durch beschränkt Geschäftsfähige:

3. Im Radmarkt wird täglich eine Vielzahl von Kaufverträgen abgeschlossen, durch die die Kunden **Eigentümer** der Kaufgegenstände werden und i. d. R. auch deren **Besitzer.**

   a) Unterscheiden Sie **„Eigentum"** von **„Besitz"**, indem Sie diese beiden Rechtsverhältnisse mit wenigen geeigneten Fachbegriffen schlagwortartig definieren.

   Eigentum: ____________________

   Besitz: ____________________

   b) Entscheiden Sie, wer in den folgenden Fällen **Eigentümer** und wer **Besitzer** ist.

Nr.	Fälle	Eigentümer	Besitzer
1.	Ein Kunde erwirbt einen Fahrradhelm und lässt sich an der Kasse die Schilder abschneiden, damit er ihn sofort aufsetzen kann.		
2.	Ein älteres Ehepaar leiht sich E-Bikes zur Probefahrt aus.		
3.	Eine Kundin kauft ein Mountainbike für ihren Sohn, das sie ihm zu Weihnachten schenken möchte. Bis dahin soll es noch im Radmarkt verbleiben.		
4.	Zwei Väter bewundern die im Schaufenster ausgestellte neue Kollektion an Fahrradanhängern zum Kindertransport.		

4. Heiko Rabinger weiß bereits, dass ein Kaufvertrag mit einem Kunden nur zustande kommt, wenn dieser dem Preis und allen weiteren Kaufbedingungen zustimmt. Das gilt selbstverständlich für alle Verträge: Man muss sich einvernehmlich einigen, denn beide Vertragsparteien gehen Verpflichtungen ein.

   Andererseits sollte es aber auch möglich sein, bestimmte Dinge alleine festzulegen: Man kann ja schließlich nicht bei allem auf die Zustimmung des Anderen angewiesen sein…

   Ordnen Sie die folgenden Beispiele aus dem Geschäftsbetrieb des Radmarktes mithilfe der abgebildeten Tabelle danach, ob **eine Willenserklärung** genügt **(einseitige Rechtsgeschäfte – empfangsbedürftig/ nicht empfangsbedürftig)** oder ob **mehrere Willenserklärungen** für die Rechtswirksamkeit erforderlich sind **(mehrseitige Rechtsgeschäfte – einseitig verpflichtend/mehrseitig verpflichtend):**

   - Schenkung von Radtrikots an einen gemeinnützigen Sportverein
   - Kündigung von Mitarbeitern
   - Darlehensvertrag mit der Hausbank
   - Rücktritt vom Kaufvertrag
   - Testament von Werner Reif zugunsten einer Radsport-Stiftung
   - Anfechtung wg. Irrtums bei der Preisauszeichnung
   - Kündigung angemieteter Lagerflächen
   - Kaufverträge mit Kunden oder Lieferern
   - Mahnung bei verspäteter Zahlung
   - Mietvertrag für ein Fremdlager
   - Übernahme einer Bürgschaft für den in Schwierigkeiten geratenen Premiumlieferanten
   - Ausbildungsverträge mit Heiko Rabinger und Michelle Hoffmann

Rechtsgeschäfte			
einseitige Rechtsgeschäfte		**mehrseitige Rechtsgeschäfte**	
empfangsbedürftig	nicht empfangsbedürftig	einseitig verpflichtend	mehrseitig verpflichtend

5. Willenserklärungen können in unterschiedlicher Form geäußert werden, aber nicht alle Äußerungsformen sind für alle Rechtsgeschäfte zulässig: Für einige Ausnahmefälle erzwingt das Gesetz die Einhaltung von Formvorschriften.

   a) Finden Sie zuerst für die unterschiedlichen **Äußerungsformen von Willenserklärungen** und anschließend für die korrekte Anwendung der **gesetzlichen Formvorschriften** je ein Beispiel aus dem Alltagsgeschäft des Radmarktes.

Äußerungsformen von Willenserklärungen: Beispiele	
ausdrückliche Äußerung **- schriftlich** **- mündlich**	
schlüssiges Handeln	
bloßes Schweigen	

gesetzliche Formvorschriften für Rechtsgeschäfte: Beispiele	
Formfreiheit	
Schriftform	
öffentliche Beglaubigung	
notarielle Beurkundung	

b) Unterstellen Sie, Heiko Rabinger möchte sich tatsächlich mit einer Fahrradwerkstatt selbstständig machen und deshalb **mit Zustimmung seiner Eltern die Ausbildung nicht fortführen.** Er informiert Frau Reif, dass für ihn die Ausbildung beendet sei und er morgen nicht mehr wiederkomme. „Meine ausdrückliche Äußerung gegenüber der Chefin und mein Fernbleiben müssen als rechtsverbindliche Willenserklärungen ausreichen", denkt sich Heiko.

Prüfen Sie systematisch, ob Heiko Rabinger mit dieser Auffassung Recht hat.

Stellungnahme zur Wirksamkeit der Kündigung:

Lernsituation 2:
Anfechtbare und nichtige Rechtsgeschäfte erkennen

Jeden Morgen beginnt Petra Reif ihren Arbeitstag mit der Bearbeitung der eingegangenen Post. Im Posteingang ihres PCs liest sie die folgende Mail:

Von: Robert Williams
An: Petra Reif
Betreff: Narrenball der Jecken
Signatur: Ohne

Liebe Petra,

wir haben uns letzte Woche auf dem Narrenball der Jecken kennengelernt. Du hast mir angeboten, für jede „erbeutete" rote Clown-Nase 20,00 EUR zu zahlen. Insgesamt konnte ich 27 Jecken überzeugen, mir ihre „Nasen" zu überlassen. Ich komme heute Mittag in den Radmarkt, um mir die 540,00 EUR abzuholen. Vertrag ist schließlich Vertrag …

Bis gleich!

Robby

©Andrey Popov-fotolia.com

Petra Reif möchte sofort eine Klärung herbeiführen …

Arbeitsaufträge

1. **„Vertrag ist Vertrag …"?** Geben Sie eine **erste Einschätzung** ab, ob Petra Reif verpflichtet ist, die 540,00 EUR an „Robby" zu zahlen. Notieren Sie Argumente, die nach Ihrem Rechtsempfinden dafür bzw. dagegen sprechen, und treffen Sie eine **vorläufige Entscheidung.**

   Begründete Einschätzung der Rechtslage:

LERNFELD 4

2. Werner Reif ist der Rechtsexperte im Radmarkt. Er versucht, seine Schwester zu beruhigen: „Hier ist vermutlich kein gültiges Rechtsgeschäft zustande gekommen. Wir hatten schon immer gelegentlich zweifelhafte **Rechtsgeschäfte,** bei denen sich nach Prüfung herausgestellt hat, dass sie **anfechtbar** oder sogar **nichtig** waren."

   Klären Sie, was Werner Reif mit den Begriffen „anfechtbar“ bzw. „nichtig“ meint.

   Nichtigkeit bedeutet: ______________________________

   ____

   ____

   Anfechtbarkeit bedeutet: ______________________________

   ____

   ____

3. „Selbst ist die Frau!“, sagt sich Petra Reif und bittet ihren Bruder, die Unterlagen zu den zweifelhaften Rechtsfällen aus dem Aktenschrank zu holen. Um rechtssicherer zu werden, will sie die **Fälle zu nichtigen und anfechtbaren Rechtsgeschäften** durcharbeiten.

   Beurteilen Sie mithilfe der Gesetzesauszüge aus dem BGB diese Fälle nach folgendem Muster:

Rechtsgeschäft ist		Erklärung	§ ... BGB
nichtig	anfechtbar		
✗		Wucher	138
	✗	widerrechtliche Drohung	123

Auszug aus dem BGB zur Nichtigkeit von Rechtsgeschäften

§ 105 [Geschäftsunfähigkeit]

(1) Die Willenserklärung eines Geschäftsunfähigen ist nichtig. [...]

§ 117 [Scheingeschäft]

(1) Wird eine Willenserklärung, die einem anderen gegenüber abzugeben ist, mit dessen Einverständnis nur zum Schein abgegeben, so ist sie nichtig. [...]

§ 118 [Mangel der Ernstlichkeit; Scherzgeschäft]

Eine nicht ernstlich gemeinte Willenserklärung, die in der Erwartung abgegeben wird, der Mangel der Ernstlichkeit werde nicht verkannt werden, ist nichtig.

§ 125 [Nichtigkeit wegen Formmangels]

Ein Rechtsgeschäft, welches der durch Gesetz vorgeschriebenen Form ermangelt, ist nichtig. [...]

§ 134 [Gesetzliches Verbot]

Ein Rechtsgeschäft, das gegen ein gesetzliches Verbot verstößt, ist nichtig, [...].

§ 138 [Sittenwidriges Rechtsgeschäft; Wucher]

(1) Ein Rechtsgeschäft, das gegen die guten Sitten verstößt, ist nichtig. [...]

Auszug aus dem BGB zur Anfechtbarkeit von Rechtsgeschäften

§ 119 [Anfechtbarkeit wegen Irrtums]

(1) [Inhaltsirrtum; Erklärungsirrtum] Wer bei der Abgabe einer Willenserklärung über deren Inhalt im Irrtum war oder eine Erklärung dieses Inhalts überhaupt nicht abgeben wollte, kann die Erklärung anfechten, wenn anzunehmen ist, dass er sie bei Kenntnis der Sachlage und bei verständiger Würdigung des Falles nicht abgegeben haben würde.

(2) [Eigenschaftsirrtum] Als Irrtum über den Inhalt der Erklärung gilt auch der Irrtum über solche Eigenschaften einer Person oder der Sache, die im Verkehr als wesentlich angesehen werden.

§ 120 [Anfechtbarkeit wegen falscher Übermittlung; Übermittlungsirrtum]

Eine Willenserklärung, welche durch die zur Übermittlung verwendete Person oder Einrichtung unrichtig übermittelt worden ist, kann unter der gleichen Voraussetzung angefochten werden wie nach § 119 eine irrtümlich abgegebene Willenserklärung.

§ 123 [Anfechtbarkeit wegen Täuschung oder Drohung]

(1) Wer zur Abgabe einer Willenserklärung durch arglistige Täuschung oder widerrechtliche Drohung bestimmt worden ist, kann die Erklärung anfechten. [...]

Fall 1: „Zu viel des Guten"

Anna Stephan, angehende Kauffrau für Büromanagement, bestellte Computerbildschirme für die Buchhaltung. Aus Versehen schrieb sie auf den Bestellschein 20 statt 2 Bildschirme und bemerkte ihren Fehler nicht. Daraufhin wurden 20 Bildschirme geliefert.

Rechtsgeschäft ist		Begründung	§ ... BGB
nichtig	anfechtbar		

Fall 2: „So ein Tag"

Auf der Betriebsfeier bot der Prokurist Dirk König dem Azubi Peter Kleine seinen Posten an, wenn dieser „So ein Tag, so wunderschön wie heute" auf chinesisch singe. Da Herr Kleine ein Auslandsjahr in Peking verbracht hatte, war dies kein Problem. Am nächsten Tag forderte er in der Personalabteilung seinen neuen Arbeitsvertrag ein.

Rechtsgeschäft ist		Begründung	§ ... BGB
nichtig	anfechtbar		

Fall 3: „Frau Grün und das Abo"

Die Buchhalterin Frau Grün, die abends alleine im Büro war, wurde von einem plötzlich auftauchenden Zeitschriftenwerber mit den Worten bedroht, er kenne ihre Chefs und könne ihr Probleme im Job bereiten. Aus Angst abonnierte sie eine Zeitschrift zur Auslage im Verkaufsraum.

Rechtsgeschäft ist		Begründung	§ ... BGB
nichtig	anfechtbar		

Fall 4: „Jedermann-Kredit"

Herr Gerding, Mitarbeiter in der Werkstatt, wandte sich mit der Bitte um einen Gehaltsvorschuss an den Prokuristen Dirk König. Gerding hatte online einen „Sofortkredit" mit Auszahlung innerhalb von 72 Stunden in Höhe von 10000,00 EUR abgeschlossen. Dafür sollte er 35 % Zinsen bezahlen.

Rechtsgeschäft ist		Begründung	§ ... BGB
nichtig	anfechtbar		

Fall 5: „Die Homepage"

Felix Mühlmann, ehemaliger Erstverkäufer und Marketingexperte im Radmarkt, heuerte einen IT-Spezialisten an, der die Homepage des konkurrierenden Online-Unternehmens lahmlegen sollte. Als dem Spezialisten das nicht gelang, forderte Mühlmann die vereinbarte Konventionalstrafe von 20000,00 EUR.

Rechtsgeschäft ist		Begründung	§ ... BGB
nichtig	anfechtbar		

Fall 6: „Der falsche Experte"

Werner Reif stellte Herrn Dirks als gelernten Verkäufer ein. Später fand Reif heraus, dass das Abschlusszeugnis der IHK gefälscht war und Dirks die Abschlussprüfung nie bestanden hat.

Rechtsgeschäft ist		Begründung	§ ... BGB
nichtig	anfechtbar		

Fall 7: „Der Unfallschaden"

Anruf aus der Autowerkstatt: Bei der Inspektion entdeckte man, dass der Transporter, der im letzten Jahr auf dem Gebrauchtwagenmarkt erstanden worden war, einen massiven Unfallschaden aufweist. Der Gebrauchtwagenverkäufer hatte den Schaden verschwiegen, obwohl er ihn kannte.

Rechtsgeschäft ist		Begründung	§ ... BGB
nichtig	anfechtbar		

Fall 8: „Das Grundstück"

Bei einem Grillfest vereinbarte der Prokurist Dirk König zur Verbesserung der Parksituation des Radmarktes mit dem Nachbarn per Handschlag den Kauf eines Grundstücks auf der gegenüberliegenden Straßenseite.

Rechtsgeschäft ist		Begründung	§ ... BGB
nichtig	anfechtbar		

Fall 9: „Das Biogemüse“

Herr Gerding bestellte bei „multifrost“ 10 Portionen Bouillabaise. Er war der Meinung, es handele sich um Biogemüse.

Rechtsgeschäft ist		Begründung	§ ... BGB
nichtig	anfechtbar		

Fall 10: „Der Personalrabatt“

Herr Reif beauftragte Heiko, der Kassiererin mitzuteilen, dass der Mitarbeiter Kraft 20 % Personalrabatt auf den Kauf eines E-Bikes erhalten solle. Heiko richtete der Kassiererin aus, Herr Kraft erhielte auf den Kaufpreis einen Nachlass von 30 %.

Rechtsgeschäft ist		Begründung	§ ... BGB
nichtig	anfechtbar		

4. Beurteilen Sie abschließend unter Berücksichtigung Ihrer Erkenntnisse zu anfechtbaren und nichtigen Rechtsgeschäften, ob Petra Reif **zur Zahlung der „Prämie“ an Robert Williams verpflichtet** ist. Vergleichen Sie Ihre Entscheidung mit Ihrer ersten Einschätzung.

Entscheidung über die Zahlung der „Prämie“:

Lernsituation 3:
Einen Überblick über Grundlagen für das Zustandekommen von Verträgen gewinnen und Vertragsarten unterscheiden

Frank Löb begutachtet, von seinem Vater in den Radmarkt begleitet, noch einmal die Auswahl an Fahrrad-Computern. Das Interesse von Vater Löb gilt jedoch mehr den Trekking-Rädern. Er teilt der Verkäuferin mit, ihm sei in der letzten Woche das Modell „Atlas Superior" zu einem Sonderpreis von 599,00 EUR angeboten worden und er sei immer noch sehr daran interessiert. Um die Anschaffung aber zuerst mit seiner Frau zu besprechen, benötige er allerdings ein schriftliches Angebot.

Die Verkäuferin informiert den Kunden, dass schriftliche Angebote im Einzelhandel unüblich sind:

„Über wesentliche wichtige Vertragsbestandteile können sich die Käufer in den Allgemeinen Geschäftsbedingungen, die im Verkaufsraum aushängen, informieren. Außerdem sind die Rechte bei einem Verbrauchsgüterkauf sehr kundenfreundlich. Und für den Sonderpreis müsste ich sowieso noch einmal bei der Chefin nachfragen. Das Modell „Atlas Superior" war letzte Woche unser Aktionsangebot.

Für diese Woche haben wir allerdings wieder ein unschlagbares Angebot in unserem Werbeprospekt: Das hochwertige Trekkingrad „Rex Aventura" kostet im Augenblick nur 649,00 EUR, da sparen Sie fast 100,00 EUR. Der Aktionspreis wird auch auf der Homepage unseres Radmarktes angeboten. Bei einer Online-Bestellung haben Sie sogar ein Widerrufsrecht von 14 Tagen, und das Fahrrad wird garantiert am nächsten Tag vormontiert und kostenfrei zu Ihnen nach Hause geliefert."

Arbeitsaufträge

1. Stellen Sie fest, um welche **Art von Rechtsgeschäft** (u. a. unterschieden nach der Anzahl der notwendigen Willenserklärungen) es sich bei einem **Kaufvertrag** handelt und welche Verpflichtungen mit dem Vertragsabschluss eingegangen werden.

   Kaufvertrag – Art des Rechtsgeschäftes:

2. Finden Sie heraus, ob das **Angebot** der letzten Woche noch **gültig** ist und Herr Löb damit noch einen Rechtsanspruch auf den Sonderpreis für das Modell „Atlas Superior" hat. Begründen Sie Ihre Einschätzung.

Gültigkeit des Angebots:

3. Erörtern Sie, ob ein **Kaufvertrag** grundsätzlich in schriftlicher **Form** abgeschlossen werden muss.

Formvorschriften für Kaufverträge:

4. Prüfen Sie, ob die **„Angebote" im wöchentlichen Werbeprospekt** des Radmarktes verbindliche Willenserklärungen zum Abschluss von Kaufverträgen sind.

Rechtsverbindlichkeit von Werbeprospekten:

5. Im Geschäftsverkehr des Radmarktes können unterschiedliche Handlungen zum Abschluss eines Kaufvertrages führen. Entscheiden Sie, welche der folgenden Handlungen **rechtsverbindliche Willenserklärungen** sind.

Nr.	Handlungen	rechtsverbindliche Willenserklärung	keine rechtsverbindliche Willenserklärung
1.	Bestellung eines Kunden	X	
2.	schriftliche Anfrage eines Kunden		X
3.	mündliches Angebot des Verkäufers	X	
4.	Schaufensterauslage mit Preisschild		X
5.	Werbeanzeige für „Schnäppchen" in der Tageszeitung		X
6.	Lieferung aufgrund einer Bestellung	X	
7.	Auftragsbestätigung	X	
8.	Zusendung unbestellter Ware	X	
9.	Bezahlung unbestellter Ware	X	
10.	Zusendung eines Katalogs mit aktueller Preisliste (nach Anfrage)		X

6. Stellen Sie dar, wie ein **Kaufvertrag** zustande kommen kann, indem Sie für jeden der folgenden Fälle angeben,

- ob und in welcher Art ein **rechtsverbindlicher Antrag** zum Abschluss eines Kaufvertrages vorliegt und wer ihn unterbreitet hat,
- inwieweit und in welcher Art eine **rechtsverbindliche Annahmeerklärung** vorliegt und wer sie abgegeben hat.

Nr.	Fall	Antrag	Annahme
1.	Ein Hersteller von Fahrradzubehör unterbreitet der Reif KG schriftlich ein Sonderangebot über ein Pumpensortiment. Der Radmarkt bestellt zwei Tage nach Eingang des Angebots.	**Angebot durch Verkäufer (Hersteller)**	**Bestellung durch Käufer (Radmarkt)**

Lernsituation 3

Nr.	Fall	Antrag	Annahme
2.	Der Radmarkt versendet an die Haushalte der Umgebung einen Frühjahrsprospekt. Ein Käufer bestellt danach zwei Gepäcktaschen. Der Radmarkt liefert und legt die Rechnung bei.	Bestellung durch Käufer	Lieferung durch Verkäufer
3.	Ein Heizölhändler bietet Werner Reif telefonisch die sofortige Lieferung des Jahresbedarfs zu einem besonders günstigen Preis an. Werner Reif kann sich nicht spontan entschließen. Am nächsten Morgen bestellt er telefonisch 5 000 Liter Heizöl.	telefonische Bestellung durch Käufer	telefonische zusage während des Gesprächs durch Verkäufer ggf. später
4.	Der Radmarkt möchte seine Indoor-Teststrecke vergrößern. Werner Reif fragt den Eigentümer des Nachbargrundstücks, ob dieser ihm 250 m² Baugelände verkaufen will, und bietet ihm 180,00 EUR je m² an. Der Nachbar ist hocherfreut und unterschreibt den Vertrag sofort.	Angebot durch Käufer	Unterschreiben des Nachbarn, aber: hier werde keine notarielle Beurkundung unterschrieben
5.	Im Eingangsbereich des Radmarktes ist ein Verkaufsautomat für Erfrischungsgetränke aufgestellt. Ein Kunde wirft, wie in der Anweisung gefordert, 1,50 EUR ein und entnimmt dem Ausgabefach das gewünschte Getränk.	Schlüssiges Handeln durch den Käufer	Schlüssiges Handeln durch den Verkäufer
6.	Nach Anfrage des Radmarktes verschickt eine Bürobedarfs-Großhandlung ein Angebot über Farbpatronen für Laserdrucker zu einem Sonderpreis von 29,50 EUR/Stück bei Mindestabnahme von 50 Stück. Dirk König bestellt sofort nach Eingang des Angebots 60 Stück zum Preis von je 28,50 EUR. Der Verkäufer liefert umgehend und stellt tatsächlich nur 28,50 EUR in Rechnung.	1. Auftrag: Angebot des Verkäufers 2. neuer Antrag abgeänderte Bestellung durch Käufer	wird nicht angenommen Lieferung durch Verkäufer

7. Entscheiden Sie – soweit es die Fallbeschreibung zulässt –, um welche **Kaufvertragsarten** es sich in den folgenden Fällen handelt.

Nr.	Fall	Kaufvertragsart nach ...			
		... Rechtsstellung und Sitz der Vertragspartner	... Art, Güte, Beschaffenheit (ggf. 2 Kennzeichnungen)	... den Lieferbedingungen	... den Zahlungsbedingungen
1.	Die Eheleute Krause bestellen Anfang März beim Radmarkt zwei E-Bikes; denn: „Bei Nicht-Gefallen Geld zurück," lautete das Werbeversprechen. Der Kaufpreis ist bei Bestellung fällig, geliefert werden soll bis Ende März.	➔ **einseitiger Handelskauf (Verbrauchsgüterkauf)** ➔ **Platzkauf**	➔ **Gattungskauf** ➔ **Kauf auf Probe**	➔ **Terminkauf**	➔ **Kauf gegen Vorkasse**
2.	Petra Reif kauft aufgrund einer Kleinanzeige im Nachbarort für ihren Sohn einen gebrauchten Computer, den dieser für die Schule nutzen möchte – Zahlung bei Abholung.				
3.	Für seine vernetzte PC-Anlage benötigt der Radmarkt neue 29-Zoll-Monitore. Um die Qualität eines sehr günstigen Lieferanten zu prüfen, werden zunächst zwei Monitore vorab bestellt.				
4.	Auf der Fahrradmesse kauft Petra Reif im Januar bei einem chinesischen Aussteller 300 Trikots, die bis Ende April geliefert werden sollen. Größe und Farben will sie jedoch erst im März festlegen. Dann ist auch die Zahlung fällig.				
5.	Räumungsverkauf für Fahrrad-Schläuche: Der Beauftragte einer Radsportgruppe aus der weiteren Umgebung kauft den gesamten Vorrat. Wegen des langen Anfahrtsweges nimmt er die Ware gegen Barzahlung gleich mit.				

8. Neben Kaufverträgen wird im Radmarkt eine große Anzahl weiterer Verträge abgeschlossen. Entscheiden Sie für die folgenden Beispiele, um welche **Vertragsart** es sich jeweils handelt, und bezeichnen Sie die **Vertragspartner** sowie die **besonderen Kennzeichen** der jeweiligen Vertragsart.

Nr.	Beispiel	Vertragsart	Vertragspartner und besondere Kennzeichen
1.	In der Werkstatt werden Fahrräder von Kunden zur Reparatur angenommen.		
2.	Zur Berechnung der Reparaturrechnung bittet der Chef der Werkstatt seinen Kollegen um dessen Taschenrechner, den er umgehend zurückgibt.		
3.	Ein Schlüsseldienst nutzt das kleine Ladenlokal neben der Werkstatt gegen eine monatliche Zahlung von 300,00 EUR.		
4.	Der Prokurist Dirk König hat einen Termin bei der Hausbank, um die Verhandlungen über den angeforderten Kredit zum Abschluss zu bringen.		
5.	Eine junge Dame meldet sich auf die Anzeige „Verkäuferin gesucht" und wird sofort eingestellt.		
6.	Gerade hat eine Familie 4 Fahrräder im „Fahrradverleih" des Radmarktes in Empfang genommen.		
7.	Michelle Hoffmann ist jetzt Kauffrau für Büromanagement. Sie bekommt von ihrer Oma 500,00 EUR zur bestandenen Prüfung.		

9. Herr Löb denkt über den Hinweis der Verkäuferin nach, das Trekkingrad „Rex Aventura" ggf. online zu bestellen (vgl. Eingangssituation), aber er kennt sich mit **Online-Geschäften** nicht so gut aus. Da hat er noch einige Fragen:

   ➔ „Bedeutet das Widerrufsrecht, dass ich das Fahrrad jederzeit zurückgeben kann – natürlich nur wenn es noch nicht gebraucht ist?

   ➔ Wäre dafür eine Begründung erforderlich, die der Radmarkt anerkennen muss?

   ➔ Kann ich den Kaufvertrag nicht ebenso widerrufen, wenn ich das Fahrrad im Geschäft kaufe?"

   a) Klären Sie die entsprechenden Regelungen für das **Widerrufsrecht** bei Kauf im Ladenlokal des Radmarktes und bei Kauf im Online-Handel. Definieren Sie in diesem Zusammenhang auch, was man unter einem **Verbrauchsgüterkauf** versteht.

   Widerrufsrecht bei Kauf im Ladenlokal:

   Widerrufsrecht im Online-Handel:

   Definition „Verbrauchsgüterkauf":

b) Überlegen Sie: Warum hat der Gesetzgeber **unterschiedliche Regelungen für den Widerruf** getroffen?

Ladenlokal vs. Online-Handel – Gründe für unterschiedliche gesetzliche Widerrufsregelungen:

10. Herr Löb entschließt sich zum Kauf des Trekking-Rades „Rex Aventura" direkt im Radmarkt. Es wird vereinbart, dass der montierte Sattel gegen einen Spezialsattel ausgetauscht werden soll, der allerdings erst noch beschafft werden muss. Die Verkäuferin sagt Herrn Löb mündlich die Lieferung des Fahrrades innerhalb von 14 Tagen verbindlich zu und übergibt schonmal den Garantie-Pass. Herr Löb zahlt sofort. Auf der Rückseite der Rechnung befinden sich die Allgemeinen Geschäftsbedingungen.

a) Die **Allgemeinen Geschäftsbedingungen** sind nicht nur in der Reif KG, sondern in jedem Unternehmen wichtiger Bestandteil des Alltagsgeschäftes, und deshalb sind sie gesetzlich geregelt. Fassen Sie unter Rückgriff auf die unten abgebildeten §§ 305 – 307 BGB zunächst das Wesentliche zu den AGB auf folgendem **„Merkzettel"** zusammen. Geben Sie – soweit möglich – auch den jeweils relevanten BGB-Paragraphen genau an.

Stichwort	Merkzettel: Allgemeine Geschäftsbedingungen
Definition AGB	AGB sind Vertragsbedingungen, die … voraus von Unternehmen festgelegt werden -Wesentliche Bestandteile -vorformuliert  ©fotomek-fotolia.com
Inhalte der AGB	z. B. … Lieferungen, Preise und Nachlässe, Zahlungsbedingungen, Eigentumsvorbehalt, Erfüllungsort, Versandkosten,
Formvorschriften für AGB	(keine Schriftform mehr) formfrei (kann Digital geschrieben werden)
Vorteile der AGB für den Verwender	Vorteilhaften Rechtsposition wenn ein gekauftes Produkt nicht gezahlt wird
Schutz ~~**Risiko**~~ **der AGB für den Verbraucher**	Unachtsamkeit im Rahmen der Formulierung führt zur Unwirksamkeit

LERNFELD 4

 X

Stichwort	Merkzettel: Allgemeine Geschäftsbedingungen (Fortsetzung)
Bedingungen für das Wirksamwerden der AGB	1. Einverständnis 2. Hinweis auf AGB ! 3. Möglichkeit der Kenntnisnahme
besondere Regelungen zum Schutz des Verbrauchers	➔ Nicht Vertragsbestandteil werden z. B. (unwirksam) ungewöhnliche Bestimmungen · unangemessene Bestimmungen ➔ Zweifelhafte Bestimmungen … gehen zu Lasten des Käufers
Rechtsfolgen bei unwirksamen AGB	Sind allgemeine Geschäftsbedingungen ganz oder teilweise nicht Vertragsbestandteil geworden oder unwirksam so bleibt der Vertrag im Übrigen wirksam
Vereinbarungen der Vertragsparteien gelten nach folgender Hierarchie:	1. Individuelle Absprachen (Vertrag) 2. wirksame AGB 3. gesetzlichen Bestimmungen

Auszug aus dem BGB zu Allgemeinen Geschäftsbedingungen

§ 305 Einbeziehung Allgemeiner Geschäftsbedingungen in den Vertrag

(1) Allgemeine Geschäftsbedingungen sind alle für eine Vielzahl von Verträgen vorformulierten Vertragsbedingungen, die eine Vertragspartei (Verwender) der anderen Vertragspartei bei Abschluss eines Vertrags stellt. Gleichgültig ist, ob die Bestimmungen einen äußerlich gesonderten Bestandteil des Vertrags bilden oder in die Vertragsurkunde selbst aufgenommen werden, welchen Umfang sie haben, in welcher Schriftart sie verfasst sind und welche Form der Vertrag hat. […]

(2) Allgemeine Geschäftsbedingungen werden nur dann Bestandteil eines Vertrags, wenn der Verwender bei Vertragsschluss

1. die andere Vertragspartei ausdrücklich oder, wenn ein ausdrücklicher Hinweis wegen der Art des Vertragsschlusses nur unter unverhältnismäßigen Schwierigkeiten möglich ist, durch deutlich sichtbaren Aushang am Orte des Vertragsschlusses auf sie hinweist und
2. der anderen Vertragspartei die Möglichkeit verschafft, in zumutbarer Weise […] von ihrem Inhalt Kenntnis zu nehmen,

und wenn die andere Vertragspartei mit ihrer Geltung einverstanden ist.

§ 305 b Vorrang der Individualabrede

Individuelle Vertragsabreden haben Vorrang vor Allgemeinen Geschäftsbedingungen.

Auszug aus dem BGB zu Allgemeinen Geschäftsbedingungen (Fortsetzung)

©racamani-fotolia.com

§ 305 c Überraschende und mehrdeutige Klauseln

(1) Bestimmungen in Allgemeinen Geschäftsbedingungen, die nach den Umständen, insbesondere nach dem äußeren Erscheinungsbild des Vertrags, so ungewöhnlich sind, dass der Vertragspartner des Verwenders mit ihnen nicht zu rechnen braucht, werden nicht Vertragsbestandteil.

(2) Zweifel bei der Auslegung Allgemeiner Geschäftsbedingungen gehen zu Lasten des Verwenders.

§ 306 Rechtsfolgen bei Nichteinbeziehung und Unwirksamkeit

(1) Sind Allgemeine Geschäftsbedingungen ganz oder teilweise nicht Vertragsbestandteil geworden oder unwirksam, so bleibt der Vertrag im Übrigen wirksam.

(2) Soweit die Bestimmungen nicht Vertragsbestandteil geworden oder unwirksam sind, richtet sich der Inhalt des Vertrags nach den gesetzlichen Vorschriften.

§ 307 Inhaltskontrolle

(1) Bestimmungen in Allgemeinen Geschäftsbedingungen sind unwirksam, wenn sie den Vertragspartner des Verwenders entgegen den Geboten von Treu und Glauben unangemessen benachteiligen. Eine unangemessene Benachteiligung kann sich auch daraus ergeben, dass die Bestimmung nicht klar und verständlich ist.

§ 308 Klauselverbote mit Wertungsmöglichkeit

In Allgemeinen Geschäftsbedingungen ist insbesondere unwirksam

1. (Annahme- und Leistungsfrist)
   eine Bestimmung, durch die sich der Verwender unangemessen lange oder nicht hinreichend bestimmte Fristen für die Annahme oder Ablehnung eines Angebots oder die Erbringung einer Leistung vorbehält; [...]

3. (Rücktrittsvorbehalt)
   die Vereinbarung eines Rechts des Verwenders, sich ohne sachlich gerechtfertigten und im Vertrag angegebenen Grund von seiner Leistungspflicht zu lösen; [...]

4. (Änderungsvorbehalt)
   die Vereinbarung eines Rechts des Verwenders, die versprochene Leistung zu ändern oder von ihr abzuweichen, wenn nicht die Vereinbarung der Änderung oder Abweichung unter Berücksichtigung der Interessen des Verwenders für den anderen Vertragsteil zumutbar ist;

§ 309 Klauselverbote ohne Wertungsmöglichkeit

Auch soweit eine Abweichung von den gesetzlichen Vorschriften zulässig ist, ist in Allgemeinen Geschäftsbedingungen unwirksam

1. (Kurzfristige Preiserhöhungen)
   eine Bestimmung, welche die Erhöhung des Entgelts für Waren oder Leistungen vorsieht, die innerhalb von vier Monaten nach Vertragsschluss geliefert oder erbracht werden sollen; [...]

8. (Sonstige Haftungsausschlüsse bei Pflichtverletzung)

[...]

b) (Mängel)

eine Bestimmung, durch die bei Verträgen über Lieferungen neu hergestellter Sachen und über Werkleistungen

aa) (Ausschluss und Verweisung auf Dritte)

die Ansprüche gegen den Verwender wegen eines Mangels insgesamt oder bezüglich einzelner Teile ausgeschlossen, auf die Einräumung von Ansprüchen gegen Dritte beschränkt oder von der vorherigen gerichtlichen Inanspruchnahme Dritter abhängig gemacht werden;

[...]

cc) (Aufwendungen bei Nacherfüllung)

die Verpflichtung des Verwenders ausgeschlossen oder beschränkt wird, die zum Zwecke der Nacherfüllung erforderlichen Aufwendungen, insbesondere Transport-, Wege-, Arbeits- und Materialkosten, zu tragen;

dd) (Vorenthalten der Nacherfüllung)

der Verwender die Nacherfüllung von der vorherigen Zahlung des vollständigen Entgelts oder eines unter Berücksichtigung des Mangels unverhältnismäßig hohen Teils des Entgelts abhängig macht;

b) Beurteilen Sie nun anhand des Gesetzesauszuges, inwieweit die folgenden **AGB-Klauseln der Reif KG**, die auf Herrn Löbs Rechnung rückseitig abgebildet sind, zulässig sind.

Reif KG: Auszug aus den Allgemeinen Geschäftsbedingungen

(1) Allgemeines

Unsere Verkäufe und Lieferungen erfolgen ausschließlich zu den nachstehenden Bedingungen, die für den Inhalt des Vertrages allein maßgeblich sind. Abweichungen müssen ausdrücklich und schriftlich vereinbart werden.

Die Annahme unserer Auftragsbestätigung sowie die Entgegennahme von Lieferungen/Teillieferungen gelten als Anerkennung dieser Bedingungen.

...

(4) Lieferung

Bei Modelländerungen sind wir berechtigt, dasjenige neue Modell zu liefern, das der bestellten Ware am nächsten kommt.

Lieferung erfolgt so schnell wie möglich nach Selbstbelieferung. Als Lieferzeit gilt der von uns in der Auftragsbestätigung schriftlich festgelegte Termin. Der Verkäufer kann vom Vertrag zurücktreten, wenn es die Umstände erfordern.

...

(5) Preise

Der Verkäufer hat Anspruch auf Berichtigung von Preisirrtümern und Berechnungsfehlern. Kurzfristige Preisänderungen gehen zu Lasten des Käufers.

...

(11) Gewährleistung

Der Käufer einer mangelhaften Ware kann als Nacherfüllung zunächst die Beseitigung des Mangels oder die Lieferung einer mangelfreien Sache verlangen.

Die zum Zweck der Nacherfüllung erforderlichen Aufwendungen (Transport-, Wege-, Arbeits-, Materialkosten) sind grundsätzlich vom Käufer zu tragen.

...

AGB-Klausel der Reif KG	Beurteilung der Wirksamkeit
(1) Allgemeines	· individuelle Bestimmungen stehen über den AGB → unzulässig · Formfreiheit der AGB → unzulässig · Annahme ≠ Zustimmung, Hinweis + Möglichkeit der Kenntnisnahme → unzulässig
(4) Lieferung	· Änderungsvorbehalt ist unzulässig · ein Vorbehalt der Lieferzeit ist nicht erlaubt, etl. einseitig festgelegter Termin ist nicht erlaubt, unzulässig · ohne sachlichen gerechtfertigen Grund ist nicht Rücktritt möglich → unzulässig
(5) Preise	Erklärungsirrtum Recht auf Anfechtung Wirksam · kurzfristige Preiserhöhung → unzulässig
(11) Gewährleistung	Satz 1 ist wirksam Aufwendungen (z.B.) Transportkosten sind nicht vom Käufer zu tragen unzulässig

c) Prüfen Sie, ob trotz anderslautender **AGB** der Reif KG (vgl. (1) Allgemeines) die Herrn Löb von der Verkäuferin **mündlich zugesagte Lieferzeit** von maximal 14 Tagen gilt.

Geltung der mündlich vereinbarten Lieferzeit: 14 Tage gelten da individuelle Absprachen über AGB stehen

LERNFELD 4

Lernsituation 4:
Beschaffungsprozesse planen und steuern

Werner und Petra Reif haben sich mit Dirk König und Katharina Höger zu einer Besprechung über die strategische Ausrichtung der Beschaffungsplanung verabredet. Anlass ist das Angebot einer Supermarktkette mit örtlichen Filialbetrieben über E-Bikes zum Preis von 999,00 EUR. Soll der Radmarkt darauf reagieren und seinen Kunden ein ähnlich preiswertes Produkt präsentieren?

Petra Reif: „Wir müssen unser **Sortiment** konsequent an den **Kundenwünschen** ausrichten. Bei dem wachsenden Konkurrenzdruck durch Kaufhäuser und Supermarktfilialen wird das für uns immer wichtiger. Nur zufriedene Kunden kommen wieder und kaufen nicht einfach je nach Bedarf bei wechselnden, preisgünstigen Anbietern."

Katharina Höger: „Wir sollten mit einem **umfangreichen Sortiment**, mit unserem Service und vielen Dienstleistungen auf Stammkunden setzen. Und auch Qualität lohnt sich! Das können die Supermärkte nicht leisten. Und Stammkunden sind nicht so preissensibel. Vor allem im Bereich Fahrradzubehör müssten wir **noch vollständiger und moderner** ausgestattet sein. Heute wollte ein Stammkunde ein GPS-Navigationsgerät kaufen, das wir leider nicht im Sortiment führen. Auch im Bereich der Heck- und Dachträger führen wir nur die Produkte eines Herstellers."

Werner Reif: „Als Verantwortlicher für den Einkauf habe ich mich immer gefragt, welche Bedürfnisse und Wünsche unsere Kunden haben. Das Sortiment, die Auswahl, die **Qualität**, aber auch die **Preise** müssen stimmen. Und alles soll immer in **ausreichender Menge** vorhanden sein, muss also zum **richtigen Zeitpunkt** bestellt werden. Das ist gar nicht so einfach."

Dirk König: „Ich möchte darauf hinweisen, wie wichtig es ist, dass wir bei unserer Warenbeschaffung immer auch die Kosten im Blick behalten. Unser großes Sortiment bindet viel Kapital, hohe **Lagerbestände** können wir uns nicht leisten. Aber dadurch müssen wir häufiger bestellen. Wir sollten deshalb unbedingt die **optimale Bestellmenge** einhalten. Auch der richtige **Zeitpunkt der Bestellung** ist wichtig, damit unsere Kunden nicht zu lange auf die Ware warten müssen. Und nicht zu vergessen ist die **Wahl des richtigen Transportmittels:** schnell, kostengünstig, umweltfreundlich und zuverlässig."

Petra Reif: „Ich sage ja immer: Im Einkauf liegt der halbe Erfolg! Wir werden bei unseren A-Lieferanten weiterhin eine sorgfältige **Lieferantenpflege** betreiben, sollten uns in Zukunft aber dennoch zumindest für unsere A-Güter nach **neuen Lieferanten** umsehen und **Angebotsvergleiche** konsequent durchführen. Das wird uns auch bei den **Vertragsverhandlungen mit den Lieferern** stärken."

Die Runde ist sich einig, dass im Beschaffungswesen vielfältige Einflussgrößen zu berücksichtigen sind. Um einen Überblick zu gewinnen, soll die Vielzahl der im Beschaffungsbereich anstehenden Aufgaben systematisiert werden.

Arbeitsaufträge

1. Ordnen Sie alle im Text angesprochenen, fett gedruckten **Elemente der Beschaffungsplanung** in die folgende systematische Übersicht ein:

Elemente der Beschaffungsplanung	Beispiele aus der Besprechung im Radmarkt
Bedarfsplanung	
Zeitplanung	
Lieferantenplanung	
Kommunikationsplanung	
Lieferflussplanung	
Intensität der Beschaffungsaktivitäten	

2. Ein größeres Sicherheitsbewusstsein der jungen Generation sowie der Boom bei E-Bikes haben dazu geführt, dass der Verkauf von Fahrradhelmen deutliche Zuwachsraten aufweist. In der Einkaufsabteilung werden Überlegungen zur **optimalen Bestellmenge** angestellt, d. h. **wie oft** und in **welchen Mengen** das Produkt unter wirtschaftlichen Gesichtspunkten bestellt werden soll. Dazu wird zunächst der Bedarf unter Berücksichtigung der Verkaufsstatistik des letzten Jahres ausgewertet.

a) Ermitteln Sie den gesamten **Vorjahresbedarf** an Fahrradhelmen in Stück und EUR.

Verkauf von Fahrradhelmen je Monat/Vorjahr; durchschnittlicher Einkaufspreis 38,00 EUR											
Jan	Feb	Mrz	Apr	Mai	Jun	Jul	Aug	Sep	Okt	Nov	Dez
32	40	44	52	60	78	66	65	62	40	44	72
gesamter Vorjahresbedarf in Stück: 655											
gesamter Vorjahresbedarf in EUR: 24.890 €											

LERNFELD 4

b) Nach Auswertung der Verkaufsstatistik des Vorjahres rechnet Werner Reif mit einem aktuellen Jahresbedarf von 900 Fahrradhelmen zu je 38,00 EUR. Pro Bestellung fallen z. B. für Bearbeitung und Versand **Bestellkosten** von 60,00 EUR an. Die Kosten für die Kapitalbindung im Lager und die allgemeinen **Lagerkosten** betragen zusammen 8,0 % vom durchschnittlichen Lagerbestand.

Ermitteln Sie die **optimale Bestellmenge** (ggf. mittels Excel) nach folgendem Muster:

tabellarische Ermittlung der optimalen Bestellmenge					
Bestellmenge (Stück)	**Bestellhäufigkeit**	**durchschnittlicher Lagerbestand (EUR)** Bestellmenge : 2	**Lagerkosten pro Jahr (EUR)**	**Bestellkosten pro Jahr (EUR)**	**Beschaffungskosten pro Jahr (EUR)** Lagerkosten + Bestellkosten
150	6	75 · 38 € = 2850	228	360	588
180	5	90 · 38 € = 3420	274	300	573,60
225	4	112,5 · 38 = 4275	342	240	582
300	3	150 · 38 = 5700	456	180 €	636
450	2	225 · 38 = 8550	684	120 €	804
900	1	450 · 38 = 17.100	[illegible]	60 €	1428

1368

c) Erläutern Sie Ihr Ergebnis zur **optimalen Bestellmenge bzw. Bestellhäufigkeit** verbal.

Verbale Erläuterung der optimalen Bestellmenge/Bestellhäufigkeit: Wir bestellen 5 mal mit der Bestellmenge 180 Stk weil es am günstigsten ist mit 573,60 €.

d) Als Katharina Höger auf der Grundlage der Berechnungen die zukünftige Bestellmenge festlegen soll, wendet sie ein, dass das **Modell** der optimalen Bestellmenge **Annahmen** unterstellt, die in der Praxis gar nicht immer zutreffen: „Verändern sich z. B. die Einstandspreise im Laufe des Jahres, dann verändern sich auch die Lagerkosten …"

Überlegen Sie, welche weiteren Annahmen das Modell trifft, und beurteilen Sie, ob diese Annahmen in der Alltagspraxis des Radmarktes tatsächlich erfüllt werden.

Annahmen des Modells „optimale Bestellmenge" – Beurteilung:

➔ unveränderte Einstandspreise – unrealistisch: Leichte Veränderungen sind wahrscheinlich.

Lernsituation 4

X e) Erklären Sie, warum es trotz einiger unrealistischer Modellannahmen **sinnvoll** ist, die optimale **Bestellmenge** zu ermitteln.

Leistung des Modells „optimale Bestellmenge“:

3. Die Optimierung der Beschaffungsplanung bedeutet auch, mit einer exakten **Zeitplanung** dafür zu sorgen, dass zu jedem Zeitpunkt die gewünschten oder benötigten Waren in ausreichender Menge zur Verfügung stehen. Zu berücksichtigen sind dabei sowohl unvorhergesehene Verzögerungen beim Einkauf als auch Schwankungen im Verkauf. Es ist selbstverständlich aus Kostengründen darauf zu achten, dass die Lagermengen nicht unverhältnismäßig hoch sind. Aus diesen Gründen nutzt die Reif KG fast ausschließlich das **Bestellpunktverfahren**.

   Für den umsatzstärksten **Fahrrad-Computer** sind folgende Daten zu berücksichtigen:
   Der Tagesabsatz beträgt durchschnittlich 8 Stück; als Mindestbestand hat Werner Reif eine Sicherheitsreserve von 3 Tagesverkäufen vorgegeben; der Lagerhöchstbestand soll 120 Stück nicht übersteigen, und es ist mit einer Lieferzeit von 4 Tagen zu rechnen. Aktuell sind noch 96 Stück im Bestand.

X a) Welche Einflussgrößen bestimmen die **Festsetzung des Mindestbestandes** bzw. des **Höchstbestandes**?

Einflussgrößen des Mindestbestandes: Transportzeit, Lieferzeit, Beschaffungsvorbereitung, Risikozuschlag

Einflussgrößen des Höchstbestandes:

b) Berechnen Sie den **Meldebestand** und erklären Sie seine Funktion.

Berechnung des Meldebestandes: = Mindestbestand + (Ø Tagesverbrauch · Lieferzeit)

Ø Tagesverbrauch · Sicherheitsfaktor

8 · 3 = 24

Meldebestand 24 = + (8 Stk · 4 Lieferzeit) = 56 Stk

Funktion des Meldebestandes: Dient zur Überbrückung von unvorhergesehenen Ereignissen, wie Lieferschwierigkeiten oder erhöhte Nachfrage. Ist der Lagerbestand bei dessen neue Ware bestellt werden muss um den Mindestbestand nicht zu unterschreiten

c) Nach wie viel **Tagen** wird (ausgehend vom aktuellen Bestand) der Mindestbestand erstmalig erreicht?

Berechnung der Tage bis zum erstmaligen Erreichen des Mindestbestandes:

Ø Tagesverbrauch · Sicherheitsfaktor

8 Stk · 3 Tage = 24

96 Stk − 24 Stk = 72 / 8 = 9 Tage

d) Wie viel **Stück** müssen bestellt werden, damit bei pünktlicher Lieferung der Höchstbestand erreicht ist?

Ermittlung der Bestellmenge: Höchstbestand − Mindestbestand

120 − 24 = 96 Stk

Lernsituation 4

X e) Nach wie viel **Tagen** wird (ausgehend vom Höchstbestand) der Mindestbestand jeweils erreicht?

Berechnung der Tage bis zum regelmäßigen Erreichen des Mindestbestandes:

Höchstbestand – Mindestbestand / Ø Tagesverbrauch

120 Stk – 24 Stk = 96 Stk / 8 = 12 Tage

X f) Stellen Sie die Zeitplanung mittels **Bestellpunktverfahren** in einem **„Sägezahnmodell"** grafisch dar, indem Sie im Koordinatensystem die folgenden Sachverhalte kennzeichnen:

Höchstbestand, Mindestbestand, Meldebestand, Lagerbestandskurve, Bestellzeitpunkt, Liefertermin, Lieferfrist, Verbrauchsmenge in der Beschaffungszeit, Bestellmenge.

Zeitplanung mittels Bestellpunktverfahren

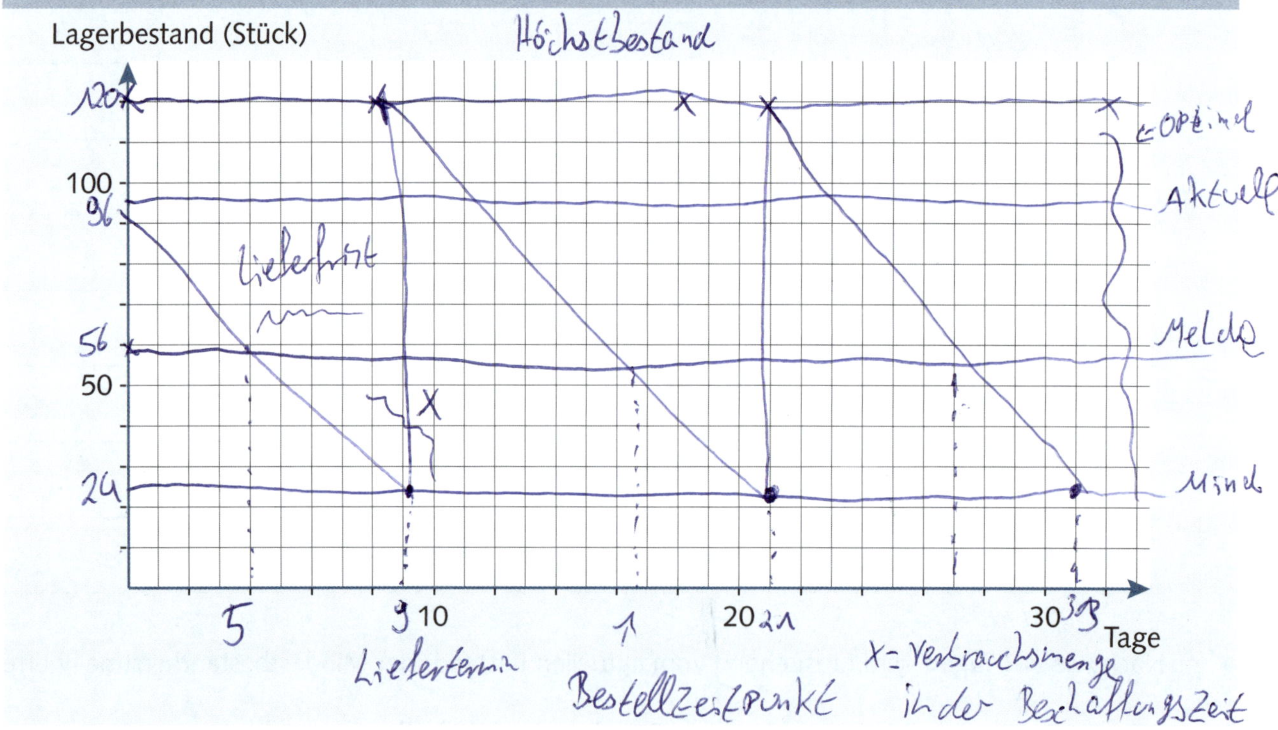

X g) Ermitteln Sie rechnerisch, nach wie viel **Tagen** (ausgehend vom aktuellen Bestand) bestellt werden muss?

Rechnerische Ermittlung des ersten Bestellzeitpunktes:

Aktueller Bestand – Meldebestand / Ø Tagesverbrauch

96 Stk – 56 Stk = 40 / 8 = 5 Tage

h) Unter der Voraussetzung, dass ein gleichmäßiger Verkauf stattfindet, ergibt sich auch beim **Bestellpunktverfahren** ein Bestellrhythmus. Berechnen Sie, welcher **Bestellrhythmus** sich bei gleichmäßigem Verkauf der Fahrrad-Computer ergeben würde.

Rechnerische Ermittlung des Bestellrhythmus beim Bestellpunktverfahren:

i) Stellen Sie fest (ggf. indem Sie die Veränderungen in einem eigenen **Sägezahnmodell** skizzieren), was sich hinsichtlich des Mindest- bzw. Meldebestandes ändert, wenn sich

➔ die Lieferzeit geplant verlängert:

➔ die Lieferzeit ungeplant verlängert:

➔ der durchschnittliche Tagesverbrauch erhöht:

4. Sämtliche Fahrradschläuche bezieht die Reif KG von einem Lieferanten, der seine Kunden ausschließlich im **Bestellrhythmusverfahren** beliefert: Alle 14 Tage mittwochs wird angeliefert, was am Montag zuvor bestellt wurde. Mit jeder Lieferung soll der Höchstbestand von 200 Stück erreicht werden; Zwischenlieferungen sind nicht vorgesehen.

a) Stellen Sie das **Bestellrhythmusverfahren** für die Fahrradschläuche anhand folgender Daten **grafisch** dar. Nutzen Sie dazu das vorgegebene Koordinatensystem.

Fahrradschläuche					
Bestand nach Lieferung am Mittwoch, 02.03.: 200 Stück					
Woche		**Abgänge (Stück)**	**Woche**		**Abgänge (Stück)**
1	02.03. – 08.03.	50	7	13.04. – 19.04.	80
2	09.03. – 15.03.	60	8	20.04. – 26.04.	100
3	16.03. – 22.03.	30	9	27.04. – 03.05.	40
4	23.03. – 29.03.	20	10	04.05. – 10.05.	40
5	30.03. – 05.04.	200	11	11.05. – 17.05.	70
6	06.04. – 12.04.	0	12	18.05. – 24.05.	10

Zeitplanung mittels Bestellrhythmusverfahren

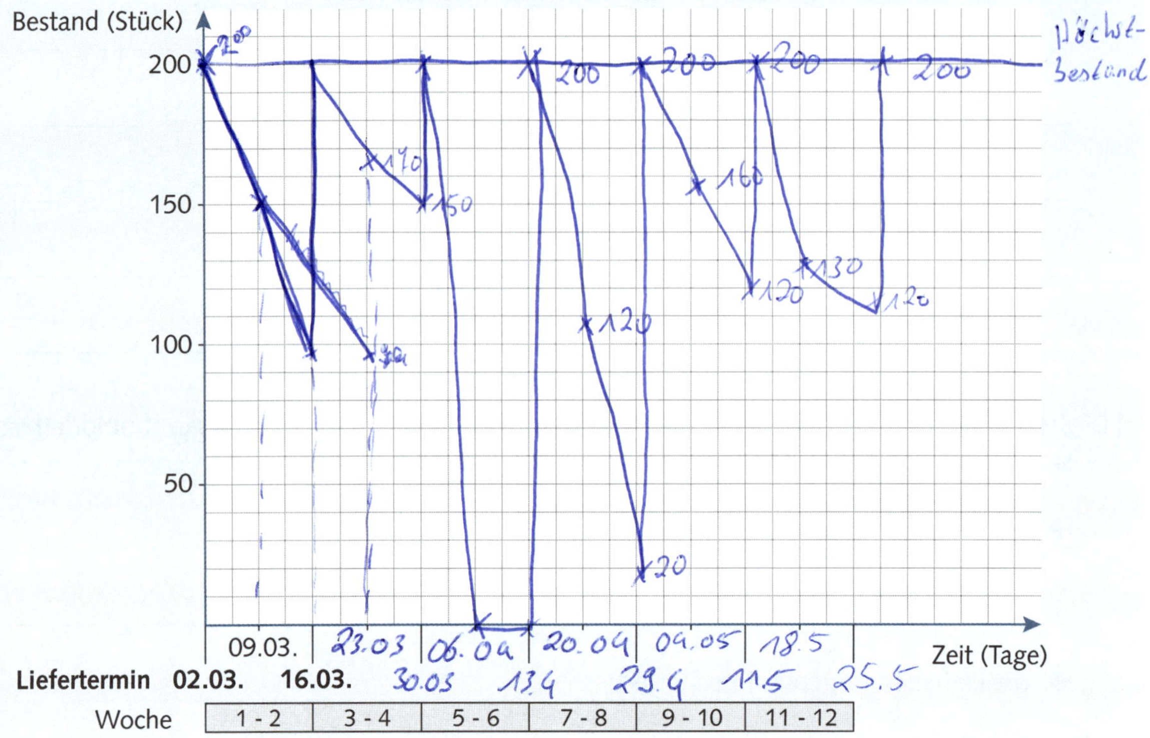

b) Zeigen Sie (u. a. anhand der Grafik), welche **Nachteile** das **Bestellrhythmusverfahren** mit sich bringt. Überlegen Sie anschließend, welche **Vorteile** dazu führen, dass dieses Bestellverfahren in der Praxis dennoch eingesetzt wird.

Nachteile des Bestellrhythmusverfahrens:

Vorteile des Bestellrhythmusverfahrens:

c) Unterscheiden Sie das **Bestellpunktverfahren** vom **Bestellrhythmusverfahren,** indem Sie die Begriffe „fix" und „variabel" korrekt zuordnen:

X

	Beschaffungsmenge	Beschaffungszeitpunkt
Bestellpunktverfahren (3)	fix (96)	variabel (12 Tage)
Bestellrhythmusverfahren (4)	variabel (je nach Abgang)	fix (alle 14 Tage)

5. Petra Reif hat den Vorschlag unterbreitet, sich auch nach **neuen Lieferanten** umzusehen. Dazu müssen zunächst neue Bezugsquellen ermittelt, die Kriterien für die Lieferantenauswahl festgelegt und Kontakte geknüpft werden. Derzeit kümmert sich Frau Reif persönlich darum, Regen- und Windjacken bei neuen Lieferanten zu beschaffen.

a) **„Im Einkauf liegt der halbe Erfolg."** Erklären Sie, was Petra Reif damit gemeint haben könnte.

b) Zählen Sie mögliche **Informationsquellen zur Ermittlung neuer Lieferanten** für Fahrradbekleidung auf.

Bezugsquellenermittlung:

c) Sammeln Sie **quantitative und qualitative Kriterien für die Lieferantenauswahl** bei den Regen- und Windjacken und bewerten bzw. diskutieren Sie die Wichtigkeit jedes Kriteriums.

Kriterien für einen quantitativen Angebotsvergleich:

Kriterien für einen qualitativen Angebotsvergleich:

d) Sportler-Nahrung, die bisher im Sortiment des Radmarktes fehlte, soll wegen der zahlreichen Kundenwünsche zukünftig angeboten werden. Formulieren Sie eine **allgemeine Anfrage** zur Aufnahme von Geschäftsbeziehungen für den Einkauf von Sportler-Nahrung. Denken Sie daran, dass Sie mit jedem **Geschäftsbrief** eine „Visitenkarte" Ihres Unternehmens abgeben. Berücksichtigen Sie auch die DIN 5008 für Geschäftsbriefe.

Der Radmarkt

Reif KG
Rund ums Rad

Reif KG, Schlossgraben 30, 45657 Recklinghausen

Ihr Zeichen:
Ihre Nachricht vom:
Unser Zeichen:
Unsere Nachricht vom:

Name:
Telefon: 02361 2409-1
Telefax: 02361 2410
E-Mail: info@reif.de

Datum:

Handelsregister: HRA 1222
USt-IdNr.: DE146279918
Erfüllungsort und Gerichtsstand: Recklinghausen

www.radmarkt-reif.com

Bankverbindung
Sparkasse Vest Kto. 170642
IBAN DE45 4265 0100 0000 1706 42
BIC WELADED1REK

6. Das Sortiment „Transport mit dem Fahrrad“ umfasst einfache Klemmen und Montagezubehör, Netze und unterschiedliche Körbe, Kindersitze, Kinder-, Lasten- und Hundeanhänger sowie den eleganten und hochwertigen Einspuranhänger mit zusätzlicher Halterung für die Ankopplung eines weiteren Rades. Um den Beschaffungsaufwand z. B. für Verhandlungen mit den Lieferern zukünftig gezielt steuern zu können, soll dieser Bereich einer Analyse unterzogen werden. Für die entsprechende **ABC-Analyse** stehen die aufgeführten Daten zur Verfügung.

   a) Bestimmen Sie für jeden Artikel die **Rangfolge** nach dem Einkaufswert/Jahr.

Vorbereiten der ABC-Analyse				
Artikelnummer	**Bezugspreis/Stück (EUR)**	**Jahresbedarf (Stück)**	**Einkaufswert/Jahr (EUR)**	**Rang**
101020	0,99	180	178,20	2
101021	1,90	70	133	1
101022	30,00	20	600	5
101023	199,00	4	796	7
101024	3,00	60	180	3
101025	34,45	18	620,10	6
101026	88,00	10	880	8
101027	289,00	5	1445	10
101028	15,00	30	450	4
101029	399,00	3	1197	9

Einkaufswert/Jahr (EUR) gesamt:	6479,30 €

   b) Erstellen Sie mithilfe der folgenden Tabelle (ggf. mit einer Excel-Tabelle) eine **ABC-Analyse.** Orientieren Sie sich bei der **Zuordnung von A-, B- und C-Gütern** an den Vorgaben der Geschäftsleitung.

Vorgaben der Geschäftsleitung zur ABC-Analyse im Sortiment „Transport mit dem Fahrrad“		
Summe **A-Güter:** ca. 70 % Anteil am Gesamtwert	Summe **B-Güter:** ca. 25 % Anteil am Gesamtwert	Summe **C-Güter:** ca. 5 % Anteil am Gesamtwert

LERNFELD 4

Durchführen der ABC-Analyse					
Rang	Art.-Nr.	Anteil am Gesamtwert in %		Gruppe	Berechnungen
		einzeln	kumuliert	A, B, C	
1	101027	22,3 %	22,3	A	
2	101029	18,4 %	40,7	A	
3	101026	13,5 %	54,2	A	
4	101023	12,2 %	66,4	A	
5	101025	9,5 %	75,9	B	
6	101022	9,2 %	85,1	B	
7	101028	6,9 %	92	B	
8	101024	2,7 %	94,7	B	
9	101020	2,75 %	97,45	C	
10	101021	2,0 %	100	C	

c) Erläutern Sie das Ergebnis Ihrer **ABC-Analyse** und erklären Sie, inwiefern die Vorgaben der Geschäftsleitung exakt eingehalten werden konnten.

Erläuterung des Ergebnisses der ABC-Analyse:

d) Zeigen Sie auf, wie die Erkenntnisse aus der **ABC-Analyse** genutzt werden können, um die **Beschaffung wirtschaftlicher** zu **gestalten**.

Schlussfolgerungen aus der ABC-Analyse für eine wirtschaftlichere Beschaffung:

e) Überlegen Sie, in welchen **weiteren Bereichen** des Radmarktes eine **ABC-Analyse** aufschlussreich sein könnte und welche Erkenntnisse sich dadurch gewinnen ließen.

Weitere Einsatzbereiche der ABC-Analyse:

Lernsituation 5:
Angebote prüfen, vergleichen und auswählen

Trekkingreifen mit Pannenschutz sind der Renner im Reifensortiment des Radmarktes. Der Allrounder mit dem griffigen Profil ist geeignet für Asphalt, Feldwege und befestigte Waldwege. Tourenfahrer, Berufspendler und Gelegenheitsfahrer sind mit ihnen auf allen Wegen pannensicher unterwegs. Das vielseitige und langlebige Produkt wird auch für die im Trend liegenden Pedelecs empfohlen.

Der Jahresbedarf an Trekkingreifen mit Pannenschutz liegt in der Reif KG bei ca. 600 Stück. Für die aktuell anstehende Bestellung wurden bei den bekannten Lieferanten sowie bei einem neuen Anbieter die Angebotskonditionen angefragt. Alle Angebote sind in den letzten Tagen eingetroffen.

SAFETYRIDE LTD
London
bicycle tyres and tubes · tyre accessories

Tel: 020 8500 0012
Fax: 020 8500 0021
E-Mail: info@safetyride.com
www.safetyride-bicycle.com

Safetyride Ltd, 248 Dover Road, London SE14 7FQ
Reif KG
Schlossgraben 30
45657 Recklinghausen
Germany

14 March 20..

Dear Sir or Madam

Offer No. 212/1403/14

Thank you for your enquiry of 10 March 20.. We are pleased to offer you our high-performance trekking tyres as follows:

600 units trekking tyres "Perfect Allrounder Longlife" **£ 14,760.00**

For all new customers we grant a 25 per cent introductory discount off list prices. → Rabatt

The goods will be dispatched within 4 days after receipt of your order. Our invoice is payable within a fortnight subject to a 2.5 per cent cash discount or 40 days net. → Lieferzeit → Zahlungsbedingung

Delivery will be made DDP Recklinghausen. → Lieferungsbedingung

Please note that this offer is valid as long as stocks last.

For both parties, the place of performance and the venue for the settlement of any disputes shall be London. → Erfüllungsort und Gerichtsstand

We look forward to receiving your order.

Yours faithfully,

Jane Fairfax

Jane Fairfax
Account Manager
Sales & Distribution
Safetyride Ltd

Weitere Infos zu Safetyride Ltd:
- → neuer Anbieter
- → unterschiedliche Sachbearbeiter als Ansprechpartner
- → aggressive Werbung
- → Umrechnungskurs: 1 EUR = 0,82 GBP
- → Incoterm DDP (delivered duty paid/geliefert verzollt): Der Verkäufer trägt die Gefahr und sämtliche Zoll- und Transportkosten bis zum Bestimmungsort.

CONTI AG
50 Jahre kompetenter Partner

Conti AG, Postfach 4242, 50765 Köln
Reif KG
Schlossgraben 30
45657 Recklinghausen

Ihre Zeichen: wr
Ihre Nachricht vom: 09.03.20...
Unsere Zeichen: KN/JS
Unsere Nachricht vom:

Name: Klaus Nowottni
Telefon: 0221 5028-14
Telefax: +49 221 5028 333
E-Mail: info@conti-ag.de

Datum: 13.03.20..

Angebot Nr. 2442/14/56

Sehr geehrte Damen und Herren,

vielen Dank für Ihre Anfrage. Wir bieten Ihnen an:

600 Stück „Swing-Touring-Plus" Reifen **27,00 EUR/Stück**

zuzüglich Umsatzsteuer.

Als langjähriger Kunde erhalten Sie einen Preisnachlass (Rabatt) von 15 % auf den Listeneinkaufspreis.

Nach Bestelleingang werden wir kurzfristig liefern. Zahlen Sie bitte die Rechnung innerhalb von 10 Tagen unter Abzug von 3 % Skonto bzw. innerhalb von 30 Tagen netto Kasse.

Die Preise verstehen sich ab Werk. Sollten Sie an einem Versand interessiert sein, berechnen wir pauschal 180,00 EUR für Verpackung und Versand. Die Transportversicherung beläuft sich auf 60,00 EUR.

Für alle weiteren Vertragsbestandteile gelten die gesetzlichen Regelungen.

Über Ihren Auftrag freuen wir uns.

Mit freundlichen Grüßen

Conti GmbH

i. A. Klaus Nowottni

Klaus Nowottni

Weitere Infos zur Conti AG:
- → schon häufige Bestellungen, gute Bestellabwicklung
- → kulant bei Reklamationen, prompte Erledigung
- → Verpackungsmaterial wird zurückgenommen
- → gute Beratung, hervorragender Service
- → stets pünktliche Lieferungen

Conti AG
Rheinuferst. 148
50765 Köln
Vorstandsvorsitzender: Holger Reimers

Tel.: 0221 5028-0
Fax: 0221 5028-10
Mail: info@conti.com
USt-IdNr.: DE275899666

Bank: Deutsche Bank Köln
IBAN: DE92 3707 0060 0100 3074 89
BIC: DEUTDEDKXXX
Köln HRB 28749

R&S
Fahrrad,
Sport & Zubehör GmbH
Dückerweg 21
44867 Bochum

R & S, Dückerweg 21, 44867 Bochum
Reif KG
Schlossgraben 30
45657 Recklinghausen

Ihre Zeichen: wr
Ihre Nachricht vom: 09.03.20...
Unsere Zeichen: JU/LK
Unsere Nachricht vom:

Name: Helge Just
Telefon: +49 234 71024-41
Telefax: +49 234 71024-60
E-Mail: info@rs-gmbh.de

Datum: 14.03.20..

Angebot: Trekkingreifen

Sehr geehrte Damen und Herren,

wir danken für Ihre Anfrage und unterbreiten Ihnen folgendes Angebot:

Sieger des BMT-Reifentests
„Black-Marathon" Trekkingreifen aus hochelastischem Spezialkautschuk zum Preis **von 25,35 EUR/St.**
zuzüglich 19 % Umsatzsteuer.

Ab einer Gesamtmenge von 500 Stück gewähren wir einen Rabatt von 10 %.

Wir liefern direkt innerhalb von 2 Tagen per LKW. Die Reifen sind zum Schutz in Folie eingeschweißt und in kunststoffgepolsterten Kartons verpackt.

Je 100 Stück berechnen wir 20,00 EUR Transportkosten zuzüglich Umsatzsteuer.

Bitte zahlen Sie innerhalb von 8 Tagen mit 3 % Skonto oder netto innerhalb von 30 Tagen nach Rechnungsdatum.

Der Erfüllungsort und Gerichtsstand für beide Teile ist Bochum.

Über einen Auftrag von Ihnen freuen wir uns.

Freundliche Grüße

R & S
Fahrrad, Sport & Zubehör GmbH

i. A. Just

Helge Just

Weitere Infos zur R & S GmbH:

- → gelegentliche Bestellungen, Bestellabwicklung i. O.
- → teilweise Lieferprobleme
- → Kunststoffverpackungen; Rückgabe möglich, aber Bringschuld
- → bis 100 Stück Mindermengenzuschläge
- → gute Beratung

R & S GmbH
Dückerweg 21
44867 Bochum
Geschäftsführer: Peter Heine

Tel.: 0234 71024-0
Fax: 0234 71024-20
Mail: info@rs.de
USt-IdNr.: DE2421165798

Bank: Volksbank Bochum Witten
IBAN: DE09 4306 0129 0001 2845 79
BIC: GENODEM1BOC
Bochum HRB 70184

Arbeitsaufträge

1. Erläutern Sie die **Inhalte** eines Angebotes und stellen Sie fest, welche **gesetzlichen Regelungen** gelten, sofern vertragliche Vereinbarungen fehlen. Prüfen Sie anschließend, welche **einzelvertraglichen Regelungen** die drei abgebildeten Angebote enthalten. Ergänzen Sie dazu die folgenden Tabelle.

allgemeiner Inhalt eines Angebotes	Erläuterungen/Beispiele	gesetzliche Regelungen	Regelungen in den Angeboten (A1 = Safetyride, A2 = Conti AG, A3 = R & S)	
Art, Güte, Beschaffenheit der Ware	Art, Güte und Beschaffenheit können festgelegt werden: z. B. durch – Warenbezeichnung/Artikelname – Waren- und Gütezeichen – Abbildungen, Beschreibungen – Herkunft, Jahrgang – Zusammensetzung.		A1	
			A2	
			A3	
Preis, Menge			A1	
			A2	
			A3	
Preisnachlässe (Rabatte, Boni, Skonti)			A1	
			A2	
			A3	

allgemeiner Inhalt eines Angebotes	Erläuterungen/Beispiele	gesetzliche Regelungen	Regelungen in den Angeboten (A1 = Safetyride, A2 = Conti AG, A3 = R & S)	
Lieferzeit			A1	
			A2	
			A3	
Verpackungs-kosten			A1	
			A2	
			A3	
Beförderungs-kosten			A1	
			A2	
			A3	

allgemeiner Inhalt eines Angebotes	Erläuterungen/Beispiele	gesetzliche Regelungen	Regelungen in den Angeboten (A1 = Safetyride, A2 = Conti AG, A3 = R & S)	
Zahlungsbedingungen			A1	
			A2	
			A3	
Erfüllungsort und Gerichtsstand			A1	
			A2	
			A3	

2. Führen Sie für die vorliegenden Angebote einen **quantitativen Angebotsvergleich** (ggf. mit einer Excel-Tabelle) durch. Entscheiden und begründen Sie, in welcher Reihenfolge die Lieferer auf der Basis des reinen Preisvergleichs zu wählen wären.

quantitativer Angebotsvergleich (in EUR)						
	Safetyride Ltd		**Conti AG**		**R & S GmbH**	
Stückzahl	600		600		600	
Einzelpreis	24.60		24		25,35	
Gesamtpreis	14.760		16.200		15.210	
Listeneinkaufspreis				16200		15.210
– Rabatt	25%	% 3650	15%	2430	10%	1521
= Zieleinkaufspreis		11.010		13770		13689
– Liefererskonto	2,5%	% 276,75	3%	413,10	3%	410,67
= Bareinkaufspreis		10.733,25		13.356,90		13.278,33
+ Bezugskosten	/	/	240	240	120	120
= Bezugspreis (gesamt)	:600	10.733,25	:600	13.569,90	:600	13.398,33
Bezugspreis/Stück		21.94		22.62		22,33

Auswahl nach Preisvergleich – Begründung: Wir nehmen das Angebot von Safetyride Ltd, weil es das günstigste ist.

3. Im Radmarkt wird Wert darauf gelegt, dass neben dem reinen Preisvergleich auch die nicht ohne Weiteres quantifizierbaren Kriterien zu beachten sind. Die Devise lautet: **„Es ist unklug, zu viel zu bezahlen, aber es ist noch schlechter, zu wenig zu bezahlen"**, denn wenn die Qualität des Produktes nicht stimmt, das Image des Anbieters schlecht ist oder man sich nicht auf guten Service, Kulanz, Pünktlichkeit und eine professionelle Abwicklung verlassen kann, wird man auch die eigenen Kunden nicht zufriedenstellen können.

   Erstellen Sie zur systematischen und transparenten Bewertung der **qualitativen Angebotsinhalte** eine **Nutzwertanalyse** für die drei vorliegenden Angebote. Um die vorgegebenen Kriterien unterschiedlich zu gewichten, vergeben Sie entsprechend viele bzw. wenige Gewichtungspunkte.

qualitativer Angebotsvergleich mittels Nutzwertanalyse										
Kriterien	Gewichtungspunkte	Safetyride Ltd			Conti AG			R & S GmbH		
		Angebotshinweis	Bewertungspunkte 1 – 5	Nutzwert	Angebotshinweis	Bewertungspunkte 1 – 5	Nutzwert	Angebotshinweis	Bewertungspunkte 1 – 5	Nutzwert
Qualität	30	gut	4	30×4 120	K.A.	3	90	Sehr gut	5	150
Lieferzeit/ Liefertermin	30	mittel gut	3	90	Sehr gut	5	150	mittel	3	90
Bestellabwicklung	20	befriedigend	2	40	gut	4	80	mittel	3	60
Beratung/ Service	15	mittel	3	45	Sehr gut	5	75	gut	4	60
Transportverpackung	5	- k.A.	3	15	Sehr gut	5	25	gut	4	20
Gesamtwerte	100	---	---	290	---	---	390	---	---	380
(Bewertungspunkte: 1 = schlecht … 5 = sehr gut)										

4. Treffen Sie nun eine **Entscheidung** für einen Lieferanten und begründen Sie diese nachvollziehbar **unter Beachtung der quantitativen und qualitativen Kriterien.**

Begründete Entscheidung für einen Lieferanten: ~~Conti AG hat die beste Qualität~~

R und S GmbH ist die beste Wahl.

LERNFELD 4

10⁴⁰ – 12¹⁰

5. Die Entscheidung für einen Anbieter ist gefallen.

a) Erläutern Sie, unter welchen **Bedingungen** durch eine Bestellung des Radmarktes ein rechtswirksamer **Kaufvertrag** zustande kommt.

Bedingungen für das Zustandekommen eines Kaufvertrages durch eine Bestellung:

⇒ 2 übereinstimmende Willenserklärungen 1. Angebot → 1. Annahme

b) Welche **Formvorschriften** müssen, welche sollten bei einer Bestellung beachtet werden?

Formvorschriften einer Bestellung: keine! aber es wäre gut, eine Bestellung schriftlich festzuhalten (Beweis).
Aber Besonderheiten z. B. beim Hauskauf notarielle Beurkundung

c) Erklären Sie anhand eines Beispiels, unter welcher Bedingung eine erfolgte **Bestellung rechtswirksam widerrufen** werden kann.

Rechtswirksamer Widerruf einer Willenserklärung: bei Verstöße gegen das Gesetz möglich, z. B. Arglistige Täuschung. Der Widerruf muss gleichzeitig mit der Willenserklärung eingehen

d) Verfassen Sie unter Beachtung der DIN 5008 die **schriftliche Bestellung**.

Der Radmarkt

Reif KG
Rund ums Rad

Reif KG, Schlossgraben 30, 45657 Recklinghausen

Ihr Zeichen:
Ihre Nachricht vom:
Unser Zeichen:
Unsere Nachricht vom:

Name:
Telefon: 02361 2409-1
Telefax: 02361 2410
E-Mail: info@reif.de

Datum:

Handelsregister: HRA 1222
USt-IdNr.: DE146279918
Erfüllungsort und Gerichtsstand: Recklinghausen

www.radmarkt-reif.com

Bankverbindung
Sparkasse Vest Kto. 170642
IBAN DE45 4265 0100 0000 1706 42
BIC WELADED1REK

Lernsituation 6:
Die Wareneingangskontrolle durchführen und die Wirtschaftlichkeit der Lagerbestände untersuchen

Auf dem Hof der Reif KG wird gerade der Lkw mit der gesamten Frühjahrskollektion an Fahrradbekleidung entladen. Trikots, Hosen, Jacken, Sportunterwäsche, Socken, Handschuhe, Kopfbedeckungen, Kinderbekleidung u. v. m. in vielfältigen Varianten und unterschiedlichen Größen von zahlreichen Markenherstellern stehen den Kunden zur Verfügung. Das Sortiment wird nach erfolgter Warenprüfung umfangreich im Verkaufsraum angeboten, die weiteren Bestände können im angrenzenden Reservelager bedarfsgerecht abgerufen werden. Gerade zu Beginn der Radsaison ist es wichtig, dass für die unterschiedlichen Kundenwünsche die Verkaufsbereitschaft gesichert ist.

Martin Kraft, Mitarbeiter im Reservelager, ist für die Annahme der gelieferten Ware zuständig, kontrolliert diese und veranlasst – sofern die Lieferung in Ordnung ist – die Einlagerung der im Verkaufsraum nicht unmittelbar benötigten Artikel.

Arbeitsaufträge

1. Martin Kraft weiß, dass er für die **Kontrolle der gelieferten Packstücke im Beisein des Frachtführers** (Anlieferers) wenig Zeit hat. Erst später kann er in Ruhe die Waren auspacken und einer **gründlichen Eingangskontrolle** unterziehen. Zur Dokumentation der Warenannahme dient ihm die folgende Kontrollmitteilung:

Reif KG	**Wareneingangskontrolle Nr.**	Datum:
Lieferer:		Frachtführer:
	sofortige, äußere Prüfung der Warensendung	
Anschrift ❑	Anzahl ❑	Verpackung ❑
	unverzügliche Prüfung des Inhalts der Warensendung	
Art ❑	Menge ❑	Beschaffenheit ❑
Unterschrift:		

Beschreiben Sie anhand der Kontrollmitteilung, welche **Arbeiten beim Wareneingang** in Anwesenheit des Frachtführers und danach bei der Überprüfung der Inhalte zu erledigen sind und wie ggf. mit Unstimmigkeiten umzugehen ist.

Äußere Prüfung:

Prüfung des Inhalts:

2. Eine Lagerhaltung bietet viele Vorteile, aber sie verursacht leider hohe Kosten. Das weiß auch in der Reif KG jeder. Dennoch stehen weder das Verkaufslager noch das Reservelager der Reif KG ernsthaft zur Diskussion.

   Klären Sie, welche allgemeinen **Aufgaben der Lagerhaltung** das Reservelager der Reif KG erfüllt bzw. nicht erfüllt.

Aufgabe der Lagerhaltung …	… wird vom Reservelager der Reif KG erfüllt/nicht erfüllt (+ Begründung)
die Produktions- bzw. Lieferbereitschaft auf möglichst wirtschaftliche Art und Weise sichern	wird zum Teil erfüllt, denn: ➔ Ziel des Reservelagers ist laut Situationsbeschreibung, dass „für die unterschiedlichen Kundenwünsche die Verkaufsbereitschaft gesichert ist“; ➔ zur Wirtschaftlichkeit der Lagerhaltung kann aber noch keine Aussage getroffen werden.

Aufgabe der Lagerhaltung …	… wird vom Reservelager der Reif KG erfüllt/nicht erfüllt (+ Begründung)

Aufgabe der Lagerhaltung...	... wird vom Reservelager der Reif KG erfüllt/nicht erfüllt (+ Begründung)

3. Martin Kraft kennt in seinem Reservelager für jeden Artikel den Lagerplatz, der stets für diesen reserviert ist. Ein schneller Zugriff ist gewährleistet, aber nur, wenn Martin Kraft an seinem Arbeitsplatz ist. Liefert er gerade Waren aus oder hat er freie Tage, fehlt den anderen Mitarbeitern manchmal der rechte Überblick.

   Wer ein Lager unterhält, muss über die **Lagerorganisation** entscheiden. Setzen Sie sich mit den unterschiedlichen Ordnungssystemen der Lagerhaltung auseinander, indem Sie folgende Teilaufgaben bearbeiten, um die tabellarische Übersicht auf der nächsten Seite zu vervollständigen:

   a) Formulieren Sie für beide **Ordnungssysteme der Lagerhaltung** eine Kurzdefinition und ordnen Sie in der **Tabellenüberschrift** folgende Begriffe zu:
   flexible Lagerhaltung / Freiplatzsystem / Festplatzsystem / dynamische Lagerhaltung.

   b) Ergänzen Sie in der **Tabelle** zunächst die folgenden **Vor- bzw. Nachteile der chaotischen Lagerplatzzuordnung.** Achten Sie dabei auf eine systematische Zuordnung: Es gibt übergeordnete und untergeordnete Stichpunkte!
   weniger Lagerraum erforderlich / vorteilhaft für Kundennähe / hoher Investitionsaufwand / geringere Lagerraumkosten / hohe Kosten für Anschaffung, Einrichtung und Pflege der Software / vorteilhaft für Mietkosten bzw. Baukosten / geringere Personalkosten / bei Ausfall der vollautomatisierten Fördermittel ist keine Lagerentnahme möglich / weniger Lagerpersonal nötig / hoher Organisationsaufwand / effiziente Ein- und Auslagerung aller Artikel / Lagerplatz ist bei EDV-Ausfall nicht auffindbar

   c) Ergänzen Sie selbstständig mit möglichst aussagefähigen Stichpunkten die jeweiligen **Vor- bzw. Nachteile der systematischen Lagerplatzzuordnung.**

<table>
<tr><th>➔ chaotische Lagerplatzzuordnung</th><th>systematische Lagerplatzzuordnung</th></tr>
<tr><td>Kurzdefinition</td><td>Kurzdefinition</td></tr>
<tr><td></td><td></td></tr>
<tr><td>Vorteile</td><td>Nachteile</td></tr>
<tr><td>➔ intensivere Raumnutzung
•
-
• größere Standortauswahl trotz großer Lagermengen
-
-</td><td></td></tr>
<tr><td>➔
•
-</td><td></td></tr>
<tr><td>Nachteile</td><td>Vorteile</td></tr>
<tr><td>➔
• hohe Kosten für neue Lagereinrichtung und ggf. vollautomatisierten Fördermittel
•</td><td></td></tr>
<tr><td>➔
• Arbeitsabläufe müssen im Detail festgelegt sein und strikt eingehalten werden.</td><td></td></tr>
<tr><td>➔ hohe Abhängigkeit von der Technik:
•</td><td></td></tr>
<tr><td>➔ bei vollautomatisiertem Lager zusätzlich:
•</td><td></td></tr>
</table>

d) Stellen Sie fest, für welches **Lagersystem** sich die **Reif KG** entschieden hat, und erläutern Sie mögliche Gründe für diese Entscheidung.

Lagersystem der Reif KG:

Mögliche Gründe für die Wahl dieses Lagersystems:

4. Zur Sicherung der **Wirtschaftlichkeit** wird die **Lagerhaltung** regelmäßig analysiert; denn die Lagerbestände binden Kapital und entziehen dem Betrieb flüssige Mittel, und sie verursachen weitere Kosten (z. B. Lagermiete).

   Insbesondere die Warengruppe „Fitnessgeräte" ist sehr kapitalintensiv. Deshalb wird hinsichtlich einer kostenbewussten, absatzorientierten Lagerhaltung für diese Warengruppe ein Fragenkatalog erstellt:

   ➔ Welche Auswirkungen hat ein zu hoher/zu niedriger Lagerbestand?

   ➔ Wie hoch sind im Durchschnitt die Lagerbestände wertmäßig?

   ➔ Wie hoch ist der jährliche Wareneinsatz?

   ➔ Wie oft wird der durchschnittliche Lagerbestand pro Jahr umgesetzt?

   ➔ Wie viele Tage bleiben die Waren durchschnittlich „auf Lager"?

   ➔ Welcher Lagerzinssatz ergibt sich für das im Lager gebundene Kapital, wenn der marktübliche Jahreszinssatz derzeit 4,0 % p. a. beträgt?

   ➔ Welche Lagerkosten in EUR verursacht der durchschnittliche Lagerbestand pro Lagerumschlag?

Die Buchhaltung stellt für diese Überlegungen folgende Daten des vergangenen Geschäftsjahres zur Verfügung:

Lagerbestände der Warengruppe „Fitnessgeräte" zu Einstandspreisen (EUR)					
01.01.20..	9 300,00	31.05.20..	15 000,00	31.10.20..	17 900,00
31.01.20..	10 800,00	30.06.20..	13 800,00	30.11.20..	15 200,00
28.02.20..	15 100,00	31.07.20..	12 100,00	31.12.20..	11 400,00
31.03.20..	14 600,00	31.08.20..	13 900,00	Summe	180.700 €
30.04.20..	14 200,00	30.09.20..	17 400,00		
Die **Wareneingänge** in der Warengruppe „Fitnessgeräte" beliefen sich vom 01.01.20.. bis 31.12.20.. auf 113 300,00 EUR.					

a) Klären Sie zunächst grundsätzlich, welche zentralen **Vor- bzw. Nachteile** ein **hoher Lagerbestand** mit sich bringt.

Vorteile eines hohen Lagerbestandes:

Nachteile eines hohen Lagerbestandes:

b) Führen Sie eine **Analyse zur Wirtschaftlichkeit der Lagerhaltung** durch, indem Sie die **Lagerkennziffern für die Warengruppe „Fitnessgeräte"** berechnen und die Aussage jeder Kennziffer erklären.

Lagerkennziffern für die Warengruppe „Fitnessgeräte"		
Kennziffer/Formel	**Berechnung**	**Aussage**
durchschnittlicher Lagerbestand = $\frac{\text{Anfangsbestand} + 12 \text{ Monatsendbestände}}{13}$	13.300 ~~180.000~~ + 9300 − 11400 = ~~[illegible]~~ $\frac{9.300 + 171.400}{13}$ $= \frac{180700}{13} = 13900$	Im Jahr 2022 lag im Lager im Ø pro Monat, Ware im Wert von 13.900
Umschlagshäufigkeit = $\frac{\text{Wareneinsatz (EUR)}}{\text{Ø Lagerbestand (EUR)}}$ Warenzugänge − Warenbestand	$\frac{9.300 + 113300 - 11400}{13.900}$ = 8 Mal	Im Jahr 2022 wurde der Ø Lagerbestand 8 mal „umgesetzt" d.h. eingekauft → Lager → Verkauft
durchschnittliche Lagerdauer = $\frac{\text{360 Tage}}{\text{Umschlagfähigkeit}}$	$\frac{360}{8}$ = 45 Tage	Die Ware befindet sich Ø 45 Tage im Lager
Lagerzinssatz = $\frac{\text{Jahreszinssatz} \cdot \text{Ø Lagerdauer}}{360}$	$\frac{4\% \cdot 45 \text{ Tage}}{360}$ = 0,5 %	~~Gibt an~~ Der Zinssatz gibt an, dass im Jahr 2020 für jeden Lagerumschlag ein Zinssatz von 0,5 % angesetzt werden muss.
Lagerzinsen = Ø Lagerbestand · Zinssatz	13.900 · 0,5 % = 69,50 €	Die Lagerzinsen geben an, dass pro Lagerumschlag ie Lagerdauer von 45 Tagen, 69,50 € entgangen sind

LERNFELD 4

c) „Eine **Erhöhung der Umschlagshäufigkeit** ist förderlich für eine wirtschaftliche Unternehmensführung." Wie alle Unternehmen versucht auch die Reif KG, diesem Grundsatz gerecht zu werden. Zeigen Sie anhand der Formel zur Berechnung der Umschlagshäufigkeit, welche Größen wie verändert werden müssen, um die Umschlagshäufigkeit zu erhöhen, und schlagen Sie konkrete **Maßnahmen** vor, mit denen sich eine Veränderung dieser Größen erreichen lässt.

Einflussgrößen und konkrete Maßnahmen zur Steigerung der Umschlagshäufigkeit:

d) Zeigen Sie, welche positiven **Folgen** eine **Erhöhung der Umschlagshäufigkeit** hat.

Folgen/Wirkungen einer Steigerung der Umschlagshäufigkeit:

e) Erörtern Sie, inwiefern eine (im Vergleich zur Branche) extrem **überdurchschnittliche Umschlagshäufigkeit** auch **Zeichen einer „gefährlichen" Entwicklung** sein kann.

Problematik einer stark überdurchschnittlichen Umschlagshäufigkeit:

Lernsituation 7:
Eine mangelhafte Lieferung bearbeiten

©bofotolux-fotolia.com

Auf Martin Kraft ist immer Verlass. Sorgfältig hat er die am Morgen eingetroffene Warenlieferung über Radtrikots geprüft und mit der Bestellung verglichen. Neben den georderten Artikeln aus dem Standardsortiment sind auch 20 nach Wunsch bedruckte Radtrikots für eine Fan-Gruppe aus der Nachbarstadt Gelsenkirchen geliefert worden.

„Das kann doch nicht wahr sein", schimpft Martin Kraft bei Werner Reif. „Hier ist ja alles verkehrt. Wenn die Fans diese Trikots sehen könnten, würden sie nie wieder bei uns kaufen! Ganz besonders ärgerlich ist allerdings, dass wir jetzt unseren druckfrischen Wochenprospekt entsorgen können. Die auf der Titelseite groß beworbenen Radtrikots ‚Flèche Wallone' können wir gar nicht anbieten."

Werner Reif: „Herr Kraft, um dieses Chaos zu ordnen, erstellen Sie bitte erst einmal eine genaue Auflistung aller Mängel, die Sie in der heutigen Lieferung festgestellt haben."

Martin Kraft: „Das ist bereits erledigt. Schauen Sie sich das Desaster mal an ..."

bestellte Artikel	gelieferte Artikel
20 Radtrikots „San Remo" in blau-weiß mit Aufdruck: „S 04 for ever"	20 Radtrikots „San Remo" in blau-weiß mit Aufdruck: „S 05 for ever"
40 Radtrikots „Flèche Wallone", Hightex-Dry Polyester	40 Radtrikots „Flèche Wallone", Baumwoll-Jersey
20 Langarmtrikots mit Kapuze und Kordelzug (Auslaufmodell/Restbestand)	wie bestellt, jedoch fehlen bei 12 Langarmtrikots die üblichen Ersatz-Kordelstopper
50 Radtrikots „Tourmalet", ärmellos, gelb	50 Radtrikots „Tourmalet", ärmellos, gelb, Verpackung angestaubt
48 Radtrikots Sondermodell „100 Jahre Tour de France"	40 Radtrikots Sondermodell „100 Jahre Tour de France"

Martin Kraft: „Außerdem haben wir vergeblich versucht, den Pumpentester, den wir bei unserer großen Auswahl an Luftpumpen als besonderen Service für unsere Kunden angeschafft haben, funktionsfähig aufzubauen. Die Montageanleitung ist einfach nicht zu gebrauchen. Und es kommt noch schlimmer: Das gestern von der AKIA KG gelieferte und von ihr „fachgerecht" montierte Verkaufsregal für unsere Fahrradanhänger ist aufgrund unzureichender Befestigung zusammengestürzt. Dem Regal ist nichts Schlimmes passiert, aber es hat bei unseren teuren Einspuranhängern einen Schaden von ca. 1800,00 EUR verursacht. Was sollen wir dagegen tun, Chef?"

©Dr. Gerd Keiser, Gelsenkirchen

Werner Reif: „Gute Frage, Herr Kraft. Und was werden wir eigentlich hinsichtlich des Beleuchtungssystems „full power light" unternehmen, das heute schon 3 Kunden reklamiert haben, weil die Batterien im Gerät ausgelaufen waren? Ich fasse mal zusammen, welchen Klärungsbedarf wir haben:

- ➔ Welche unterschiedlichen Mängel haben wir festgestellt, und wie gehen wir damit um?
- ➔ Welche Rechte stehen uns lt. BGB überhaupt zu? Können wir auch Schadensersatz fordern? Was versteht man unter vorrangigen bzw. nachrangigen Rechten?
- ➔ Welche Pflichten dürfen wir nicht übersehen, damit wir unsere Rechte auch in Anspruch nehmen können?
- ➔ Müssen unsere Kunden ebenso bestimmte Pflichten einhalten, um ihrerseits eine Mängelhaftung geltend machen zu können?"

Arbeitsaufträge

1. Der Gesetzgeber hat im Bürgerlichen Gesetzbuch (Buch 2: Recht der Schuldverhältnisse) u. a. **Rechte und Pflichten von Käufer und Verkäufer** bei mangelhafter Lieferung geregelt.

a) Bei Warenlieferungen können sehr unterschiedliche Mängel auftreten. Um ggf. Rechte in Anspruch nehmen zu können, muss zunächst festgestellt werden, ob es sich überhaupt um einen Sachmangel im Sinne des Gesetzes handelt.

Zeigen Sie anhand des § 434 BGB, welche **Arten der Sachmängel** unterschieden werden.

§ 434 BGB Sachmangel

(1) Die Sache ist frei von Sachmängeln, wenn sie bei Gefahrübergang die vereinbarte Beschaffenheit hat. Soweit die Beschaffenheit nicht vereinbart ist, ist die Sache frei von Sachmängeln,

1. wenn sie sich für die nach dem Vertrag vorausgesetzte Verwendung eignet, sonst
2. wenn sie sich für die gewöhnliche Verwendung eignet und eine Beschaffenheit aufweist, die bei Sachen der gleichen Art üblich ist und die der Käufer nach der Art der Sache erwarten kann.

   Zu der Beschaffenheit nach Satz 2 Nr. 2 gehören auch Eigenschaften, die der Käufer nach den öffentlichen Äußerungen des Verkäufers, des Herstellers [...] oder seines Gehilfen insbesondere in der Werbung oder bei der Kennzeichnung über bestimmte Eigenschaften der Sache erwarten kann [...]

(2) Ein Sachmangel ist auch dann gegeben, wenn die vereinbarte Montage durch den Verkäufer oder dessen Erfüllungsgehilfen unsachgemäß durchgeführt worden ist. Ein Sachmangel liegt bei einer zur Montage bestimmten Sache ferner vor, wenn die Montageanleitung mangelhaft ist, es sei denn, die Sache ist fehlerfrei montiert worden.

(3) Einem Sachmangel steht es gleich, wenn der Verkäufer eine andere Sache oder eine zu geringe Menge liefert.

Arten der Sachmängel: ______________________________

____

____

____

____

____

____

b) Der Gesetzgeber hat auch festgelegt, wie lange die gesetzliche Mängelhaftung (Gewährleistung) des Verkäufers grundsätzlich gilt. Zeigen Sie anhand § 438 BGB, in welchem Zeitraum die Reif KG ihre **Rechte** aus mangelhafter Lieferung in Anspruch nehmen muss, damit sie nicht **verjähren.**

§ 438 BGB Verjährung der Mängelansprüche

(1) Die in § 437 Nr. 1 und 3 bezeichneten Ansprüche [Rechte aus mangelhafter Lieferung] verjähren

1. in 30 Jahren, wenn der Mangel [...]
   b) in einem sonstigen Recht, das im Grundbuch eingetragen ist, besteht,
2. in fünf Jahren
   a) bei einem Bauwerk und [...]
3. im Übrigen in zwei Jahren.

(2) Die Verjährung beginnt bei Grundstücken mit der Übergabe, im Übrigen mit der Ablieferung der Sache.

(3) Abweichend von Absatz 1 Nr. 2 und 3 und Absatz 2 verjähren die Ansprüche in der regelmäßigen Verjährungsfrist, wenn der Verkäufer den Mangel arglistig verschwiegen hat. [...]

Verjährung der Ansprüche aus mangelhafter Lieferung:

2. Beschreiben Sie die Mängel der in der Reif KG eingegangenen Lieferungen und entscheiden Sie jeweils, welche **Art des Sachmangels** vorliegt und ob es sich dabei um einen **offenen oder versteckten Mangel** handelt.

bestellte Artikel – Beschreibung des Mangels	Art des Sachmangels	offen/ versteckt
Radtrikots „San Remo" – mit Aufdruck „SOG for ever" geliefert wurde „SOS for ever"	Beschaffenheit	offen
Radtrikots „Flèche Wallone" – Polyester geliefert wurde Baumwolle	Art	offen
Langarmshirts mit Kapuze und Kordelzug – es fehlen bei 12 Trikots etwas	Beschaffenheit	offen
Radtrikots „Tourmalet" – Verpackung angestaubt	kein Mangel	/
Radtrikots Sondermodell „100 Jahre Tour de France" – es kamen 8 zu wenig	Menge /zu wenig	offen
Pumpentester – Unbrauchbare Montage	Mangel in der Montageanleitung	offen
Verkaufsregal – Zusammengefallen	Montage	offen
Beleuchtungssytem „full power light" – ausgelaufene Batterien	Beschaffenheit	versteckt

Lernsituation 7

3. Damit der Radmarkt die Rechte aus der Mängelhaftung gegenüber seinen Lieferern geltend machen kann, hat er bestimmte Regelungen hinsichtlich der **Prüfpflicht**, der **Rügepflicht** und der **Aufbewahrungspflicht** zu berücksichtigen. Martin Kraft prüft deshalb die Lieferungen stets unverzüglich, i. d. R. also taggleich, und setzt sich anschließend direkt mit den Lieferern in Verbindung. Für die Kunden des Radmarktes (Verbraucher) sind die Regelungen z. T. weniger streng.

   Informieren Sie sich über die oben genannten Pflichten und entscheiden Sie, ob die folgenden Aussagen richtig oder falsch sind. Bei falschen Aussagen begründen Sie Ihre Auffassung kurz.

Nr.	Aussagen	richtig	falsch
1.	Eine Rüge ist an keine Formvorschrift gebunden, sie muss jedoch Art und Umfang des Mangels bestimmen.		
2.	Wenn innerhalb der vorgeschriebenen Frist keine Rüge erfolgt, gilt die Ware als genehmigt und der Käufer verliert seine Gewährleistungsrechte.		
3.	Jede Rüge, die nicht unverzüglich erfolgt, ist nicht rechtzeitig und somit unwirksam.		
4.	Mit Ablieferung der Ware beginnt grundsätzlich sowohl die Prüffrist als auch die Rügefrist.		
5.	Mängel, die durch ordnungsgemäße Untersuchung erkennbar sind, müssen beim zweiseitigen Handelskauf unverzüglich nach Lieferung geprüft und gerügt werden.		
6.	„Unverzüglich" ist ein fachsprachliches Synonym für „sofort".		
7.	Werden versteckte Mängel erst nach Ablauf von 2 Jahren entdeckt, sind sie verjährt. Der Käufer kann dann keine Ansprüche mehr geltend machen.		
8.	Bei arglistig verschwiegenen Mängeln hat der Gesetzgeber die Rügefrist aufgehoben, um den Verkäufer nicht unnötig in Schutz zu nehmen.		
9.	Wenn der Gesetzgeber von „unverzüglich" spricht, benutzt er einen relativen Zeitbegriff, um klarzustellen, dass z. B. für die Untersuchung komplizierter technischer Geräte eine längere Frist zu gewähren ist als für die Untersuchung frischer Lebensmittel.		
10.	Bei der Lieferung von Marken- oder Qualitätswaren entfällt die Prüfpflicht.		
11.	Der Käufer darf mangelhafte Ware unmittelbar zurücksenden, damit sie nicht unnötig Lagerplatz beansprucht.		
12.	Die Kosten des Rücktransportes hat grundsätzlich der Verkäufer zu tragen.		

4. Bevor die Mängel den Lieferern angezeigt und entsprechende Forderungen gestellt werden, muss man einen **Überblick** über die grundsätzlich **zur Verfügung stehenden Rechte** gewinnen.

Vervollständigen Sie dazu den folgenden Text mit den in alphabetischer Reihenfolge vorgegebenen Fachbegriffen.

abgelaufen / angemessene Nacherfüllungsfrist / erfolglos / erfolglos / erheblichen / fehlgeschlagen / genauer Lieferzeitpunkt / Minderung des Kaufpreises / nachbessern / Nacherfüllung / nachgebessert / nachrangigen / neben / neben / neu geliefert / Neulieferung / Neulieferung / Preisnachlass / Schaden / statt / unerheblichen / unmöglich / unmöglich / unmöglich / unverhältnismässig / unzumutbar / unzumutbar / unzumutbar / Verkäufer / Verschulden des Verkäufers / verweigert / vom Kaufvertrag zurücktreten / vorrangigen Rechte / Zweck / Zweckkauf

Bei mangelhafter Lieferung darf der Käufer zunächst nur die ______________________ in Anspruch nehmen, d. h., er kann ausschließlich __________________ verlangen. Dabei darf er grundsätzlich frei entscheiden, ob die mangelhafte Ware __________________ oder ________________ werden soll.

Meist wählt der Käufer eine ________________ , die sich schnell und ohne Wertverlust an der Ware abwickeln lässt. Allerdings darf seine Wahl nicht _______________ oder ______________ für den Verkäufer sein: Wenn z. B. durch Neulieferung einer Sonderanfertigung __________________ hohe Kosten entstünden oder wenn aufgrund eines Modellwechsels eine Neulieferung faktisch ___________ ist, kann der ___________ diese Art der Nacherfüllung ablehnen und stattdessen _____________ . Sollte dagegen eine Nachbesserung _____________ oder ____________ sein, z. B. weil die Anfahrtskosten des Kundendienstes den Warenwert übersteigen oder weil es gar keinen Kundendienst gibt, darf der Verkäufer eine ________________ veranlassen.

Gegebenenfalls kann der Käufer zusätzlich Schadensersatz __________ der Leistung fordern.

Die _________________ Rechte darf der Käufer nur in Anspruch nehmen,

1. falls der Käufer eine ______________________________ gesetzt hat und diese ____________ , also ohne dass der Mangel behoben ist, _________________ ist;

2. falls die Nacherfüllung _______________ war. Das heißt: Entweder hat der Verkäufer die Nacherfüllung _______________ oder sie ist ________________ oder trotz Bemühens des Verkäufers _________________ ;

3. bei einem Fixkauf, wenn also ein ____________________________ wesentlicher Bestandteil des Vertrages ist, oder bei einem _________________ , wenn also eine Nacherfüllung keinen Sinn mehr macht, weil der ______________ nicht mehr erfüllt würde.

Bei ______________ Mängeln wird dem Käufer nur das Recht auf ______________________ gewährt, d. h., er kann über einen ______________ verhandeln. Dies kann z. B. bei Eigennutzung sinnvoll sein, wenn die Funktionsfähigkeit der Ware nicht beeinträchtigt ist. Ggf. kann er zudem Schadensersatz _________ der Leistung verlangen.

Bei ______________ Mängeln darf der Käufer _____________________________ (z. B. wenn die defekte Ware unbrauchbar ist bzw. so nicht weiterverkauft werden kann) und er kann Schadensersatz _________ der Leistung bzw. Ersatz vergeblicher Aufwendungen einfordern.

Zu beachten ist: Schadensersatz kann grundsätzlich nur dann verlangt werden, wenn wirklich ein _______________ entstanden ist und ____________________________ vorliegt.

Lernsituation 7

5. Der Gesetzgeber knüpft die **Inanspruchnahme nachrangiger Rechte** bei mangelhafter Lieferung an **Bedingungen**. Überlegen Sie, was den Gesetzgeber dazu bewogen haben könnte, genau diese Bedingungen festzulegen.

Bedingungen zur Inanspruchnahme von nachrangigen Rechten – Gründe des Gesetzgebers:

6. Inanspruchnahme von **Rechten aus mangelhafter Lieferung**

   a) Entscheiden Sie, welches **Recht** der Radmarkt jeweils **geltend machen** soll, und begründen Sie Ihre Entscheidungen. Folgen Sie dazu der vorbereiteten Lösungssystematik.

Radtrikots „San Remo"		
Ist eine Nacherfüllung möglich?	(ja)	nein
Begründung: Neulieferung mit korrekten Druck		
Ist eine Inanspruchnahme nachrangiger Rechte möglich?	ja	(nein)
Begründung:		
Welches Recht soll der Radmarkt hier in Anspruch nehmen?	Neulieferung X Nachbesserung Rücktritt Minderung Schadensersatz/Art:	
Begründung:		

Radtrikots „Flèche Wallone"		
Ist eine Nacherfüllung möglich?	ja	nein
Begründung:		
Ist eine Inanspruchnahme nachrangiger Rechte möglich?	ja	nein
Begründung:		
Welches Recht soll der Radmarkt hier in Anspruch nehmen?	Neulieferung ✓ Nachbesserung Rücktritt Minderung Schadensersatz/Art:	
Begründung:		

Langarmtrikots mit Kapuze und Kordelzug		
Ist eine Nacherfüllung möglich?	ja	nein
Begründung:		
Ist eine Inanspruchnahme nachrangiger Rechte möglich?	ja	nein
Begründung:		
Welches Recht soll der Radmarkt hier in Anspruch nehmen?	Neulieferung ✓ Nachbesserung Rücktritt Minderung Schadensersatz/Art: Neben der Leistung ✓	
Begründung:		

Radtrikots Sondermodell „100 Jahre Tour de France"		
Ist eine Nacherfüllung möglich?	ja	nein
Begründung:		
Ist eine Inanspruchnahme nachrangiger Rechte möglich?	ja	nein
Begründung:		
Welches Recht soll der Radmarkt hier in Anspruch nehmen?	Neulieferung ✓ Nachbesserung Rücktritt Minderung Schadensersatz/Art:	
Begründung:		

Lernsituation 7

Pumpentester		
Ist eine Nacherfüllung möglich?	ja	nein
Begründung:		
Ist eine Inanspruchnahme nachrangiger Rechte möglich?	ja	nein
Begründung:		
Welches Recht soll der Radmarkt hier in Anspruch nehmen?	Neulieferung Nachbesserung Rücktritt Minderung Schadensersatz/Art:	
Begründung:		

Verkaufsregal		
Ist eine Nacherfüllung möglich?	ja	nein
Begründung:		
Ist eine Inanspruchnahme nachrangiger Rechte möglich?	ja	nein
Begründung:		
Welches Recht soll der Radmarkt hier in Anspruch nehmen?	Neulieferung Nachbesserung Rücktritt Minderung Schadensersatz/Art:	
Begründung:		

Beleuchtungssystem „full power light“		
Ist eine Nacherfüllung möglich?	ja	nein
Begründung:		
Ist eine Inanspruchnahme nachrangiger Rechte möglich?	ja	nein
Begründung:		
Welches Recht soll der Radmarkt hier in Anspruch nehmen?	Neulieferung Nachbesserung Rücktritt Minderung Schadensersatz/Art:	
Begründung:		

LERNFELD 4

b) Verfassen Sie für die gesamte mangelhafte **Trikot-Lieferung** vom 03.05.20.. unter Beachtung der DIN 5008 eine **Mängelrüge** an die Trikotage GmbH, Am Horstweg 12, 71068 Sindelfingen.

Der Radmarkt

Reif KG
Rund ums Rad

Reif KG, Schlossgraben 30, 45657 Recklinghausen

Ihr Zeichen:
Ihre Nachricht vom:
Unser Zeichen:
Unsere Nachricht vom:

Name:
Telefon: 02361 2409-1
Telefax: 02361 2410
E-Mail: info@reif.de

Datum:

Handelsregister: HRA 1222
USt-IdNr.: DE146279918
Erfüllungsort und Gerichtsstand: Recklinghausen

www.radmarkt-reif.com

Bankverbindung
Sparkasse Vest Kto. 170642
IBAN DE45 4265 0100 0000 1706 42
BIC WELADED1REK

Lernsituation 8:
Theorie und Praxis des Lieferungsverzugs erfassen

Der „RV Pfeil Hochlar" ist der erfolgreichste Radsportverein im nördlichen Westfalen. Neben einem jährlichen Straßenradrennen für Amateure veranstaltet der Verein zu Saisonbeginn Anfang April regelmäßig ein über die regionalen Grenzen hinaus bekanntes „Jedermann-Rennen" – von 20 km für Familien bis zu 150 km für ambitionierte Freizeitsportler. Für das diesjährige Event haben sich bereits 10000 Teilnehmer angemeldet.

Die Reif KG, bei der etliche Mitarbeiter selbst begeisterte Radsportler sind, unterstützt seit Jahren durch Spenden den „RV Pfeil Hochlar" und beteiligt sich auch an der Organisation des „Jederman-Rennens" werbewirksam: Die Ziellinie ist mit einem Werbebanner des Radmarktes überspannt, an unterschiedlichen Standorten des Rennverlaufs sind Mitarbeiter postiert, die kleinere Reparaturen durchführen, und Werner Reif ist selbstverständlich ein Offizieller bei den Siegerehrungen. Der Imagegewinn für die Reif KG ist erheblich, und das Kundeninteresse steigt in den Tagen und Wochen danach immer deutlich.

Die Planungen im Radmarkt zur Vorbereitung des „Jedermann-Rennens" sind weit fortgeschritten. Dirk König als Verantwortlicher ist eigentlich sehr zufrieden, allerdings fehlen die fest zugesagten Startnummernleibchen mit passendem Werbeaufdruck; der Lieferant hat soeben mitgeteilt, dass sie aufgrund eines hohen Krankenstandes nicht mehr rechtzeitig geliefert werden können. Außerdem meldet Martin Kraft aus der Warenannahme, dass die Lieferung über Radhosen, die vereinbarungsgemäß bis Ende März eintreffen sollte, noch immer nicht eingegangen ist: „Meine telefonische Nachfrage hat ergeben, dass unsere Bestellung irgendwie verschwunden sei, man aber versuchen wolle, noch rechtzeitig zum Rennen zu liefern. Der günstige Preis war ja gut, aber jetzt diese „Hängepartie" ist wirklich ärgerlich, denn erfahrungsgemäß werden gerade die Radhosen nach der Veranstaltung besonders häufig gekauft."

„Falls wir die Sachen nicht rechtzeitig erhalten", denkt Dirk König laut, „werden sich die Lieferanten wohl auf Schadensersatzforderungen einstellen müssen. Zumindest die Startnummernleibchen können wir aber bestimmt noch schnell in einem anderen Shop anfertigen lassen."

Michelle Hoffmann, Auszubildende zur Kauffrau im Büromanagement, ist da nicht so sicher. „Herr König, wir haben uns in der Berufsschule gerade mit den Kaufvertragsstörungen beschäftigt. Es müssen erst die Voraussetzungen für Lieferungsverzug geprüft werden, gegebenenfalls ist eine Mahnung erforderlich, und unter Umständen macht es Sinn, noch eine Nachfrist zu setzen. Außerdem wäre zu klären, wie wir den Schaden berechnen, falls die Radhosen nicht rechtzeitig geliefert werden."

Herr König: „Ich verstehe, was Sie mir sagen wollen, und Sie haben recht: Wir sollten die Sache systematisch angehen …"

Arbeitsaufträge

1. Lieferungsverzug tritt nur ein, wenn die folgenden Voraussetzungen erfüllt sind:
   - ➔ Möglichkeit der Leistung
   - ➔ Fälligkeit der Leistung
   - ➔ Mahnung (falls erforderlich)
   - ➔ Verschulden des Lieferers.

a) Erklären Sie, was mit **„Möglichkeit der Leistung"** gemeint ist, und finden Sie 2 Beispiele dafür, dass einem Lieferer des Radmarktes die Leistung unmöglich ist.

Möglichkeit/Unmöglichkeit der Leistung:

b) Wann die Lieferung fällig ist, hängt davon ab, ob überhaupt eine vertragliche Regelung zwischen Käufer und Verkäufer getroffen wurde bzw. welche Lieferzeit/welcher Liefertermin im Kaufvertrag festgelegt wurde.

Recherchieren Sie, wann **„Fälligkeit der Leistung"** gegeben ist,

➔ wenn **keine vertragliche Vereinbarung getroffen** wurde (vgl. § 271 BGB),

➔ wenn ein **eindeutiger Liefertermin bzw. eine eindeutige Lieferfrist vereinbart** wurde,

➔ wenn **kein eindeutiger (spätester) Liefertermin vereinbart** wurde.

c) **Grundsätzlich** gerät der Lieferer erst mit Zugang einer **Mahnung** in Verzug. In Ausnahmefällen ist eine Mahnung jedoch entbehrlich.

Nennen Sie die **4 Fälle**, in denen der Lieferer auch **ohne Mahnung in Lieferungsverzug** gerät, und erklären Sie kurz, warum der Gesetzgeber in dem jeweiligen Fall wohl auf die Mahnung verzichtet.

Entbehrlichkeit der Mahnung:

d) Erklären Sie, was der Gesetzgeber unter **„Verschulden"** versteht.

Definition Verschulden:

2. Michelle Hoffmann bittet Herrn König darum, sich einige Fallbeispiele aus dem Berufsschulunterricht gemeinsam anzusehen, denn in puncto **„Mahnung oder nicht"** ist sie sich nicht immer ganz sicher.

Prüfen Sie, ob in den folgenden Fällen eine Mahnung für den **Eintritt des Lieferungsverzuges** erforderlich ist, und begründen Sie Ihre Einschätzung.

Nr.	Fall	Mahnung notwendig? ja/nein	Begründung
1.	Die für den Tag der offenen Tür anlässlich des Firmenjubiläums bestellte Luftballondekoration wird nicht geliefert.	X	Zweckkauf -> nein
2.	Der neue Wohnzimmerschrank ist nach 3 Wochen noch nicht geliefert. Die vertragliche Vereinbarung lautet: Lieferung schnellstmöglich.	✓	Unbestimmt -> ja
3.	Eine Verkaufstheke wird individuell angefertigt. Zugesagt (aber nicht eingehalten) wird: „Lieferung nach Fertigstellung im November 20..".	X	später Termin -> nein
4.	Zu Beginn der 14. Kalenderwoche stellt der Käufer fest, dass die neue Computeranlage bereits in der 13. Kalenderwoche geliefert werden sollte.	X	Ende 13 KW -> nein

Nr.	Fall	Mahnung notwendig? ja/nein	Begründung
5.	Der Hersteller bestätigt, dass er die vereinbarte Lieferung nicht leisten wird, weil er sie bereits an einen anderen Kunden ausgeliefert hat.	X	Selbstinverzugsetzung → ~~Lieferant~~ Liefert Ware nicht
6.	Die Lieferbedingung lautet: „Lieferung am 27.06.20..“. Am 28.06.20.. ist noch keine Lieferung erfolgt.	X	Termin ist fest bestimmt
7.	Im Kaufvertrag ist vereinbart: „Lieferung in ca. 3 Monaten.“	✓	Unbestimmt → Ja
8.	Der Großhändler hält den vereinbarten Liefertermin nicht ein, kündigt aber rechtzeitig einen neuen Termin an, der dem Käufer keine Probleme bereitet.	X	beidseitiges Interesse

3. Wenn die Voraussetzungen für den Lieferungsverzug erfüllt sind, kann der Käufer unterschiedliche Rechte geltend machen. Es ist aber zu berücksichtigen, dass er gegebenenfalls eine Nachfrist setzen muss, um dem Lieferer eine letzte Chance einzuräumen, den Vertrag trotz Verspätung noch zu erfüllen. Die Nachfrist kann bereits in der Mahnung, aber ggf. ebenso in einem gesonderten Schreiben gesetzt werden.

   Stellen Sie fest, ob für die **Inanspruchnahme der folgenden Rechte** eine **Nachfrist erforderlich** ist, und erläutern Sie das Recht durch Angabe eines Beispiels. Formulieren Sie anschließend jeweils eine verallgemeinernde Entscheidungsrichtlinie.

Rechte aus Lieferungsverzug	Nachfrist erforderlich? ja/nein	Beispiele
Bestehen auf Erfüllung des Vertrages		
Schadensersatz wegen verspäteter Lieferung		

LERNFELD 4

Rechte aus Lieferungs-verzug	Nachfrist erforderlich? ja/nein	Beispiele
Rücktritt vom Vertrag		
Schadensersatz statt der Lieferung		

4. Die **Schadensberechnung** bei Lieferungsverzug kann schwierig sein, und wer **Schadensersatz** in Anspruch nehmen möchte, muss glaubhaft machen können, dass und in welcher Höhe ein Schaden entstanden ist.

   Finden Sie je zwei Beispiele dafür, dass ein konkreter (nachweisbarer) Schaden entstanden ist, bzw. dafür, dass ein abstrakter Schaden entstanden ist, der durch Hochrechnen des „gewöhnlichen Laufs der Dinge" geschätzt werden muss. Erklären Sie auch, was eine Konventionalstrafe ist und welches Ziel sie hat.

Beispiele für einen konkreten Schaden:

Beispiele für einen abstrakten Schaden:

Konventionalstrafe:

5. Alle relevanten Informationen zum Lieferungsverzug sind inzwischen zusammengetragen; nun müssen in der Reif KG Entscheidungen gefällt werden.

   a) Ermitteln Sie mithilfe des folgenden **Prüfschemas,** ob für die aktuellen Fälle des Radmarktes **Lieferungsverzug** vorliegt und welche **Rechte** eingefordert werden können bzw. sollen. Begründen Sie Ihre Entscheidungen jeweils kurz.

	Startnummernleibchen	
Voraus-setzungen erfüllt?	Möglichkeit X	
	Fälligkeit	er kommt in die Fälligkeit da er nicht zum Termin liefern wird
	Mahnung	keine erforderlich
	Verschulden	zumindest Fahrlässigkeit da für Ersatzpersonal zu sorgen ist
Inanspruch-nahme welcher Rechte?	Bestehen auf Erfüllung des Vertrages	Sinnfrei, da Lieferer sich selbst in Verzug gesetzt [illegible] hat
	Schadensersatz wegen verspäteter Lieferung	möglich aber nicht zielführend
	Rücktritt vom Vertrag	Der Radmarkt kann/sollte zurücktreten
	Schadensersatz statt der Lieferung/ Ersatz vergeblicher Aufwendungen	Lieferer muss ggf. Mehrpreis übernehmen
Schadens-berechnung?	konkret/abstrakt/ Konventionalstrafe	Konkret

Radhosen		
Voraus-setzungen erfüllt?	Möglichkeit	
	Fälligkeit	
	Mahnung	
	Verschulden	
Inanspruch-nahme welcher Rechte?	Bestehen auf Erfüllung des Vertrages	
	Schadensersatz wegen verspäteter Lieferung	
	Rücktritt vom Vertrag	
	Schadensersatz statt der Lieferung/ Ersatz vergeblicher Aufwendungen	
Schadens-berechnung?	konkret/abstrakt/ Konventionalstrafe	

b) Verfassen Sie (unter Beachtung der DIN 5008 und ggf. in englischer Sprache) an den britischen Lieferanten der Radhosen einen Brief, mit dem Sie das von Ihnen gewählte Recht in Anspruch nehmen. Die Adresse des Lieferers lautet: Slowtex Ltd., 47 Baker Corner, London, NW2 3LK, Great Britain.

Der Radmarkt

Reif KG
Rund ums Rad

Reif KG, Schlossgraben 30, 45657 Recklinghausen

Ihr Zeichen:
Ihre Nachricht vom:
Unser Zeichen:
Unsere Nachricht vom:

Name:
Telefon: 02361 2409-1
Telefax: 02361 2410
E-Mail: info@reif.de

Datum:

Handelsregister: HRA 1222
USt-IdNr.: DE146279918
Erfüllungsort und Gerichtsstand: Recklinghausen

www.radmarkt-reif.com

Bankverbindung
Sparkasse Vest Kto. 170642
IBAN DE45 4265 0100 0000 1706 42
BIC WELADED1REK

Lernsituation 9:
Den Zahlungsverkehr modern und flexibel abwickeln

Ein Lagerregal im Reservelager muss repariert werden. Martin Kraft ist bereits auf dem Weg zum nächstgelegenen Baumarkt, um Kleinmaterial für die Reparatur zu besorgen. Aus der Tageskasse des Radmarktes hat er sich gegen Quittung einen großzügig dimensionierten Bargeldbetrag von 200,00 EUR aushändigen lassen. Den Restbetrag von 32,40 EUR wird er später in die Kasse zurückgeben.

Dirk König, verantwortlich für die Buchhaltung, ist mit diesem Vorgehen gar nicht einverstanden. Es existiert doch die Weisung, dass bei der Beschaffung grundsätzlich eine Rechnung erforderlich ist, die nach Prüfung bargeldlos beglichen wird. Die Kassenabrechnung ist jedenfalls ein ständiger Unruheherd. Jeden Abend stellt sich für den entsprechenden Mitarbeiter die bange Frage, ob die Kasse stimmt, und es kommt nicht selten vor, dass Überstunden fällig werden, weil Fehler in der Abrechnung gesucht und beseitigt werden müssen. Die sei längerer Zeit an der Kasse eingeführten elektronischen Bezahlmöglichkeiten für die Kunden haben zwar durch die automatisierte Abwicklung zu einer Entlastung geführt, aber die Problematik natürlich nicht gänzlich gelöst.

Auf der Beschaffungsseite versucht der Radmarkt, Bargeldzahlungen so weit eben möglich zu vermeiden. Ein Teil der ausgehenden Zahlungen wird über Lastschriften abgewickelt. Die anfallenden Eingangsrechnungen werden i. d. R. spätestens drei Tage vor Fälligkeit per Überweisung bezahlt, obwohl Dirk König aus wirtschaftlichen Gründen noch immer die Zahlung mit Schecks bevorzugen würde.

Wichtig ist letztendlich, den Wandel der Zahlungssysteme im Blick zu behalten und die Zahlungsvorgänge kostengünstig, effizient und nicht zuletzt auch möglichst sicher zu gestalten.

Dass mit SEPA in Europa inzwischen ein großer einheitlicher Zahlungsverkehrsraum geschaffen ist, freut Dirk König: Es erleichtert bei Bedarf eine Ausweitung der Beschaffungs- und Absatzmärkte, da Überweisungen, Lastschriften und Kartenzahlungen hier einheitlich abgewickelt werden. Auf dem Schreibtisch von Dirk König liegt gerade das Last-schrift-Mandat des Lieferers Velo GmbH zur Unterschrift, als er mitbekommt, dass zum Feierabend schon wieder eine Kasse nicht stimmt …

Velo GmbH Enschede (NL)
Gläubiger-Identifikationsnummer NL8854897432xxxx39
Mandatsreferenz 765432MB1

SEPA-Lastschriftmandat
Ich ermächtige die Velo GmbH Enschede (NL), Zahlungen von meinem Konto mittels Lastschrift einzuziehen. Zugleich weise ich mein Kreditinstitut an, die von der Velo GmbH auf mein Konto gezogenen Lastschriften einzulösen.

Reif KG
Schlossgraben 30
45657 Recklinghausen
Germany
IBAN: DE45 4265 0100 0000 1706 42
BIC: WELADED1REK

____
Ort, Datum, Unterschrift

Arbeitsaufträge

1. Wenn die Kassenabrechnung nicht stimmt, muss die Kasse neu aufgenommen werden. Das ist den Mitarbeitern an der Kasse klar, ohne dass Dirk König jeweils einen gesonderten Auftrag dazu erteilen muss.

   a) Erstellen Sie zunächst anhand des Abrechnungsbogens auf der folgenden Seite und unter Verwendung der angegebenen Daten die **Kassenabrechnung**.

   b) Klären Sie dann, welche **Ursachen für die Kassenabweichung** infrage kommen.

   Ursachen für die Kassenabweichung:

zu Arbeitsauftrag 1 a): **Daten für die Kassenabrechnung**				
Hartgeld (EUR)	**Papiergeld (EUR)**	**ELV (EUR)**	Wechselgeld (Anfangsbestand)	150,00 EUR
20 × 2,00	1 × 500,00	1 440,00	Bareinnahme lt. Kassenterminal	2 008,70 EUR
39 × 1,00	3 × 100,00		Barausgabe Fensterreinigung	57,80 EUR
2 × 0,50	11 × 50,00		Barausgabe (Martin Kraft)	200,00 EUR
10 × 0,20	15 × 20,00		Bareinlage (Martin Kraft)	32,40 EUR
8 × 0,10	16 × 10,00		ELV (elektronisches Lastschriftverfahren)	1 440,00 EUR
7 × 0,05	7 × 5,00			
3 × 0,02				
4 × 0,01				

Kassenabrechnung vom ______					
Münzen (Hartgeld)			**Noten** (Papiergeld)		
Anzahl	Einheit	EUR	Anzahl	Einheit	EUR
	2,00			500,00	
	1,00			200,00	
	0,50			100,00	
	0,20			50,00	
	0,10			20,00	
	0,05			10,00	
	0,02			5,00	
	0,01				
Summe Münzen			Summe Noten		

Kassenschlussbestand (lt. Kassen-Aufnahme/EUR)		**Kassenschlussbestand (lt. Kassenterminal/EUR)**	
		Anfangsbestand Wechselgeld	
Summe Noten		+ Bareinnahmen lt. Kassenterminal	
+ Summe Münzen		– Barausgaben lt. Quittung	
		+ Bareinlagen	
= Kassen-IST-Bestand		**= Kassen-SOLL-Bestand**	
ELV lt. Beleg		**ELV lt. Kassenterminal**	
Kassenüberschuss (+)/Kassenfehlbetrag (–)			

2. Stellen Sie durch Internet-Recherche fest, welchen mengenmäßigen bzw. wertmäßigen Anteil am gesamten Zahlungsverkehr **Barzahlungen** zurzeit haben, und erläutern Sie **Vor- und Nachteile** dieser Zahlungsart.

Der mengenmäßige Anteil der Barzahlungen an allen Geschäften beträgt zurzeit ca.

Der wertmäßige Anteil der Barzahlungen am Gesamtumsatz beträgt zurzeit ca.

Zahlung mit Bargeld	
Vorteile	**Nachteile**

3. In seltenen Fällen erhält der Radmarkt Lieferungen auch als **Postnachnahme durch den Paketzusteller.**

   a) Erläutern Sie, wie bei einer **Postnachnahme** die Zahlung erfolgt, und erklären Sie, warum diese Zahlungsweise als „halbbare Zahlung" bezeichnet wird.

   Ablauf einer Zahlung durch Postnachnahme:

b) Überlegen Sie Gründe, warum **Postnachnahmen** in der Praxis nur noch **selten** vorkommen.

Gründe für die Seltenheit von Postnachnahmen:

4. Die **Eingangsrechnungen** des Radmarktes werden in der Regel **bargeldlos** per Überweisung bezahlt, nachdem die Buchhaltung jede einzelne Rechnung **geprüft** und zur Zahlung freigegeben hat.

   a) Erläutern Sie, **was** bei Eingangsrechnungen zu prüfen ist und **wie** die jeweilige Kontrolle durchgeführt wird.

b) **Prüfen** Sie die folgende **Rechnung** anhand des zugehörigen Lieferscheins, kennzeichnen, beschreiben und korrigieren Sie die Fehler und entscheiden Sie anschließend über die **weitere Vorgehensweise** bei der Behandlung dieser Rechnung.

Athlon GmbH
Im Schönblick 12 | 46395 Bocholt

Athlon GmbH, Im Schönblick 12, 46395 Bocholt
Radmarkt Reif KG
Schlossgraben 30
45657 Recklinghausen

Telefon: 02871 5454601
Telefax: 02871 5454603
E-Mail: info@athlon.de
HRB: 200001
USt.-ID.: DE129272289

Bei Zahlung bitte stets angeben

Kundenummer	Rechnungsnummer	Datum
3457	7542	04.03.20..

Rechnung

Art.-Nr.	Artikel	Menge	Einzelpreis (EUR)	Gesamtpreis (EUR)
12 22 16	Kindersitze Relax, Sky-Optik, Heckmontage, TÜV/GS	14	69,95	879,30
12 22 20	Kindersitze Velo-Sport, pink, Heckmontage/Rahmenmontage, TÜV/GS	12	89,95	979,40
		Warenwert (netto)		1.858,70
		Umsatzsteuer 19 %		130,11
		Rechnungsbetrag		1.988,81

Die Ware bleibt bis zur vollständigen Bezahlung unser Eigentum. Zahlbar innerhalb von 10 Tagen 2 % Skonto oder 30 Tagen netto. Erfüllungsort und Gerichtsstand ist für beide Teile Bocholt.

Rechnungsprüfung		
	richtig	falsch
sachlich	☐	☐
rechnerisch	☐	☐
Beanstandungen:		

Datum:	Unterschrift:

Athlon GmbH
Im Schönblick 12 | 46395 Bocholt

Athlon GmbH, Im Schönblick 12, 46395 Bocholt
Reif KG
Schlossgraben 30
45657 Recklinghausen

Lieferschein

Lieferschein-Nr.: 642
Bestelldatum: 28.02.20..
Kunden-Nr.: 3457
Datum: 04.03.20..

Art.-Nr.	Artikel	Menge
12 22 16	Kindersitze Relax, Sky-Optik, Heckmontage, TÜV/GS	12
12 22 20	Kindersitze Velo-Sport, rot, Heckmontage/Rahmenmontage, TÜV/GS	14
	04.03.20.. Kraft	

Fehler in der vorliegenden Rechnung:

Korrekte Rechnungsbeträge:

Vorgehensweise bei der Behandlung einer fehlerhaften Rechnung:

5. Die **Überweisungen** für die Eingangsrechnungen bringt Dirk König häufig noch persönlich zur Sparkasse Vest. Mit dem SEPA-Formular kennt er sich bestens aus; doch eigentlich bevorzugt er Zahlungen mit **Verrechnungsscheck.** Der nette Kundenberater der Hausbank empfiehlt aber immer wieder das benutzerfreundliche und sichere **Online-Banking,** das im Leistungsangebot selbstverständlich nicht nur Überweisungen, sondern auch Zahlungen mit **Lastschrift** und **Dauerauftrag** bereithält.

   a) Ordnen Sie die folgenden Begriffe den mit Kreisen markierten **Kennzeichen der SEPA-Überweisung** zu:

   (1) Bankleitzahl,
   (2) Kontonummer,
   (3) IBAN des Empfängers,
   (4) Länderkennzeichen,
   (5) BIC des Begünstigten,
   (6) eigene IBAN,
   (7) Prüfziffer,
   (8) eigene BIC.

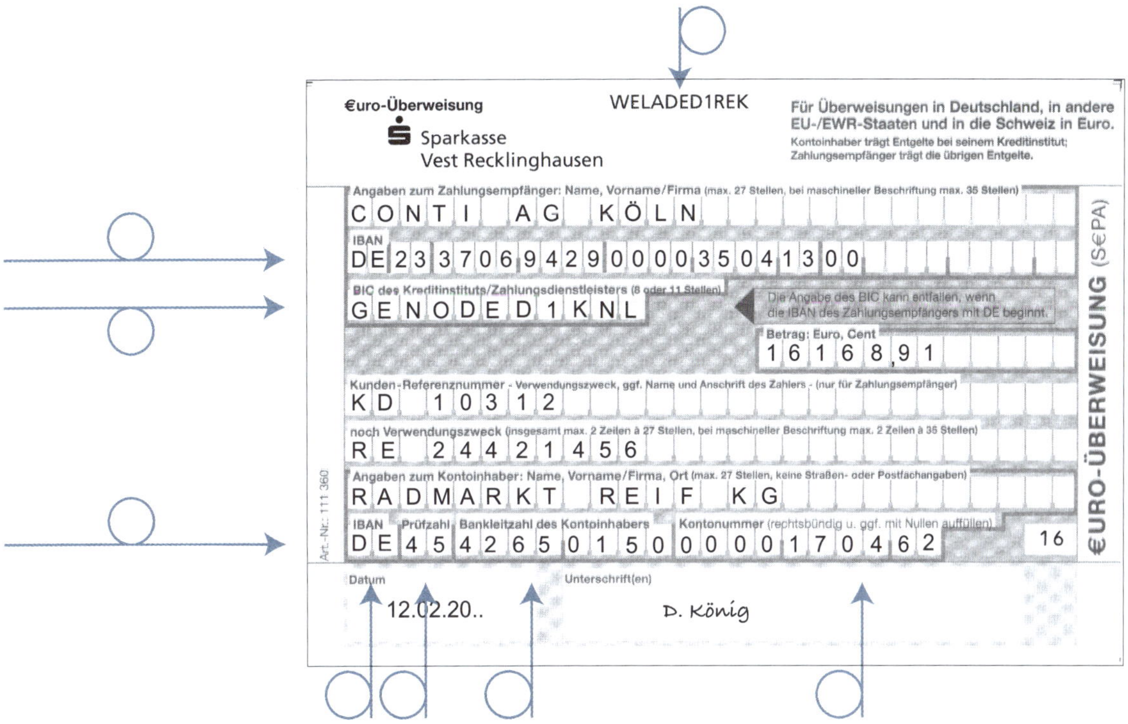
€uro-Überweisung
Sparkasse Vest Recklinghausen
WELADED1REK
Für Überweisungen in Deutschland, in andere EU-/EWR-Staaten und in die Schweiz in Euro.
Kontoinhaber trägt Entgelte bei seinem Kreditinstitut; Zahlungsempfänger trägt die übrigen Entgelte.
Angaben zum Zahlungsempfänger: Name, Vorname/Firma (max. 27 Stellen, bei maschineller Beschriftung max. 35 Stellen)
CONTI AG KÖLN
IBAN
DE23370694290000350413 00
BIC des Kreditinstituts/Zahlungsdienstleisters (8 oder 11 Stellen)
GENODED1KNL
Die Angabe des BIC kann entfallen, wenn die IBAN des Zahlungsempfängers mit DE beginnt.
Betrag: Euro, Cent
16168,91
Kunden-Referenznummer - Verwendungszweck, ggf. Name und Anschrift des Zahlers - (nur für Zahlungsempfänger)
KD 10312
noch Verwendungszweck (insgesamt max. 2 Zeilen à 27 Stellen, bei maschineller Beschriftung max. 2 Zeilen à 35 Stellen)
RE 2442145 6
Angaben zum Kontoinhaber: Name, Vorname/Firma, Ort (max. 27 Stellen, keine Straßen- oder Postfachangaben)
RADMARKT REIF KG
IBAN Prüfzahl Bankleitzahl des Kontoinhabers Kontonummer (rechtsbündig u. ggf. mit Nullen auffüllen)
DE45426501500000170462
16
Datum 12.02.20..
Unterschrift(en) D. König
Art.-Nr.: 111 360
€URO-ÜBERWEISUNG (S€PA)

b) Skizzieren Sie den **Ablauf einer Zahlung mit Überweisung**, indem Sie die folgenden Begriffe zuordnen:

(1) Grundgeschäft (z. B. Kaufvertrag) (2) Überweisungsauftrag (3) Kontobelastung

(4) Weiterleitung (5) Gutschrift

c) Überweisungen auszufüllen ist vergleichsweise aufwendig, egal ob händisch, am Terminal bei der Bank oder per Online-Banking; zumindest muss der Vorgang rechtzeitig und jedes Mal neu aufgerufen werden. Dieser Aufwand entfällt, wenn ein Dauerauftrag eingerichtet wird.

Erklären Sie den **Ablauf eines SEPA-Dauerauftrages** und bestimmen Sie, für welche Art von Zahlungen diese Sonderform der Überweisung gewählt werden sollte. Finden Sie mindestens 3 Praxisbeispiele für Daueraufträge, die der Radmarkt erteilen könnte bzw. sollte, um seinen Zahlungsverkehr zeitökonomisch zu organisieren.

Ablauf und Eignung eines SEPA-Dauerauftrags:

Beispiele für Daueraufträge des Radmarktes:

d) Dass „in der heutigen Zeit" Eingangsrechnungen nur noch selten per Verrechnungsscheck beglichen werden, bedauert Dirk König. Für den Zahler sei das immer eine „angenehme Lösung" gewesen.

Stellen Sie zunächst dar, wie eine **Zahlung mit Verrechnungsscheck** abläuft, indem Sie die folgenden Begriffe zuordnen:

(1) Grundgeschäft (z. B. Kaufvertrag),
(2) Versendung des ausgefüllten Verrechnungsschecks,
(3) Einreichung bei der eigenen Bank,
(4) Gutschrift E. v. auf dem Konto des Einreichers,
(5) Verrechnung zwischen den Banken,
(6) Belastung des Zahlers.

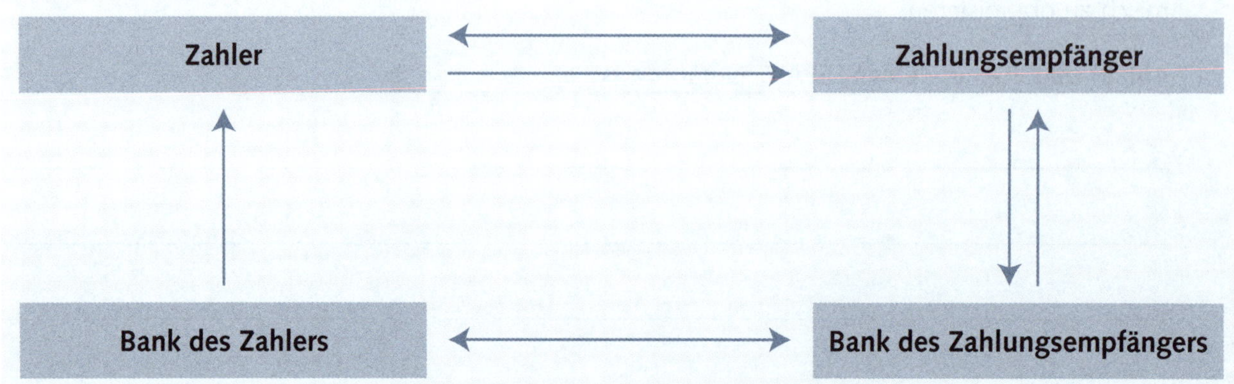

Erklären Sie, welche **Bedeutung** der Zusatz **„E. v.“** bei der Gutschrift auf dem Konto des Einreichers (Schritt 4) hat.

Bedeutung des Zusatzes „E. v.“:

e) Überlegen Sie, ob Dirk König mit seiner Meinung Recht hat, eine Zahlung mit **Verrechnungsscheck** sei für die Reif KG **wirtschaftlich vorteilhafter**.

Zahlung mit Verrechnungsscheck unter wirtschaftlichen Gesichtspunkten:

f) Einige Lieferer der Reif KG lassen den Zahlungsausgleich über **Verrechnungsschecks** noch zu. Leider hat die Reif KG es versäumt, die Formulare für die Verrechnungsschecks rechtzeitig nachzubestellen, allerdings stehen noch einige Barschecks zur Verfügung. Grundsätzlich sind **Barschecks** für die Versendung nicht geeignet, aber Dirk König schreibt einfach „Nur zur Verrechnung“ oben links auf den Barscheck und behauptet, damit sei das Problem gelöst.

Erläutern Sie, warum **Barschecks für die Versendung nicht geeignet** sind, und stellen Sie fest, ob aus einem Barscheck durch den Vermerk „Nur zur Verrechnung" ein **Verrechnungsscheck** wird. Prüfen Sie auch, ob umgekehrt aus einem Verrechnungsscheck durch das Streichen der Klausel „Nur zur Verrechnung" ein Barscheck gemacht werden kann.

Eignung von Barschecks für die Versendung:

Umwandlung eines Barschecks in einen Verrechnungsscheck:

Umwandlung eines Verrechnungsschecks in einen Barscheck:

6. Angesichts der Möglichkeiten des modernen Zahlungsverkehrs kommen **Barschecks** nur noch äußerst selten zum Einsatz. Auch in der Reif KG besitzen sie Seltenheitswert. Allerdings überreicht Werner Reif in jedem Jahr vor dem Start des „Jedermann-Rennens" werbewirksam einen Barscheck mit einer Spende über 1000,00 Euro an den Vorsitzenden des „RV Pfeil Hochlar". Dazu wird im Beisein der örtlichen Presse stellvertretend für den „echten" Scheck ein überdimensionaler Barscheck der Musterbank GmbH übergeben.

   a) Füllen Sie den **Barscheck** der „Musterbank GmbH" aus.

Musterbank GmbH DE

Zahlen Sie gegen diesen Scheck | EUR | Betrag: Euro, Cent

Betrag in Buchstaben

noch Betrag in Buchstaben

an ________________________________ oder Überbringer

Ausstellungsort, Datum | Unterschrift des Ausstellers

S+B Der vorgedruckte Schecktext darf nicht geändert oder gestrichen werden. Die Angabe einer Zahlungsfrist auf dem Scheck gilt als nicht geschrieben. S+B

Scheck-Nr.	X	IBAN	X	Betrag	X	Text

01H

Bitte dieses Feld nicht beschriften und nicht bestempeln

   b) Welche Möglichkeiten ergeben sich für den Radsport-Verein, den „echten" **Barscheck einzulösen?**

Einlösungsmöglichkeiten des Barschecks:

7. Dirk König hat inzwischen das Lastschriftmandat für die Velo GmbH unterschrieben. „Das **SEPA-Lastschriftverfahren** ist wirklich eine gute Erfindung", denkt er sich, „es macht das Leben leichter: Egal ob Firmenlastschrift oder Basislastschrift: Eine einzige Unterschrift – und alles ist erledigt. Der Zahler muss zukünftig nicht mehr jede Transaktion einzeln veranlassen. Das nenne ich effizient!"

SEPA
Einheitlicher Euro-Zahlungsverkehrsraum

a) Erläutern Sie, für welche **Arten von Zahlungen** sich das **SEPA-Lastschriftverfahren** grundsätzlich eignet und nennen Sie einige typische Beispiele.

Eignung des SEPA-Lastschriftverfahrens:

Typische Beispiele:

b) Beschreiben Sie den Ablauf einer **SEPA-Basislastschrift**.

Ablauf einer SEPA-Basislastschrift:

c) „Eine einzige Unterschrift – und alles ist erledigt!“ Dirk Königs Ausruf zeigt, dass das Erteilen eines Lastschriftmandats eine deutliche Arbeitsentlastung mit sich bringt: Der jeweilige Zahlungsempfänger löst die fälligen Zahlungen ohne weiteres Zutun des Zahlungspflichtigen aus.

Prüfen Sie, inwieweit bei **SEPA-Basislastschriften** durch diese **Bequemlichkeit** die **Sicherheit** des Zahlungspflichtigen beeinträchtigt wird.

Sicherheit bei SEPA-Basislastschriften:

d) Listen Sie auf, worin sich die **SEPA-Firmenlastschrift** von der SEPA-Basislastschrift unterscheidet.

Besonderheiten der SEPA-Firmenlastschrift:

e) Das **SEPA-Verfahren** im Zahlungsverkehr hat sich längst etabliert. Allerdings kommt nicht jeder mit den speziellen **Begrifflichkeiten** und zahlreichen **Abkürzungen** auf Anhieb klar; immer wieder werden die gleichen Fragen dazu gestellt. Deshalb soll im Radmarkt ein „Merkblatt" entworfen werden, mit dem die am häufigsten gestellten Fragen (frequently asked questions – FAQ) auf einen Blick geklärt werden können. Entwerfen Sie geeignete Antworten für die folgenden „FAQ SEPA".

FAQ SEPA	
Was bedeutet SEPA?	
Was leistet SEPA?	
Wie ist die internationale Kontonummer (IBAN) aufgebaut?	
Woher bekommt man IBAN und BIC?	

Fortsetzung: FAQ SEPA	
Was bedeuten die Begriffe: **- Lastschriftmandat**	
- Mandatsreferenz	
- Gläubiger-Identifikations-nummer (Gläubiger-ID)	

8. Dirk König trifft sich mit Petra und Werner Reif, um zu besprechen, ob der Vorschlag des Kundenberaters umgesetzt werden soll, für das Geschäftskonto der Reif KG das Online-Banking freizuschalten.

   „Beim Online-Banking hätten wir mit einem Klick und unabhängig von den Geschäftszeiten unserer Hausbank problemlos Zugang zu unserem Konto. Wir könnten damit das gesamte Leistungsangebot der Sparkasse Vest nutzen," so Dirk König. Petra Reif reagiert etwas verhalten: „Darüber sollten wir in Ruhe nachdenken. Ich möchte erst wissen, welche Voraussetzungen wir schaffen müssen, wie das Online-Banking genau funktioniert und welche Vorteile unser Radmarkt dadurch hätte. Vor allen Dingen muss das Verfahren aber sicher sein. Auf der Homepage der Hausbank finden wir sicher genügend Informationen…".

   Tragen Sie die benötigten Informationen zusammen und unterbreiten Sie anschließend einen begründeten Vorschlag für oder gegen die **Einführung von Online-Banking** im Radmarkt.

Online-Banking	
Voraussetzungen	

Fortsetzung: Online-Banking	
Funktionsweise	
Leistungsangebot	
Sicherheit	

Begründeter Vorschlag für oder gegen eine Einführung von Online-Banking im Radmarkt:

9. Petra Reif steht Neuerungen zwar im Prinzip offen gegenüber, aber nur, wenn sie dennoch die Übersicht behält: „Bei den vielen unterschiedlichen Möglichkeiten, die der Zahlungsverkehr inzwischen bietet, habe ich gelegentlich das Gefühl, ich könnte den Überblick verlieren – und das, obwohl ich vom Fach bin. Eine strukturierte Auflistung aller Zahlungsarten würde gewährleisten, dass wir bei zukünftigen Entscheidungen keine Zahlungsmöglichkeiten übersehen."

Erstellen Sie einen **Überblick über alle grundsätzlich möglichen Zahlungsarten** und kennzeichnen Sie (z. B. durch Ankreuzen), welche Zahlungsarten im Alltagsgeschäft des Radmarktes sinnvoll genutzt werden könnten.

Barzahlung			
1. ____________			
2. mittelbar	2 a) ____________		
	2 b) ____________		
	2 c) ____________		
Halbbare Zahlung			
1. ____________			
2. ____________			
3. ____________			
Bargeldlose Zahlung			
1. ____________		Sonderformen: ____________	
2. SEPA-Lastschrift	2 a) ____________		
	2 b) ____________		
3. ____________			
Elektronische bargeldlose Zahlung			
mit Karte	1.	Girokarte	1 a) ____________
			1 b) ____________
	2. ____________		
	3. ____________		
ohne Karte/ internetbasiert (z. B.)	1. ____________		
	2. ____________		

Lernsituation 10:
Die Zukunft gestalten – Möglichkeiten des Electronic Payment nutzen

„Online-Banking als eine Form des elektronischen Zahlungsverkehrs bietet tatsächlich viele Vorteile, die wir in Zukunft verstärkt nutzen werden. Elektronische Bezahlmöglichkeiten sind aber auch für unser Kundengeschäft wichtig, allein schon aus Konkurrenzgründen. Immer mehr Kunden wollen bequem mit der Girocard oder mit ihrer Kreditkarte bezahlen. Und im Internet-Handel, der für uns sowohl im Einkauf als auch im Verkauf eine immer größere Bedeutung gewinnen wird, gibt es ebenfalls innovative digitale Zahlungssysteme, die man häufig auch schon mit dem Smartphone nutzen kann. Wir dürfen die Umstellung auf moderne Zahlungsweisen nicht verschlafen," darüber ist man sich in der Unternehmensleitung der Reif KG einig. „Aber wie funktionieren die verschiedenen Zahlungssysteme und wie steht es dabei um die Kosten und die Sicherheit?

Wer könnte das besser wissen als unsere jungen Auszubildenden. Als ‚digital natives' kennen sie sich vermutlich bestens damit aus und werden uns einen aktuellen und systematischen Überblick erstellen können."

Arbeitsaufträge

1. Erarbeiten Sie arbeitsteilig Präsentationen zu den **Formen des elektronischen Zahlungsverkehrs (E-Payment).** Wählen Sie Bezahlsysteme aus, die sich für Zahlungen der Kunden bzw. des Radmarktes im **Internet-Handel** eignen würden, und Bezahlsysteme, die Kunden **stationär im Radmarkt** nutzen könnten. Informieren Sie sich auch darüber (z. B. im Internet), welche neuen Zahlungsformen sich in der Entwicklung befinden bzw. sich bereits durchgesetzt haben.

   a) Erstellen Sie eine **Auflistung:** Welche **elektronischen Zahlungsformen** sind heute bzw. in naher Zukunft möglich? (Nutzen Sie als Grundgerüst die Auflistung aus Arbeitsauftrag 9 der Lernsituation 9.)

   Elektronische Zahlungsformen im Internet-Handel (E-Commerce):

Elektronische Zahlungsformen im stationären Handel:

b) Bilden Sie Teams und wählen Sie je Team eine Zahlungsform des E-Payments aus, die Sie präsentieren möchten. Bereiten Sie Ihre **Präsentation** z. B. nach folgender **Struktur** vor:

Aufbau/Gliederungspunkte	Zahlungsform
Kurzbeschreibung der Form des elektronischen Zahlungsverkehrs, ggf. mit enstprechendem Logo zur Identifikation	
Ablauf des Verfahrens, ggf. mit Skizze	
Kosten	
Sicherheit	
Vorteile/Nachteile für Zahlungspflichtigen/ Zahlungsempfänger	
Bedeutung, Entwicklungspotential	
Beurteilung der Eignung für den Radmarkt mit Begründung	

c) Erarbeiten Sie eine **Präsentation** z. B. mittels PowerPoint, und stellen Sie Ihre Ergebnisse der Klasse vor. Beenden Sie Ihren Vortrag mit einer **Feedback-Runde** zu den Fachinhalten.

Notizen zur Feedback-Runde:

2. Erstellen Sie nach Ihrem Vortrag ein **Handout** mit einem systematischen Überblick über die von Ihnen präsentierte Zahlungsform. Das Handout soll dazu dienen, dass sich Ihre Zuhörer auch nach längerer Zeit an Ihren Vortrag erinnern und die fachlichen Inhalte nachvollziehen können. Es muss deshalb selbsterklärend sein, d. h. auch ohne den Vortrag verständlich sein.

   Berücksichtigen Sie beim Entwurf Ihres Handouts die **Hinweise aus der Feedback-Runde** (z. B. offene Fragen) und die **Tipps für die Erstellung von Handouts** im Informationsband.

Aufgaben zu den Lernfeldern 1 - 4

Lernfeld 1 Aufgaben

Die eigene Rolle im Betrieb mitgestalten und den Betrieb präsentieren

Berufsausbildung

1. Prüfen Sie, ob folgender Wochenplan den Bestimmungen des Jugendarbeitsschutzgesetzes (JArbSchG) entspricht.

Wochenplan für einen 17-jährigen Auszubildenden				
Tag	**Arbeitszeiten/Berufsschulzeiten inkl. Pausen**	**Stunden gesamt**	**Pausen im Betrieb**	**anrechenbare Zeit (Std.)**
Mo	7:30 Uhr –16:30 Uhr			
Di	7:45 Uhr – 12:45 Uhr Berufsschule mit 2 Pausen von je 15 Minuten* 13:30 Uhr – 16:45 Uhr Betrieb			
Mi	7:30 Uhr –16:30 Uhr			
Do	7:45 Uhr – 12:45 Uhr Berufsschule mit 2 Pausen von je 15 Minuten nachmittags frei			
Fr	7:30 Uhr –17:00 Uhr			
	Summe			

Im Betrieb ist zusätzlich zur Mittagspause von 12:30 Uhr bis 13:00 Uhr jeweils eine Pause mit einer Dauer von 15 Minuten in der Zeit von 9:45 Uhr bis 10:00 Uhr und 15:15 Uhr bis 15:30 Uhr zu nehmen. Den Auszubildenden steht es frei, bei Verzicht auf eine Pause den Betrieb 15 Minuten früher zu verlassen bzw. die Arbeit später aufzunehmen. Die Fahrzeit für den Auszubildenden von der Berufsschule zum Betrieb beträgt 45 Minuten.

* Die Fahrzeit von der Wohnung zur Berufsschule ist nicht anrechenbar. Die Fahrzeit von der Berufsschule zum Betrieb ist anrechenbar. Pausen während der Berufsschulzeiten sind auf die Arbeitszeit anzurechnen.

2. Erläutern Sie den Zusammenhang zwischen Ausbildungsberufsbild, Ausbildungsrahmenplan und Ausbildungsplan.

3. Nennen Sie jeweils 4 Pflichten laut Ausbildungsvertrag von Auszubildenden und Ausbildenden.

4. Beschreiben Sie Möglichkeiten der Kündigung während der Probezeit und nach der Probezeit.

5. Die Geschäftsleitung plant, in Kürze ein neues Beurteilungssystem für die Beurteilung von Auszubildenden einzuführen. Es sind die folgenden Kompetenzen/Beurteilungsbereiche vorgesehen: Fachkompetenz, Selbstkompetenz, Sozialkompetenz.

   Ordnen Sie jeweils zu:
   Kenntnisse Englisch, Belastbarkeit, Konfliktfähigkeit, Teamfähigkeit, Toleranz, kaufmännisches Rechnen, Selbstständigkeit, Kreativität, Höflichkeit, Leistungsbereitschaft.

6. Beurteilen Sie folgende Situationen:
   - ➔ Ausbildungsleiter: „Wir brauchen Sie nächste Woche unbedingt in der Telefonzentrale, Frau Kaiser hat Urlaub. Ich gebe Ihnen ein Schreiben an Ihren Klassenlehrer mit."

- ➔ Christin Schröder, Auszubildende im Autohaus MAHO, soll aus betrieblichen Gründen ihren tariflichen Urlaub in der Schulzeit nehmen.
  Hinweis der Berufsschule: „Krankmeldungen sind unverzüglich dem Schulbüro telefonisch mitzuteilen. Eine schriftliche Entschuldigung ist dem Klassenlehrer am nächstmöglichen Schultag nachzureichen. In diesem Schreiben ist der Grund des Schulversäumnisses anzugeben. Das Schreiben ist vom Ausbilder zu unterzeichnen."

7. Formulieren Sie folgende Schreiben:
   - ➔ Eine Bitte um Beurlaubung für 3 Berufsschultage an die Schule zu Händen der Schulleitung.
   - ➔ Eine Krankmeldung an die Schule zu Händen der Klassenleitung.

8. Prüfen Sie, ob die unten aufgeführten Wünsche den Interessen von Ausbildenden und/oder Auszubildenden entsprechen. Weisen Sie gegebenenfalls auf rechtliche Regelungen hin (BBiG und JArbSchG):
   - ➔ eine „Azubi-Stunde" pro Woche während der Arbeitszeit;
   - ➔ Führen der Berichtshefte während der Arbeitszeit;
   - ➔ Informationen über die zeitliche Planung der Ausbildung;
   - ➔ arbeitsfreie Nachmittage bei 6-stündigem Berufsschulunterricht;
   - ➔ Wahl einer Vertrauensperson für Auszubildende;
   - ➔ Verzicht auf Pausen und dafür vorzeitiger Arbeitsschluss;
   - ➔ Möglichkeit von Überstunden und Sonntagsarbeit mit entsprechender Bezahlung;
   - ➔ unbezahlte Trainingsfreistellung für Sportler.

9. Interessen, Konflikte und vertragliche Vereinbarungen
   - ➔ Sven Berg, Auszubildender im Ausbildungsberuf Kaufmann für Büromanagement im Autohaus MAHO, teilt seinem Ausbilder nach bestandener Zwischenprüfung mit, dass er beabsichtigt, die Ausbildung abzubrechen.
     a) Er möchte lieber Automobilkaufmann werden.
     b) Er möchte die Ausbildung lieber in einem anderen Betrieb fortsetzen.
     Beraten Sie Herrn Berg unter Berücksichtigung rechtlicher Aspekte.
   - ➔ Eine Auszubildende möchte aufgrund guter Noten in der Berufsschule und guter Leistungen im Betrieb die Ausbildung verkürzen.
     Wer entscheidet über die vorgezogene Zulassung zur Prüfung?
   - ➔ Im örtlichen Einrichtungshaus sind die zwei volljährigen Auszubildenden im Ausbildungsberuf Kauffrau für Büromanagement im dritten Ausbildungsjahr. Sie werden abweichend vom Ausbildungsplan angewiesen, im Dezember täglich 10 Stunden im Verkauf zu helfen.
     Beurteilen Sie die Situation.
   - ➔ „Der Sportunterricht leistet keinen Beitrag zur optimalen Vorbereitung auf die Abschlussprüfung." Mit dieser Begründung verbietet der Ausbildungsbetrieb dem 17-jährigen Auszubildenden die Teilnahme am Sportunterricht der Berufsschule, der in den letzten beiden Unterrichtsstunden stattfindet. Stattdessen soll der Auszubildende in den Betrieb kommen.
     Nehmen Sie Stellung und beschreiben Sie Konfliktlösungsmöglichkeiten.
   - ➔ Auszubildende diskutieren kontrovers über die Aufgaben der Jugend- und Auszubildendenvertretung. In welchem Gesetz müssen sie sich informieren?

10. Beurteilen Sie folgenden Fall von vorzeitiger Kündigung: Eine volljährige Auszubildende im 2. Ausbildungsjahr fühlt sich vom Ausbilder dauernd „angemacht" (persönlich herabgesetzt, beschimpft, lächerlich gemacht). Sie will „die Brocken hinschmeißen" und einfach nicht mehr hingehen.

    Raten Sie ihr im Hinblick auf Kündigungsmöglichkeiten von Auszubildenden. Berücksichtigen Sie dabei auch § 23 BBiG.

11. Ihr Ausbildungsbetrieb möchte die berufliche Fort- bzw. Weiterbildung für die eigenen Auszubildenden schon während der Ausbildung sowie bei Weiterbeschäftigung nach erfolgreicher Abschlussprüfung verstärken. Nennen Sie Argumente, die für eine Intensivierung der Fort- bwz. Weiterbildung sprechen, und beschreiben Sie konkrete Maßnahmen.

Wirtschaftssubjekte in den Wirtschaftskreislauf einordnen

1. Für welche Produktionsfaktoren zahlen Unternehmen Entgelte an Haushalte?

2. Die Herstellung eines Produktes ist technisch und organisatorisch durch mehrere Kombinationen der Produktionsfaktoren Arbeit und Betriebsmittel möglich. Dabei sind folgende Kosten zu berücksichtigen: je Arbeitsstunde 64,00 EUR, je Betriebsmitteleinheit 51,00 EUR. Ermitteln Sie die kostengünstigste Kombination der Produktionsfaktoren und entscheiden Sie, ob es sich um das Minimal- oder Maximalprinzip handelt.

Faktorkombinationen	Arbeitsstunden	Betriebsmitteleinheiten
a)	23	15
b)	20	16
c)	9	36

3. Unterscheiden Sie Realströme und monetäre Ströme im Wirtschaftskreislauf.

4. Im Modell eines erweiterten Wirtschaftskreislaufs ohne staatliche Aktivität und ohne Ausland beträgt das Einkommen 50000 Geldeinheiten. Die Investitionen betragen 10000 Geldeinheiten. Berechnen Sie die Höhe der Konsumausgaben und der Sparleistung, und stellen Sie den Zusammenhang als Kreislaufmodell dar.

5. Nehmen Sie eine Definition für die folgenden Fachbegriffe vor: Transferzahlungen, Exporte, Importe.

6. Begründen Sie, warum im Modell des Wirtschaftskreislaufes einer offenen Volkswirtschaft (mit Ausland bzw. Übrigen Welt) der Exportstrom ins Inland fließt und der Importstrom ins Ausland.

7. Export-/Importüberschuss
   a) Ein Exportüberschuss führt zu einem Abfluss an Waren und zu einem Zufluss an Geldmitteln. Notieren Sie, welche Vorteile und welche Nachteile dies für eine Volkswirtschaft haben könnte.
   b) Stellen Sie nun die entsprechende Überlegung für einen Importüberschuss an.

8. Ergänzen Sie das Modell des Wirtschaftskreislaufes mit den Geldströmen für folgende Aktivitäten:
   a) Lehrer beziehen Einkommen.
   b) Eine Familie erhält Kindergeld.
   c) Die Berufsschule des Kreises erhält für jeden Klassenraum Computer und Beamer.
   d) Nach Abgabe der privaten Steuererklärung fordert das Finanzamt eine Steuernachzahlung.
   e) Die Auszubildende spart einen kleinen Betrag ihrer Ausbildungsvergütung auf dem Sparkonto.
   f) Für eine Betriebserweiterung stellt die Hausbank einen Kredit zur Verfügung.
   g) Das Bundesland Bayern fördert umweltgerechte Produktionsverfahren im Agrarbereich.
   h) Die Zahllast wird an das Finanzamt abgeführt.
   i) Nach erfolgreicher Berufsausbildung erhält die neue Mitarbeiterin ihr erstes „richtiges" Gehalt.
   j) Das Weingut „Vin-Ahr" beliefert zweimal im Jahr seine Stammkunden.

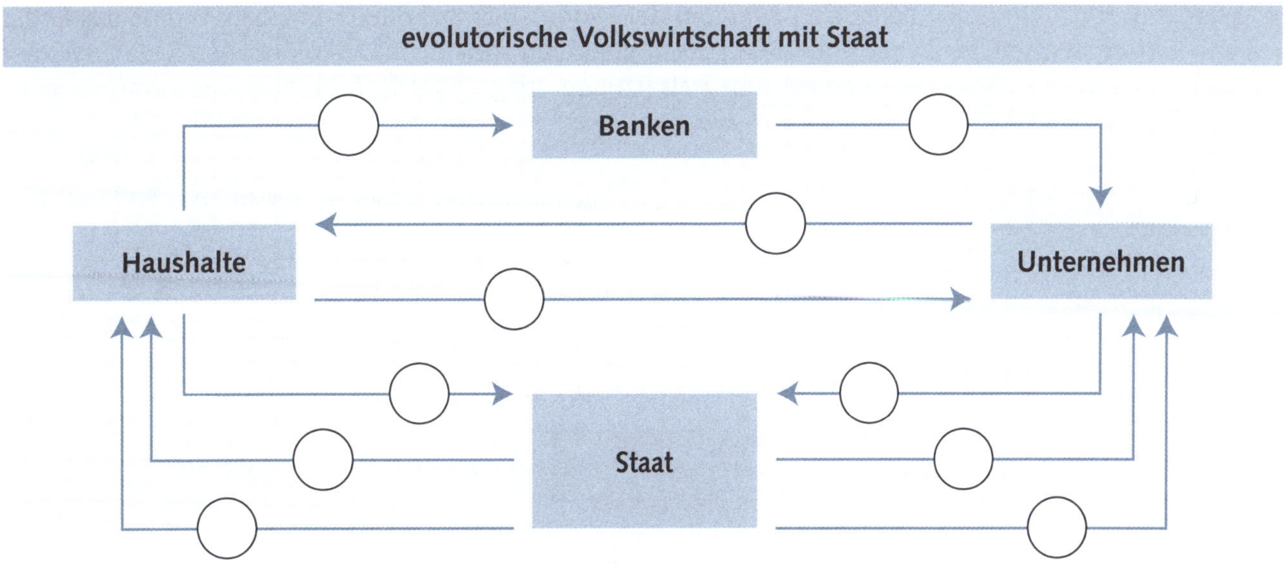

Leistungsprozesse in Dienst- und Sachleistungsbetrieben

1. Die Carl Henze KG, ein mittelständisches Unternehmen aus Oldenburg, hat sich als Einzelunternehmung ganz auf die Herstellung von Zubehörteilen für Fahrräder (speziell Felgen, Speichen und Naben, Lenker und Rahmen) spezialisiert.

   Für die Produktion der Speichen und Felgen werden Aluminium und Stahl benötigt. Außerdem werden die Naben bei einem anderen Hersteller als fertige Einbauteile bezogen. Die Produktion der Lenker und Felgen erfolgt auf Spezialmaschinen. Hauptabnehmer ist die in der Nähe angesiedelte Fahrradfabrik Kühne & Ast.

   Seit drei Jahren boomt der Fahrradmarkt – die Auftragslage ist ausgezeichnet. Carl Henze denkt sogar über eine Betriebserweiterung nach, um demnächst Kompletträder anbieten zu können. Gespräche mit der Hausbank zur Aufnahmen eines Kredits für die Betriebserweiterung sind bisher positiv verlaufen.

   a) Erläutern Sie mit eigenen Worten die Grundfunktionen der Unternehmung mit Bezug auf das Beispiel der Carl Henze KG.
   (Ein Schaubild kann Ihre Erläuterungen unterstützen!)

   b) Beschreiben Sie die Stellung des Betriebes in seinen Beziehungen zur wirtschaftlichen Umwelt.

   c) Zwar würde die geplante Betriebserweiterung 20 zusätzliche Arbeitsplätze schaffen, doch teilt die Stadtverwaltung der Fa. Carl Henze in einem Schreiben mit, dass eine Erweiterung am derzeitigen Standort nicht infrage kommt. Die Lärm- und Umweltbelästigungen für das angrenzende Wohngebiet seien schon außerordentlich hoch. Eine Steigerung könne nicht mehr hingenommen werden. Stattdessen wird der Fa. Carl Henze ein Platz im neuen Gewerbegebiet der Stadt mit direktem Autobahnanschluss angeboten.

   Erläutern Sie an diesem Beispiel typische Zielkonflikte bzw. Zielharmonien zwischen der Unternehmung und ihrer Umwelt.

2. a) Berechnen Sie die Rentabilität des Eigenkapitals anhand folgender Daten:

Anfang des Jahres	Vermögen Fremdkapital	1000000,00 EUR 400000,00 EUR
Ende des Jahres	Erträge	70000,00 EUR
	Aufwendungen	40000,00 EUR

   b) Erklären Sie, was das Ergebnis aussagt.

3. Hinsichtlich der Unternehmensziele ist man in der Wohntal GmbH davon überzeugt, dass das Erreichen von wirtschaftlichen Zielen nur unter Berücksichtigung von sozialen und ökologischen Zielen denkbar ist. Stellen Sie für die nachfolgend genannten Zielsetzungen begründet fest, ob eher Zielharmonie, ein Zielkonflikt oder Zielindifferenz vorliegt.

a)	Gewinnsteigerung	fachgerechte Entsorgung von Produktionsabfällen
b)	Wachstum	Sicherung der Arbeitsplätze
c)	menschengerechte Arbeitsplatzgestaltung	Ausweitung von Marktanteilen
d)	Steigerung der Rentabilität	Kostensenkung
e)	gute Entlohnung	Steigerung der Arbeitsproduktivität

4. Die Buchhaltung eines Unternehmens stellt folgende Zahlen zur Verfügung:

Jahr	Berichtsjahr	Vorjahr
durchschnittliches Eigenkapital	10700000 EUR	10320000 EUR
Gewinn	1630000 EUR	1020000 EUR
Gesamtumsatz	49100000 EUR	46200000 EUR
Gesamtkosten	45890000 EUR	45180000 EUR
Produktion/Produkte pro Jahr	1400 Stück	1320 Stück
Arbeitsstunden pro Jahr	4000 Stunden	4300 Stunden

Analysieren Sie die Entwicklung anhand der Kennziffern Eigenkapitalrentabilität, Wirtschaftlichkeit und Arbeitsproduktivität.

5. Die Büroform GmbH, Hersteller von Büromöbeln, erhält einen Auftrag über 500 Schreibtische und 500 Schreibtischstühle. Der Auftrag soll in 4 Wochen ausgeführt sein.

   Der Zulieferer für Stuhlrollen hat eine Lieferverzögerung von 2 Wochen angekündigt; im Lager befinden sich noch 1000 Rollen. Weiterhin hat der Holzlieferant seine Preise für Tischplatten um 5 % erhöht. Abschließend stellt das Rechnungswesen fest, dass zwei Großkunden ihre Rechnungen in Höhe von insgesamt 200000,00 EUR nach Ablauf des Zahlungsziels noch nicht beglichen haben.

   a) Erörtern Sie, welche Fertigungsverfahren sich für die Herstellung von Büromöbeln eignen.
   b) Erläutern Sie die voraussichtlichen Auswirkungen der Lieferungsverzögerung, Preiserhöhung und Zahlungsverzögerung auf die anderen Funktionsbereiche der Unternehmung.

6. Nennen Sie die Hauptaufgabe verschiedener Dienstleistungsbetriebe:
   a) Handelsbetriebe,
   b) Banken und Versicherungen,
   c) Verkehrsbetriebe,
   d) Öffentliche Verwaltung.

7. Stellen Sie Gemeinsamkeiten und Unterschiede zwischen Industriebetrieben und Handwerksbetrieben fest.

Die Organisationsstruktur der Betriebe

1. Finden Sie jeweils ein Beispiel für Organisation, Improvisation und Disposition in Ihrem Ausbildungsbetrieb.

2. Definieren Sie, was man unter einer Stelle bzw. unter einer Instanz versteht.

3. Beschreiben Sie, wie durch Aufgabenanalyse und Aufgabensynthese eine Stellenbildung erfolgt, indem Sie für Ihren Ausbildungsbetrieb die Organsiationsstruktur von der Gesamtaufgabe bis zu den einzelnen Stellen darstellen.
   a) Bezeichnen Sie die Gesamtaufgabe.
   b) Nennen Sie Hauptaufgaben im Rahmen der Gesamtaufgabe.
   c) Beschreiben Sie zu den Hauptaufgaben Teilaufgaben.
   d) Zählen Sie beispielhaft Aufgabenbereiche auf, die von einer Stelle wahrgenommen werden.

4. Erklären Sie den Unterschied zwischen einem „einfachen" Einliniensystem und der Spartenorganisation.

5. Entscheiden Sie, um welche Form von Leitungssystemen es sich jeweils handelt:
   a) Jede Stelle bekommt nur von der unmittelbar vorgesetzten Stelle Anweisungen.
   b) Ein angestellter Jurist berät die Geschäftsleitung in rechtlichen Angelegenheiten.
   c) Die Leitungsfunktion wird von zwei gleichberechtigten Instanzen, die jeweils die Funktionen und Produkte vertreten, wahrgenommen.
   d) Ein Mitarbeiter im Lager erhält Anweisungen vom Einkauf und Verkauf.

6. Schildern Sie die Ablauforganisation der Auftragsbearbeitung in Ihrem Ausbildungsbetrieb, indem Sie die Arbeitsabläufe chronologisch skizzieren.

7. Unterscheiden Sie grundsätzlich die folgenden Vollmachten anhand ihres Umfangs: Prokura, allgemeine Handlungsvollmacht, Artvollmacht.

8. Unterscheiden Sie Einzelprokura, Gesamtprokura und Filialprokura.

9. Unterscheiden Sie Generalhandlungsvollmacht, Teilvollmacht und Spezialhandlungsvollmacht.

10. Erstellen Sie für Herrn Dietmar Klopp (Prokurist in der Filiale der Wohntal GmbH) und Herrn Maximilian Debers (zukünftiger Leiter der Lagerhaltung mit Handlungsvollmacht) einen Textbaustein für den Briefschluss. Setzen Sie die Aufgabe ggf. mit einem Textverarbeitungsprogramm um.

Lernfeld 2 Aufgaben

Büroprozesse gestalten und Arbeitsvorgänge organisieren

Büroformen und Vorschriften für die Arbeitsumgebung

1. Die Max Hauser KG, ein Software- und Serviceunternehmen aus Neustadt an der Weinstraße, hat sich auf die Programmierung von Verwaltungsprogrammen und deren Betreuung spezialisiert. Durch den anhaltenden Kundenzuwachs der KG muss Herr Hauser die Räumlichkeiten verlagern. In diesem Zusammenhang soll die KG vergrößert und mit flexibleren Büroräumen ausgestattet werden.
   a) Erläutern Sie die Abhängigkeit der verschiedenen Büroformen im Hinblick auf das vorhandene Raumangebot.
   b) Nennen Sie zum Zellen- oder Kleinraumbüro und Großraumbüro jeweils vier Vorteile und vier Nachteile.
   c) Beschreiben Sie den Aufbau und formulieren Sie den Zweck des Kombibüros. Berücksichtigen Sie dabei auch die Vorteile und die Nachteile aus der vorherigen Aufgabe.
   d) Überlegen Sie, warum die Vorteile des Gruppenbüros denen des Zellen- oder Kleinraumbüros entsprechen.
   e) Erklären Sie, warum das reversible Büro als zukunftsträchtigste Büroform bezeichnet wird.

2. Die MODA GmbH möchte ihr Ordnungssystem neu strukturieren, wodurch eine logische Ablagesystematik geschaffen werden soll. Der Abteilungsleiter beauftragt Sie mit dieser Durchführung. Ordnen Sie die einzelnen Gesetze, Vorschriften und Richtlinien den einzelnen Punkten richtig zu, indem Sie im jeweiligen Kästchen den Buchstaben ergänzen.

   a) Gesetze   b) Verordnungen und Vorschriften   c) Richtlinien und staatliche Regeln

☐	Arbeitsschutzrahmenrichtlinie	☐	Arbeitsschutzgesetz (ArbSchG)
☐	Bildschirmarbeitsverordnung (BildscharbV)	☐	Bildschirmrichtlinie
☐	Arbeitsstättenverordnung (ArbStättV)	☐	Unfallverhütungsvorschriften (UVV)
☐	Produktsicherheitsgesetz (ProdSG)	☐	Arbeitssicherheitsgesetz (ASiG)
☐	Arbeitsstättenrichtlinie	☐	Richtlinie über die elektromagnetische Verträglichkeit
☐	Betriebssicherheitsverordnung (BetrSichV)	☐	Gesetz über die elektromagnetische Verträglichkeit von Betriebsmitteln (EMVG)
☐	Technische Regeln für Arbeitsstätten		

3. Die Ausbildungsleiterin Miriam Berger möchte eine Informationsveranstaltung zum Themenbereich „Vorschriften für die Gestaltung einer Arbeitsumgebung“ durchführen. Unterstützen Sie Frau Berger bei der Recherche.
   a) Skizzieren Sie, warum das Arbeitsschutzgesetz die Rechtsgrundlage für den Arbeits- und Gesundheitsschutz ist.
   b) Recherchieren Sie in der ASR A1.2 „Raumabmessungen und Bewegungsflächen“ die Richtwerte des Flächenbedarfs bei der Gestaltung von Büroräumen und notieren Sie diese für jede Büroform.

Einflussfaktoren einer effizienten Arbeitsumgebung

1. Der Prokurist Martin Semmel möchte von Ihnen über die ergonomischen und ökologischen Faktoren einer Arbeitsumgebung aufgeklärt werden.
   a) Erläutern Sie die Vorteile einer ergonomischen Arbeitsumgebung.

b) Veranschaulichen Sie das richtige Sitzen im Hinblick auf den Monitorabstand, die oberste Zeilenreihe des Monitors, Stuhlhöhe am Schreibtisch, Tischhöhe und Stellung der Füße.

c) Überlegen Sie, warum Arbeitsmittel nicht beliebig auf dem Schreibtisch verteilt werden sollten, und gehen Sie dabei insbesondere auf das bedeutendste Eingabegerät für den Computer ein.

d) Erklären Sie anhand von Beispielen das falsche und richtige Sitzen am Arbeitsplatz.

e) Wählen Sie zwei Label, die eine Orientierung zur ökologischen Nutzung und Herstellung bieten, aus und beurteilen Sie deren Bedeutung.

2. Sie sind für die Gestaltung der neuen Büroräume verantwortlich und zuständig.

a) Erklären Sie die Einflussfaktoren einer effizienten Arbeitsumgebung.

b) Wählen Sie fünf Farben aus und beschreiben Sie diese im Hinblick auf ihre Wirkung an sich und in Beziehung zum Büro.

c) Erörtern Sie die Bedeutung von Akustik im Büro und gehen Sie auf die Geräuschquelle von normalem Sprechen ein.

d) Nennen Sie jeweils fünf Möglichkeiten zur Lärmminderung und zur Temperatursenkung im Büro.

Gesundheitsgefahren und Maßnahmen zur Erhaltung und Förderung der Gesundheit

1. Diskutieren Sie, wie Gesundheitsgefahren im Büro entstehen können. Erstellen Sie hierzu eine Tabelle mit den einzelnen Gefahren und finden Sie dazu passende Beispiele.

2. Klären Sie, warum Hindernisse und falsche Arbeitshilfen die Arbeitssicherheit erheblich beeinträchtigen können.

3. In der Personalabteilung der GreenLemon GmbH häufen sich seit den letzten Monaten die Krankmeldungen der Mitarbeiter. Der Leiter Herr Schommer möchte von Ihnen aufgeklärt werden, welche psychischen und physischen Gesundheitsgefahren im Büro auftreten können.

a) Erklären Sie den Unterschied zwischen psychischen und physischen Gesundheitsgefahren und gehen Sie dabei auch auf die negativen Reaktionen ein.

b) Beschreiben Sie das Burnout-Syndrom und gehen Sie darauf ein, warum der Betroffene selbst die Anzeichen dieses Befindlichkeitssyndroms i. d. R. nicht erkennt.

c) Nennen Sie fünf Ursachen, die das Auftreten eines Burnout-Syndroms verstärken können.

d) Diskutieren Sie drei Maßnahmen, die helfen, ein Burnout-Syndrom zu vermeiden.

e) Beschreiben Sie die Form der Konflikteskalation „Mobbing“ und gehen Sie auf Mobbingmöglichkeiten im beruflichen Umfeld ein.

f) Prüfen Sie, warum gerade am Arbeitsplatz Mobbing häufig auftritt. Finden Sie drei Beispiele für eine Mobbinghandlung.

g) Begründen Sie eine Fürsorgepflicht des Arbeitgebers gegenüber den Arbeitnehmern.

4. „Mobbing ist in Deutschland nicht gesetzlich verankert!“ Diskutieren Sie im Team diese Artikelüberschrift aus einer Zeitung und konstruieren Sie dabei drei unterschiedliche und realistische Beispiele für Mobbing, die eventuell doch gesetzlich verfolgt werden könnten.

5. Erläutern Sie Herrn Schommer, mit welchen Maßnahmen das Unternehmen zur Erhaltung und Förderung der Gesundheit beitragen kann.

6. Erörtern Sie in Gruppenarbeit, welche potenziellen Gefahren im Büro allgemein und in Ihrem Ausbildungsbetrieb vorkommen können. Vervollständigen Sie hierzu die nachfolgende Tabelle. Finden Sie zwei weitere Gefahren im Büro und skizzieren Sie ein präventives Vorgehen, diese zu minimieren bzw. diese zu vermeiden.

Gefahr im Büro	Regel/Maßnahme
unebene, abgenutzte und glatte Böden 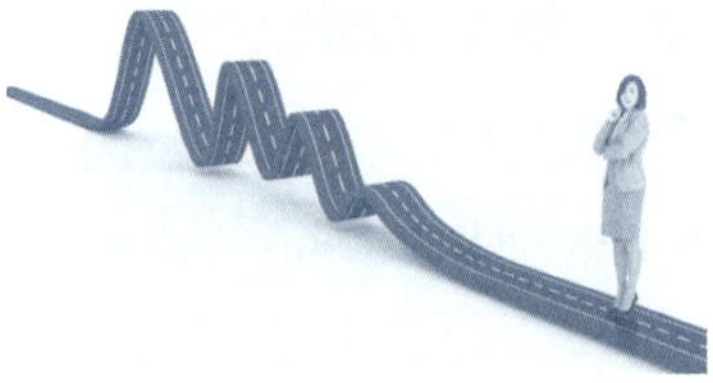 ©WavebreakMediaMicro-fotolia.com	
offene Schubladen an Regalsystemen, Türen von Schränken, Schubladen von Schreibtischen usw.  ©Maxim_Kazmin-fotolia.com	
	Technische Geräte regelmäßig prüfen lassen, defekte Geräte vom Stromkreislauf trennen und private Geräte vor dem Gebrauch im Büro anmelden und testen lassen.  ©T. Michel-fotolia.com

7. Setzen Sie sich mit einem Mitschüler zusammen und diskutieren Sie, welche Stressauslöser im Büro und speziell in Ihrem Ausbildungsbetrieb vorkommen können. Erläutern Sie auch mögliche Folgen.

8. Ordnen Sie den einzelnen Maßnahmen zum Gesundheitsschutz am Arbeitsplatz richtig zu, wer für das Ergreifen der Maßnahme verantwortlich ist, indem Sie im jeweiligen Kästchen den richtigen Buchstaben ergänzen. Konkretisieren Sie anschließend die Übersicht mit jeweils drei weiteren Maßnahmen, die der Arbeitgeber bzw. der Arbeitnehmer ergreifen könnte.

   a) Maßnahme des Arbeitgebers b) Maßnahme des Beschäftigten

☐	Arbeitssicherheit beachten	☐	Sitzposition ab und an wechseln
☐	effektives Zeitmanagement nutzen	☐	Freiräume schaffen
☐	ergonomische Arbeitsplätze bereitstellen	☐	Sport treiben
☐	Arbeitszeiten flexibel gestalten	☐	realistische Ziele setzen
☐	Bewegungspausen durchführen	☐	Arbeitsbelastung verteilen

Zeitmanagement

1. Nach Umstrukturierungsmaßnahmen soll ein funktionierendes Zeitmanagementsystem auf allen Ebenen des Unternehmens eingeführt werden. Ihr Vorgesetzter beauftragt Sie, die Mitarbeiterinnen und Mitarbeiter über die Grundlagen des Zeitmanagements zu informieren.
   a) Beurteilen Sie, warum jedes funktionierende Zeitmanagement grundsätzlich den gleichen Ablauf hat.
   b) Stellen Sie fest, welche Punkte mindestens in einem Tagesablaufplan vorhanden sein müssen.

2. Diskutieren Sie die nachfolgende Grafik und die dazugehörige Zeitmanagement-Methode.

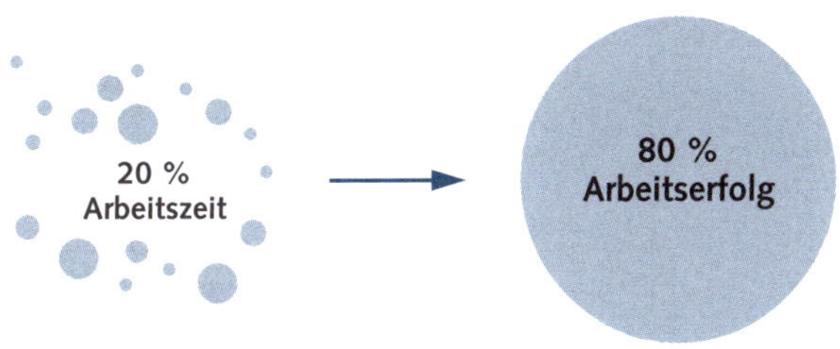

3. Beschreiben Sie die ABC-Analyse im Kontext des Zeitmanagements und gehen Sie dabei auf die unterschiedlich gewichteten Aufgaben und Tätigkeiten ein.

4. Erstellen Sie eine Übersicht, in der das Eisenhower-Prinzip verdeutlicht wird und man den Ablauf bzw. die Durchführung ersehen kann.

5. Erläutern Sie die einzelnen Buchstaben der SMART-Methode und der ALPEN-Methode.

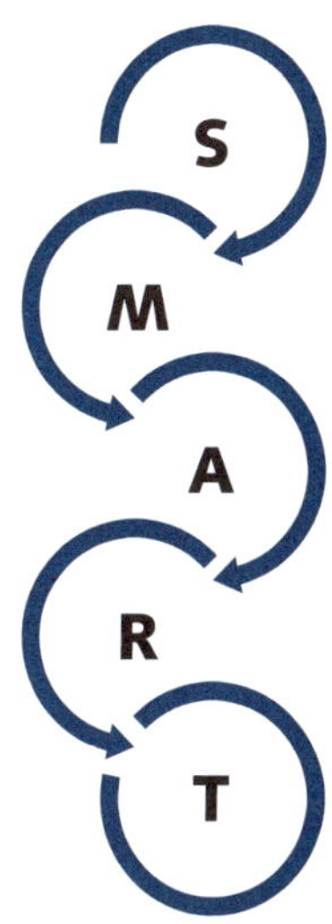

6. Zeigen Sie auf, welche Zeitmanagement-Methode aus Ihrer Sicht die brauchbarste ist und am besten eingesetzt werden kann.

7. Bei der Nachbereitung einer Fortbildung sind Aufzeichnungen durcheinander geraten. Verbinden Sie die richtigen Aussagen miteinander.

Das Pareto-Prinzip besagt, dass 20 % der eingesetzten Arbeitszeit bereits 80 % des Arbeitserfolgs erbringen und	obwohl dafür die geringste Zeit benötigt wird.
Bei der ABC-Analyse sind B-Aufgaben wichtige Aufgaben und Tätigkeiten,	der Zeitaufwand für diese Arbeiten und Tätigkeiten nimmt den größten Anteil ein.
Eine bessere, effizientere und stressfreiere Zeiteinteilung kann mit	die bedeutsamen Arbeiten und Tätigkeiten ausfindig gemacht werden müssen, damit der maximale Arbeitserfolg erreicht wird.
Den geringsten Arbeitserfolg haben C-Aufgaben bei der ABC-Analyse, aber	einer Methode des Zeitmanagements zur Zeitplanung und Zeiteinteilung erreicht werden.
Den größten Arbeitserfolg haben A-Aufgaben, die sehr wichtige Aufgaben und Tätigkeiten sind,	der Zeitaufwand für diese ist im Vergleich zum Ertrag ausgewogen.

8. Prüfen Sie nachfolgende Aussagen über Methoden des Zeitmanagements. Geben Sie an, ob die jeweilige Aussage richtig oder falsch ist und begründen Sie Ihre Entscheidung.

Aussage	richtig	falsch	Begründung
Beim Eisenhower-Prinzip werden offene Arbeiten nach Wichtigkeit und Dringlichkeit in vier Kategorien eingeteilt.			
Beim Eisenhower-Prinzip werden weniger wichtige und nicht dringende Aufgaben der 3. Kategorie zugeordnet und können delegiert werden.			
Die Smart-Methode wurde speziell zur zeitlichen Einteilung von Aufgaben und Tätigkeiten im Büro entwickelt, welche zusätzlich eine klare Spezifizierung der zu erreichenden Ziele erfordert.			

Aussage	richtig	falsch	Begründung
Wenn Aufgaben und Tätigkeiten der 1. Kategorie beim Eisenhower-Prinzip zugeordnet wurden, müssen diese sofort und selbst erledigt und abgearbeitet werden.			________________ ________________ ________________ ________________
SMART bedeutet, dass jedes Zielspezifisch und eindeutig formuliert, machbar, attraktiv, realistisch und teilbar für jeden Mitarbeiter ist, damit jede Aufgabe von verschiedenen Mitarbeitern bearbeitet werden kann.			________________ ________________ ________________ ________________

9. Ergänzen Sie den Lückentext mithilfe der angegebenen Begriffe. Dabei ist darauf zu achten, dass sich sinnvolle Sätze ergeben und jeder Begriff nur einmal verwendet wird.

Die ALPEN-Methode

Die ALPEN-Methode ist eine ________________ und schnell durchführbare Methode zur Zeiteinplanung, die aber dennoch ________________ ist. In der Regel dient sie der ________________ und nimmt wenig Arbeitszeit in Anspruch.

In der ersten Phasen der ALPEN-Methode müssen ________________ mit einzelnen Aufgaben und Tätigkeiten ________________ werden. In der zweiten Phase müssen die ________________ mit einer realistischen ________________ für die Bearbeitung versehen werden. In der dritten Phase wird je nach Aufgabe jeweils ein ________________ zugeordnet, um ________________ oder unvorhergesehene Probleme zu berücksichtigen. In der vierten Phase werden ________________ vergeben, Tätigkeiten ________________ oder Aufgaben ________________ ausgesondert. Die letzte Phase erfolgt nach der Abarbeitung der Aufgaben und Tätigkeiten. Es werden die einzelnen Ausführungen ________________ und unbearbeitete Aufgaben ermittelt. Unbearbeitete Ausführungen können für neue Tagespläne vorgemerkt oder durch veränderte ________________ ________________ oder komplett ausgesondert werden, damit diese nicht mehr ________________ werden müssen.

Störungen
einfache
Prioritäten
effektiv
komplett
Pläne
Zeiteinschätzung
Tagesplanerstellung
Zeitpuffer
kontrolliert
angepasst
Gegebenheiten
Arbeiten
berücksichtigt
delegiert
zusammengestellt

10. Julia Backes, Mitarbeiterin der Einkaufsabteilung, sitzt an ihrem Schreibtisch und versucht, sich die Tätigkeiten eines funktionierenden Zeitmanagements zu vergegenwärtigen. Bisher hat sie nur die einzelnen Arbeitsschritte notiert. Sie rätselt noch über die Tätigkeiten und die Reihenfolge.

    Analysieren Sie die Notizen von Frau Backes und bringen Sie die Arbeitsschritte in eine sinnvolle Reihenfolge; ergänzen und erläutern Sie die dahinterstehenden Tätigkeiten der einzelnen Arbeitsschritte.

    Lösen Sie die Aufgabe mithilfe der nachstehenden Tabelle.

unerledigte Aufgaben und Tätigkeiten ermitteln	nach Wichtigkeit und Dringlichkeit einteilen	Aufgaben und Tätigkeiten zusammenstellen
Aufgaben und Tätigkeiten ausführen	Ablaufplan kontrollieren	Ablaufplan erstellen

lfd. Nr.	Arbeitsschritt	Tätigkeit
1		
2		
3		
4		
5		
6		

11. Erstellen Sie für Ihren Ausbildungsbetrieb einen Tagesablaufplan in Word nach folgendem Muster. Nach der Erstellung notieren Sie in Ihrem Tagesablaufplan alle Aufgaben und Tätigkeiten, die in Ihrem Büro an einem Tag anfallen. Versehen Sie die einzelnen Aufgaben und Tätigkeiten mit Prioritäten und sortieren Sie diese abschließend nach steigender Priorität.

Tagesablaufplan für den TT.MM.JJJJ

Priorität Nr.	Aufgabe / Tätigkeit	Hinweis	Erledigt
1.			Ja ❑ Nein❑
2.			Ja ❑ Nein❑
3.			Ja ❑ Nein❑
4.			Ja ❑ Nein❑
5.			Ja ❑ Nein❑
6.			Ja ❑ Nein❑
7.			Ja ❑ Nein❑
8.			Ja ❑ Nein❑
9.			Ja ❑ Nein❑
10.			Ja ❑ Nein❑
11.			Ja ❑ Nein❑
12.			Ja ❑ Nein❑
13.			Ja ❑ Nein❑
14.			Ja ❑ Nein❑
15.			Ja ❑ Nein❑
16.			Ja ❑ Nein❑

Störungen, Zeitdiebe, Zeitfallen und Selbstmanagement

1. Diskutieren Sie, wodurch es zu Arbeitsstörungen kommen kann, und finden Sie dazu fünf Beispiele, die im Büro vorkommen können.

2. Marlene Mai wechselte auf eigenen Wunsch vor ein paar Wochen in eine neue Abteilung. Jetzt bemerkt sie, dass sie die geforderte Arbeit auch unter Zuhilfenahme einer Zeitmanagement-Methode nicht immer ohne Überstunden bewältigen kann. Frau Mai hat davon gehört, dass ihr bei ihrem Problem Selbstmanagement behilflich sein könnte. Klären Sie Frau Mai über das Selbstmanagement auf.
   a) Begründen Sie die Bedeutung des Selbstmanagements und geben Sie an, warum dieses für Frau Mais zukünftige Planung hilfreich sein kann.
   b) Beurteilen Sie, welche Bedeutung die Selbstbeobachtung beim Selbstmanagement hat und wie die Selbstbeobachtung durchgeführt werden kann.
   c) Nennen Sie die Bestandteile eines Zeitprotokolls und zeigen Sie auf, was es leisten kann.
   d) Zeigen Sie auf, welche Bedeutung die Ist-Analyse beim Auswerten von Aufgaben und Tätigkeiten hat.

Terminarten und deren Bearbeitung und Erstellung

1. Die Motorenwerke GmbH möchte die Organisation ihres Terminmanagements überprüfen und aufkommende Fragen klären. Helfen Sie Herrn Frenzel bei seiner Tätigkeit.

   a) Erläutern Sie, welche Bedeutung Termine im Büro haben, und geben Sie fünf Bespiele von Terminen im Büro.

   b) Erklären Sie den Unterschied zwischen festen und beweglichen Terminen und ordnen Sie die folgenden Termine der jeweiligen Art zu.

   - ➔ Besprechung
   - ➔ Hauptversammlung
   - ➔ Weihnachten
   - ➔ Wiedervorlage
   - ➔ Kündigungstermin
   - ➔ Jubiläum
   - ➔ Betriebsfeier
   - ➔ Zahlungstermin
   - ➔ Geburtstag
   - ➔ Geschäftsreise

   c) Stellen Sie fest, welche Probleme bei der Koordination von Terminen auftreten können und wie diese Probleme gelöst werden sollten.

   d) Ergänzen Sie nachfolgende Tabelle mit der Art des Hilfsmittels für die Terminfixierung oder mit der entsprechenden Erläuterung.

Art des Hilfsmittels	Erläuterung
klassischer Papierkalender	______________________
______________________	Mappe mit gekennzeichneten Trennblättern von 1 bis 31 für den laufenden Monat.
Planungstafeln	______________________
Terminkartei	______________________
______________________	Papierliste zum Eintragen von Terminen

2. Bei einer Recherche von verschiedenen Faktoren, die bei der Terminplanung im Büro zu berücksichtigen sind, entsteht ein Erfahrungsaustausch mit einer Kollegin. Klären Sie die aufkommenden Fragen.

   a) Diskutieren Sie, welche Punkte für eine Terminfestlegung von Bedeutung sind, und erstellen Sie entsprechende Leitfragen.

   b) Nennen Sie vier Terminarten und finden Sie dazu jeweils ein Beispiel, welches den Überwachungsgrund darlegt.

   c) Konkretisieren Sie die Bedeutung einer Auswertung des Termins und nennen Sie drei Beispiele dazu.

   d) Begründen Sie, warum Termine frühzeitig vorbereitet werden sollten.

3. Die Außendienstmitarbeiter der Motorenwerke GmbH erhalten einen elektronischen Terminkalender, damit auch die Innendienstmitarbeiter Termine an Kunden vergeben können.
   a) Klären Sie die Bedeutung von elektronischen Terminkalendern.
   b) Nennen Sie sechs Funktionen eines elektronischen Terminkalenders.

Organisation von Sitzungen und Besprechungen

1. Ihr Unternehmen möchte ein Handout zur Organisation von Sitzungen und Besprechungen erstellen. Dadurch sollen neue Mitarbeiter und Auszubildende einen Überblick über die Thematik erhalten. Helfen Sie, indem Sie die nachfolgenden Punkte erörtern.
   a) Gehen Sie auf den Unterschied zwischen Sitzungen und Besprechungen ein.
   b) Schildern Sie zwei Schritte bei der Vorbereitung einer Sitzung und einer Besprechung.

Tagesordnung

TOP 1: Werbemaßnahmen

TOP 2: Ende der Veranstaltung

   c) Diskutieren Sie die nebenstehende Tagesordnung einer Veranstaltung. Gehen Sie dabei auf eventuelle Fehler ein und erstellen Sie Hinweise zum Verbessern der Tagesordnung. Gestalten Sie die Tagesordnung nach Ihren Vorstellungen neu.

2. Bei der Erstellung einer Checkliste sind die Aufgaben/Tätigkeiten durcheinander geraten. Ordnen Sie die einzelnen Aufgaben/Tätigkeiten durch Nummerierung in den jeweiligen Kästchen.

☐	Rückmeldungen dokumentieren	☐	Räumlichkeiten reservieren
☐	Getränke oder Imbiss für die Veranstaltung und für die Pause beschaffen	☐	Thema bzw. Themen der Sitzung und Besprechung sind festgelegt
☐	Tagesordnungspunkte fixieren	☐	Einladung mit Tagesordnungspunkten versenden
☐	Medien auf Funktionalität und Kompatibilität überprüfen und bereitstellen	☐	Schild „Nicht stören!“ zum Aushang am Raum vorbereiten
☐	erforderliche Medien für den Termin reservieren bzw. beschaffen	☐	Termin für alle Teilnehmer festlegen
☐	Bestuhlung und Arbeitstische in den gebuchten Räumlichkeiten überprüfen und gegebenenfalls neu anordnen	☐	geeigneten Raum auswählen
☐	Unterlagen für die Sitzung zusammenstellen und bei Bedarf den Teilnehmern zusenden	☐	Zeitrahmen der Sitzung/Besprechung festlegen
☐	Einladung mit den dazugehörigen Tagesordnungspunkten erstellen	☐	Anwesenheitsliste und ggf. Namensschilder erstellen

3. Nach Vorbereitung der Sitzung muss die Geschäftsführerin Monika Maus überraschend zu einem anderen wichtigen Termin. Frau Maus betraut Sie mit den abschließenden Kontrollen vor der Durchführung und überträgt Ihnen schon im Vorfeld die Erstellung des Protokolls und die Nachbereitung der Veranstaltung.
   a) Begründen Sie, warum die Vorbereitung einer Sitzung bzw. Besprechung vor der Durchführung nochmals kontrolliert werden sollte.
   b) Nennen Sie vier Beispiele, bei denen vor der Durchführung eine Kontrolle notwendig ist.

c) Diskutieren Sie die Bedeutung der Nachbereitung von einer Sitzung bzw. Besprechung.

d) Beurteilen Sie die Wichtigkeit eines Protokolls.

e) Erläutern Sie Gemeinsamkeiten und Unterschiede des Ergebnisprotokolls und des Verlaufsprotokolls.

4. Ergänzen Sie die nachfolgende Tabelle mit dem jeweils deutschen oder englischen Begriff.

Deutsch	Englisch
Sitzung	
	Many thanks/Thank you for coming back to me about the meeting.
Welche Medien benötigen Sie für Ihren Vortrag?	
	The conference room B 204 is on the second floor/ on level 3 [US]. Just follow the signs.
Besprechung	
	We'll/We will let you have/will send you all the papers and the agenda within the next few days.
Unterschreiben Sie bitte die Anwesenheitsliste.	

Informationen im Unternehmen

1. Beschreiben Sie, wie Informationen in ein Unternehmen gelangen, und stellen Sie den innerbetrieblichen Informationsablauf dar.

2. Erörtern Sie, warum Informationsweitergaben im Unternehmen üblicherweise durch Regeln abgesichert sind.

3. Nennen Sie alle relevanten Angaben, die üblicherweise auf einer Telefonnotiz enthalten sein sollten.

4. Schildern Sie, warum Unternehmen eine Vielzahl von außerbetrieblichen Kommunikationsbeziehungen pflegen müssen, und nennen Sie vier Kommunikationspartner.

5. Sie sind in Ihrem Unternehmen für die Postbearbeitung verantwortlich. Als Unterstützung und Urlaubsvertretung wird Ihnen Frau Kuntz zugeordnet. Klären Sie Frau Kuntz über die tägliche Arbeit auf.

   a) Schildern Sie die Bedeutung der besonderen Postvollmacht und des Ersatzempfängers für ein Unternehmen.

   b) Analysieren Sie den Unterschied zwischen dem Postgeheimnis und dem Briefgeheimnis.

   c) Erklären Sie, warum ein Eingangsstempel bei der Posteingangsbearbeitung verwendet wird und welche Angaben auf diesem vorhanden sein sollten.

   d) Verdeutlichen Sie, wie die hausinterne Postverteilung erfolgt. Gehen Sie dabei auch auf digitale Möglichkeiten ein.

   e) Erläutern Sie die sechs Teilschritte der Postausgangsbearbeitung.

Auswahl zweckmäßiger Versandarten

1. Konkretisieren Sie die zwei Kategorien von Versanddienstleistungen im Briefbereich.
2. In Ihrem Büro finden Sie eine Vielzahl von Briefformaten. Erläutern Sie den Sinn von Briefformaten und nennen Sie drei Formate.
3. Nennen und erläutern Sie vier Möglichkeiten zur Versendung von Informationen im inländischen Briefdienst.
4. Analysieren Sie die Bedeutung von Zusatzleistungen beim Versenden von Informationen und nennen Sie exemplarisch zwei Leistungen.
5. Worin unterscheidet sich das Übergabe-Einschreiben von dem Einschreiben mit Rückschein?
6. Die ALKO GmbH möchte Waren ohne Bezahlrisiko versenden. Beurteilen Sie den Effekt von einem Nachnahmeservice für die ALKO GmbH.
7. Nennen und erläutern Sie die zwei internationalen Briefdienstleistungen und gehen Sie auf den Vermerk „PRIORITY" ein.
8. Legen Sie dar, wonach sich das Entgelt beim KEP-Dienst richtet, und nennen Sie ein Beispiel aus der Praxis.

Ordnungssysteme und Aufbewahrungsgründe

1. Erklären Sie den Sinn einer Registratur in Ihrem Unternehmen; gehen Sie dabei auch auf papierlose Unterlagen ein.
2. Nennen und diskutieren Sie vier der gebräuchlichsten und am häufigsten verwendeten Ordnungssysteme und geben Sie jeweils ein dazugehöriges Beispiel aus Ihrem Ausbildungsbetrieb.
3. Welche Wirkung und welchen Sinn hat die Anwendung der Mnemotechnik im Ablagesystem?
4. In der nachfolgenden Tabelle sind Beispiele, die ein Ordnungssystem verdeutlichen, aufgeführt.
   Setzen Sie sich in Gruppen zusammen und stellen Sie jeweils begründet fest, welches Ordnungssystem angewendet wird.

Beispiel	Ordnungssystem/Begründung
Die Rechnungen der einzelnen Kunden werden in Ordnern alphabetisch abgelegt.	
Die Rechnungen der einzelnen Kunden werden in Ordnern nach den Kundennummern abgelegt.	

Beispiel	Ordnungssystem/Begründung
Die zu zahlenden Eingangsrechnungen werden in einer Monatsablage nach dem jeweiligen Bezahltag abgelegt.	
Im Inventurverzeichnis wurden die Fahrzeuge nach dem Autokennzeichen sortiert.	
Herr Blau führt in seinem Büro für jede Abteilung einen eigenen Ordner, um den Überblick über die ganze Firma zu behalten.	
Die Ein- und Ausgangsrechnungen werden in Ordnern mit unterschiedlichen Farben einsortiert.	

5. Das Ergebnis einer Recherche zu vorhandenen Ablagesystemen in einem Unternehmen zeigt, dass einige Aussagen widersprüchlich sind. In der nachfolgenden Tabelle sind diese Aussagen zusammengestellt. Entscheiden Sie begründet, ob die jeweilige Aussage richtig oder falsch ist.

Aussage	richtig	falsch	Begründung
Wenn mehrere Sachbearbeiter auf gleiche Unterlagen in einer Abteilung zugreifen müssen, empfiehlt sich eine Abteilungsablage.			

Aussage	richtig	falsch	Begründung
Zentralablage, Altablage und Archiv sollten in einem Unternehmen nicht in einem Raum gemeinsam gelagert werden.			
Loseblatt-Ablage und geheftete Ablage ist ein und dieselbe Ablageart; die Ablage kann in Ablagekörben erfolgen.			
Vorteil der liegenden und stehenden Registratur sind die geringen Kosten für die Ablage.			
Bei der hängenden Registratur können einzelne Blätter schnell und unkompliziert eingeordnet werden.			
Der Aktenplan ergänzt den Schriftgutkatalog und zeigt auf, nach welchen Aspekten die Schriftstücke des Unternehmens abgelegt werden.			

6. Beschreiben Sie drei betriebliche Aufbewahrungsgründe. Gehen Sie dabei auch auf Dokumente mit Tageswert, Prüfwert und Dauerwert ein.

7. Ordnen Sie die Unterlagen der nachfolgenden Übersicht richtig zu, indem Sie in die Kästchen die jeweils richtige Zahl setzen.

Mindestdauer der Aufbewahrung

zehn Jahre ①	sechs Jahre ②

☐ empfangene Handelsbriefe	☐ Inventare
☐ Mails	☐ Jahresabschlüsse
☐ Faxe	☐ Handelsbücher
☐ Buchungsbelege	☐ Ausgangsrechnungen
☐ GuV-Rechnung	☐ abgesendete Handelsbriefe
☐ Mietverträge	☐ Eingangsrechnungen
☐ Konzernlageberichte	☐ Angebote
☐ Arbeitsverträge	☐ Eröffnungsbilanzen, Schlussbilanzen
☐ Konzernabschlüsse	☐ digitale Dokumente

8. Sie wollen ältere Unterlagen in Ihrem Unternehmen vernichten. Ihr Vorgesetzter warnt Sie, dass auch Unterlagen, die zehn Jahre alt sind, nicht immer vernichtet werden dürfen. Erläutern Sie, in welchem Fall Dokumente auch nach einer Aufbewahrungsdauer von zehn Jahren noch nicht vernichtet werden dürfen.

9. Erklären Sie, in welcher Art und Weise eine digitale Archivierung von Geschäftsunterlagen erfolgen darf. Gehen Sie dabei auch auf die einzuhaltenden Pflichten ein.

Beleghafte Ablage und elektronische Archivierung

1. Nennen und diskutieren Sie, welche Ablagearten man bei der beleghaften Ablage unterscheiden kann.

2. Nennen und beschreiben Sie zwei Ablagesysteme. Diskutieren Sie dabei die jeweiligen die Vor- und Nachteile.

3. Bei einer Abteilungssitzung zum Thema „Die elektronische Archivierung" entstehen Rückfragen von Mitarbeitern. Diskutieren Sie die einzelnen Rückfragen der Mitarbeiter und beantworten Sie diese.

   1. Rückfrage
   Wie können vorhandene Dokumente in elektronische Dokumente umgewandelt und wie können diese wiedergefunden werden?

   2. Rückfrage
   Welchen weiteren Vorteil hat eine elektronische Aufbewahrung noch außer der Raumersparnis?

3. Rückfrage
Welches System verbirgt sich hinter der Abkürzung DMS und welchen Sinn hat dieses System für meine tägliche Arbeit?

4. Rückfrage
Worin besteht der Unterschied zwischen semi-permanenter und flüchtiger Speicherung?

4. Wozu dient ein Sicherheitssystem für die Ablage und welche Gefahren möchte ein Unternehmen damit minimieren bzw. ausschalten?

5. In der Rechnungswesen-Abteilung in Ihrem Unternehmen ist der Platz für eine Archivierung begrenzt. Der Abteilungsleiter beauftragt Sie, ihn über die Umwandlung von Originaldokumenten in elektronische Dokumente aufzuklären.
   a) Beschreiben Sie die einzelnen Vorgänge bzw. die Hilfsmittel, die nötig sind, um Originaldokumente in elektronische Dokumente umzuwandeln.
   b) Erörtern Sie die Vorteile und die Nachteile der elektronischen Aufbewahrung.
   c) Nennen und erläutern Sie drei Speichermedien, die beim elektronischen Aufbewahren verwendet werden. Gehen Sie auch auf die grundsätzlichen Eigenschaften der Speichermedien ein.

6. Unterscheiden Sie Datensicherungsmaßnahmen im Hardware- und Softwarebereich.

7. Nennen Sie fünf Sicherungsziele, die der Gesetzgeber vorgibt, um den Missbrauch von Daten zu verhindern.

Kommunikation im Unternehmen

1. Analysieren Sie die Bedeutung von Kommunikation im Unternehmen. Unterscheiden Sie dabei zwischen horizontalem und vertikalem Kommunikationsprozess.

2. Klären Sie den Unterschied zwischen verbaler und nonverbaler Kommunikation und geben Sie jeweils ein Beispiel.

3. Unterscheiden und beurteilen Sie unbewusste, teilbewusste und bewusste nonverbale Kommunikation.

4. Veranschaulichen Sie die räumliche Beziehung bei einer Kommunikation und nennen Sie Beispiele für die Überschreitung der jeweiligen Zone.

5. Bestandteil der Sozialkompetenz ist die Fähigkeit, alle Botschaften einer Kommunikation zu verstehen. Erläutern Sie in diesem Zusammenhang das „Vier-Ohren-Modell" von Friedemann Schulz von Thun und nennen Sie zwei weitere Bestandteile der Sozialkompetenz.

6. Beurteilen Sie das Zusammenwirken von Selbstbild und Fremdbild und nennen Sie mindestens fünf Fragen, die für die Analyse des Selbstbildes hilfreich sind.

7. Verdeutlichen Sie die Bedeutung von Teamarbeit im Büro und gehen Sie dabei auf Sozialkompetenz, Sachkompetenz und Selbstkompetenz ein.

8. Erörtern Sie das Gleichgewicht bei der Zielerreichung im Team. Diskutieren Sie dabei auch mögliche Probleme.

Lernfeld 3 Aufgaben

Aufträge bearbeiten

Prozesse im Unternehmen

1. Ermitteln Sie Prozesse Ihres Ausbildungsbetriebs, die
   a) sich auf die Abteilung beschränken, in der Sie derzeit ausgebildet werden.
   b) abteilungsübergreifend stattfinden.

2. Ein Fachhändler betreibt einen Verkaufsschalter, an dem Neukunden gegen Barzahlung Produkte kaufen können. Der Verkaufsprozess beinhaltet folgende Schritte:
   A. Produkt wird nicht im Lager vorgefunden: Im DV-System ermitteln, wann das Produkt wieder im Lager vorrätig ist.
   B. Den Kunden fragen, ob das gewünschte Produkt für ihn reserviert werden soll.
   C. Rechnung erstellen und Rechnungsbetrag bar kassieren.
   D. Eventuelle Kundenreservierung notieren.
   E. Produkt dem Kunden aushändigen.
   F. Kundenwunsch am Verkaufsschalter entgegennehmen.
   G. Gewünschtes Produkt aus dem Lager holen und zum Verkaufsschalter bringen.

   a) Ermitteln Sie die korrekte Reihenfolge der Schritte.
   b) Gehen Sie auf Möglichkeiten der Prozessoptimierung ein.

3. Listen Sie stichwortartig den Prozess von Ihrem täglichen Aufstehen bis zur Ankunft an Ihrer Berufsschule/Ihrem Berufskolleg auf.

4. Nennen und erläutern Sie die drei Merkmale des KANO-Modells.

5. Überlegen Sie, warum die Kundenzufriedenheit wichtig für ein Unternehmen ist.

6. Erläutern Sie den Begriff Selbstkritik.

Dreisatzrechnung, Prozentrechnung und Handelskalkulation

1. Ein Spediteur berechnet die Fracht nach Gewicht. Eine Fracht von 300 kg kostet 159,00 EUR. Um wie viel Euro erhöhen sich die Frachtkosten bei einer Fracht von 750 kg?

2. Für die Herstellung von 60 kg Kartoffelpüree benötigt eine Kantine 18 Liter Frischmilch. Wie viel Liter Frischmilch benötigt die Kantine für die Herstellung von 72 kg Kartoffelpüree?

3. Ein Internetprovider berechnet seine Preise nach dem Datenvolumen. Für eine Datenmenge von 7 MB werden 1,89 EUR berechnet. Welche Kosten entstehen für ein Datenvolumen von 18 MB?

4. Für eine Inventur benötigt ein Betrieb 12 Stunden, wenn 7 Mitarbeiter eingesetzt werden. Wie viel Zeit benötigt die Inventur bei einem Einsatz von 10 Mitarbeitern?

5. Da ein Betrieb keine Kuvertiermaschine besitzt, wird ein Werbeschreiben von 2 Mitarbeitern in 2,5 Stunden kuvertiert. In welcher Zeit könnte die Kuvertierung bei dem Einsatz von 3 Mitarbeitern erfolgen?

6. Ein Warenvorrat über 42 336 Stück reicht für einen Zeitraum von 189 Tagen. Für welchen Zeitraum reicht der Warenvorrat, wenn sich der Tagesverbrauch um 16 Stück erhöht?

7. Den 16 Geschäftsinhabern eines Stadtteils werden für eine Gemeinschaftswerbung 3686,40 EUR berechnet. Um welchen Betrag verringern sich die Kosten für jeden Geschäftsinhaber, wenn sich zwei weitere Geschäfte an der Werbung beteiligen?

8. Der Rechnungsbetrag einer Eingangsrechnung lautet 85,00 EUR. Der Lieferant gewährt bei schneller Zahlung 2 % Skonto. Wie hoch ist der Skontobetrag?

9. Ein Handelsvertreter erhält 7 % Provision auf einen Warenwert von 72600,00 EUR. Wie viel EUR beträgt die Provision?

10. In welchen zwei Varianten gibt es den Dreisatz? Wodurch unterscheiden sich beide Varianten voneinander?

11. In einem Unternehmen sind 20 Laserdrucker im Einsatz. Davon sind 5 Geräte Farblaserdrucker. Das entspricht einem Anteil von 25 %. Ordnen Sie die drei Zahlenwerte den Begriffen der Prozentrechnung zu.

12. Bei einer Warenlieferung über 1500 Kartons wurden 42 Kartons beschädigt. Wie hoch ist der Prozentsatz der beschädigten Kartons?

13. Ein Grundstück hatte im vergangenen Jahr einen Verkehrswert von 225000,00 EUR. Dieses Jahr beträgt der Verkehrswert 230400,00 EUR. Um wie viel Prozent hat sich der Verkehrswert erhöht?

14. Ein Lkw hat bei Nichtbeladung einen Verbrauch von 18 Litern je 100 Kilometer. Bei Beladung erhöht sich der Verbrauch auf 22,5 Liter je 100 Kilometer. Um wie viel Prozent ist der Verbrauch gestiegen?

15. a) Ein Unternehmer ermittelt in einem Produktionsprozess einen Ausschuss (fehlerhafte Produkte) von 1,5 %. Der Ausschuss beträgt 921 Stück. Welche Stückzahl wurde in dem Produktionsprozess hergestellt?
    b) Der Ausschuss soll auf 1,2 % verringert werden. Welche Stückzahl darf der Ausschuss nicht überschreiten?

16. a) Ein Importeur hat mit seinem Produkt einen Marktanteil von 6,8 %. Er hat im vergangenen Jahr 83640 Einheiten seines Produkts verkauft. Wie viele Produkteinheiten wurden insgesamt im vergangenen Jahr verkauft?
    b) Der Importeur hatte das Ziel, im vergangenen Jahr einen Anteil von mindestens 7,2 % zu erreichen. Wie viele Einheiten hätten mindestens verkauft werden müssen?

17. Listeneinkaufspreise:

    Produkt D: 72,00 EUR

    Produkt E: 98,00 EUR

    Produkt F: 106,00 EUR

    Der Liefererrabatt beträgt 15 %, das Liefererskonto 2 %, die Bezugskosten belaufen sich auf 12,50 EUR, der Handlungskostenzuschlag beträgt 35 %, der Gewinnzuschlag 15 %, das Kundenskonto 3 %, die Vertreterprovision 4 %, der Kundenrabatt 6 %.

    Berechnen Sie jeweils den Listenverkaufspreis. Überprüfen Sie bei der Nutzung eines Tabellenkalkulationsprogramms stichprobenartig manuell Ihre Berechnung.

18. Listeneinkaufspreise:

    Produkt G: 62,40 EUR

    Produkt H: 87,60 EUR

    Produkt I: 96,00 EUR

    Der Liefererrabatt beträgt 12 %, das Liefererskonto 3 %, die Bezugskosten belaufen sich auf 9,80 EUR, der Handlungskostenzuschlag beträgt 32 %, der Gewinnzuschlag 10 %, das Kundenskonto 2 %, die Vertreterprovision 5 %, der Kundenrabatt 6 %.

    Berechnen Sie jeweils den Listenverkaufspreis. Überprüfen Sie bei der Nutzung eines Tabellenkalkulationsprogramms stichprobenartig manuell Ihre Berechnung.

19. Bringen Sie die folgenden Begriffe der Handelskalkulation in die Reihenfolge ihrer Berechnung: Zielverkaufspreis, Listenverkaufspreis, Bareinkaufspreis, Listeneinkaufspreis, Bezugspreis, Selbstkostenpreis, Barverkaufspreis, Zieleinkaufspreis

20. a) Welche beiden Arten der Prozentrechnung werden bei der Ermittlung des Kundenrabatts, Kundenskontos, Liefererrabatts bzw. Liefererskontos angewandt?
    b) Ordnen Sie die beiden Arten der Prozentrechnung den genannten Rabatten und Skonti zu.

21. In einer Handelskalkulation wird auch ein Gewinn berücksichtigt. Nennen Sie Einflüsse, die den ursprünglich kalkulierten Gewinn bis zur Auftragserteilung vermindern können.

Eingehende Anfragen bearbeiten und Angebote erstellen

1. Nennen Sie zwei textliche Formulierungen, um ein Angebot als unverbindlich zu kennzeichnen.
2. Erläutern Sie, warum die Bonitätsprüfung bei einer Auftragsbearbeitung bedeutsam ist.
3. Erläutern Sie die wichtigsten Unterschiede zwischen einer Anfrage und einem Angebot.
4. Nennen Sie Gründe, warum ein Mitbewerber ein angebotenes Produkt eventuell günstiger anbieten kann.

Normgerechte Briefe formulieren

1. Entscheiden Sie bei folgenden Schilderungen, ob diese von einer Norm betroffen sind.
   a) Philip benötigt für eine Taschenlampe neue Batterien.
   b) Melanie betankt ihr Auto an einer Tankstelle.
   c) Julia bereitet sich ein Brot mit Marmelade zu.
   d) Tim legt Papier in einen Drucker nach.
   e) Constanze kauft für ihr Smartphone neue Ohrhörer.
2. Ermitteln Sie für einen Geschäftsbrief gemäß DIN 5008
   a) die Schriftart,
   b) die Schriftgröße,
   c) die Seitenränder,
   d) den Zeilenabstand zwischen der Anrede und dem Textteil,
   e) den Zeilenabstand im Textteil,
   f) den Zeilenabstand zwischen dem Textteil und der Grußformel.
3. Nennen und beschreiben Sie Angaben, die über das absendende Unternehmen im Informationsteil vorgeschrieben sind.
4. In Unternehmen werden für den Schriftverkehr häufig Textbausteine verwendet. Formulieren Sie für die Bürobedarf Müngsten GmbH jeweils einen Textbaustein (Text zwischen Anrede und Grußformel) für folgende Situationen:
   a) Das Begleitschreiben für Prospekte, die einem (möglichen) Kunden aufgrund einer telefonischen Anfrage zugesandt werden.
   b) Ein Kunde hat vergessen, eine Rechnung rechtzeitig zu bezahlen. Durch ein sehr höfliches Schreiben soll er darauf hingewiesen werden, dass die Zahlung bislang versäumt wurde und dass er die Zahlung nunmehr bitte vornehmen soll.
5. Ermitteln Sie, für welche weiteren betrieblichen Bereiche außer der Auftragsbearbeitung die Anwendung von Textbausteinen/Schnellbausteinen sinnvoll ist.

Transport und Verpackung

1. Ein Unternehmen kann seine Produkte durch einen eigenen Fuhrpark oder durch ein anderes Unternehmen (Spedition) ausliefern. Nennen Sie Gründe für beide Arten der Auslieferung.

2. Ordnen Sie den folgenden Schilderungen die korrekten Verpackungsarten zu:

Aussage	Transport-verpackung	Verkaufs-verpackung	Um-verpackung
Pralinen werden in einer Schachtel verkauft.	☐	☐	☐
Kopierpapier wird jeweils zu 500 Blatt in einem Paket verkauft. Jeweils 5 dieser Pakete befinden sich in einem Karton. 40 Kartons werden auf einer Europalette platziert.	☐	☐	☐
Eine Tiefkühlpizza ist in einem Karton verpackt. Die Pizza ist in einer Kunststofffolie eingeschweißt.	☐	☐	☐
Ein Drucker wird verpackt in einem einfarbig beschrifteten braunen Karton ab Werk ausgeliefert.	☐	☐	☐
Ein Buch wird von der Druckerei in eine Kunststofffolie eingeschweißt.	☐	☐	☐

Rechtliche Wirkung von Angeboten

1. Konrad möchte seinen gebrauchten Motorroller verkaufen. Er trifft sich mit Dennis, der an dem Motorroller Interesse hat. Folgendes Gespräch entwickelt sich: Dennis: „Also, den Roller würde ich für 150,00 EUR kaufen." Konrad: „Naja, ich hatte mir einen Preis von mindestens 200,00 EUR vorgestellt." Dennis: „Aufgrund der hohen Kilometerlaufleistung wären aber maximal 170,00 EUR akzeptabel." Konrad: „Ich komme dir mit 190,00 EUR entgegen." Dennis: „Dann schlage ich 180,00 EUR vor." Konrad: „Damit bin ich einverstanden."

   Ein Kaufvertrag kommt durch Antrag und Annahme zustande. Beurteilen Sie, wo in der Schilderung jeweils ein Antrag oder eine Annahme vorliegt.

2. Klaus Kunze möchte einen nicht mehr benötigten Lkw verkaufen. Er telefoniert regelmäßig mit Andreas Wagner, der an dem Kauf des Lkw Interesse hat. Ebenfalls hat Heike Müller an dem Lkw ein Kaufinteresse. Auch mit ihr telefoniert er regelmäßig. Gegenüber einem Freund betont Klaus: „Ich telefoniere mit beiden Kaufinteressenten regelmäßig. Es werden auch viele Preise genannt. Verkaufen werde ich den Lkw natürlich demjenigen, der mir den höchsten Preis bietet."
   a) Ist das Verhalten von Klaus Kunze zulässig?
   b) Nachdem er sich mit Heike Müller auf einen Kaufpreis geeinigt hat, wird Klaus Kunze von Andreas Wagner angerufen. Er bietet ihm 1000,00 EUR über den mit Heike Müller vereinbarten Kaufpreis. Ist der Verkauf an Andreas Wagner zulässig?

3. Jan besucht einen Trödelmarkt. An einem Stand entdeckt er eine historische Schreibtischlampe. Auf die Frage an den Händler, welchen Preis die Lampe habe, antwortet dieser 30,00 EUR. Jan bedankt sich für die Auskunft und geht weiter. In den folgenden Minuten überlegt er sich, dass der Preis realistisch sei und er die Lampe kaufen möchte. Als er an den Stand zurückkehrt, meint der Händler, dass die Lampe jetzt 35,00 EUR kostet. Ist das Verhalten des Händlers rechtlich zulässig?

4. Die Bürobedarf Müngsten GmbH sendet an einen Kunden per Briefpost ein Angebot über ein Aktenregal über 140,00 EUR. Nach dem Versand des Briefes, aber noch am gleichen Tag, wird bemerkt, dass der Angebotspreis fehlerhaft ist und korrekt 240,00 EUR lauten müsste. Der Geschäftsführer Robert Müngsten ruft den Kunden an und teilt ihm mit, dass er morgen zwar ein Angebot für den Aktenschrank über 140,00 EUR erhalten wird, dieses Angebot aber nicht mehr gültig sei. Der Angebotspreis betrage 240,00 EUR. Ist das Verhalten von Herrn Müngsten rechtlich korrekt?

5. Die Bürobedarf Müngsten GmbH sendet einem Kunden per Briefpost ein Angebot über 6 Stühle für einen Konferenzraum über einen Gesamtpreis von 540,00 EUR. Nach vier Wochen meldet sich der Kunde bei der Bürobedarf Müngsten GmbH und teilt mit, dass er die Stühle zu diesem Preis kauft. Die Bürobedarf Müngsten GmbH teilt dem Kunden jedoch mit, dass der Preis mittlerweile 570,00 EUR betrage, da der Lieferant seine Preise ebenfalls erhöht habe. Ist das Verhalten der Bürobedarf Müngsten GmbH rechtlich korrekt?

6. Jan will sein gebrauchtes Auto verkaufen. Er trifft sich mit einem Interessenten und nennt ihm einen Preis von 2 400,00 EUR. Der Interessent antwortet: „2 200,00 EUR“. Welche rechtliche Bedeutung haben die Aussage von Jan und die Antwort des Interessenten?

7. Ein Versandunternehmen sendet Kunden, die bei ihm regelmäßig kaufen, keine Auftragsbestätigung. Überlegen Sie, warum die Auftragsbestätigung evtl. entfallen kann.

8. Bringen Sie die Begriffe in die richtige Prozess-Reihenfolge:
   A. Rechnung
   B. Anfrage
   C. Zahlung
   D. Bestellung
   E. Angebot
   F. Lieferschein

Vervielfältigung von Schriftstücken

1. Entscheiden Sie, welche Schutzmaßnahmen (Leseschutz, Schreibschutz, Überarbeitungsschutz) für Dateien bei den folgenden Dokumenten jeweils sinnvoll sind:
   a) Textdokument über einen Arbeitsvertrag,
   b) Kurzbedienungsanleitung für eine in der Büroküche installierte Kaffeemaschine,
   c) Kalkulation eines Schreibtischs,
   d) Quittungsformular für Barverkäufe,
   e) Einladungsschreiben an die Unternehmensmitarbeiter für die jährliche Weihnachtsfeier.

2. Falls ein Dokument über einen Scanner erfasst wird, wird evtl. eine OCR-Software eingesetzt. Beschreiben Sie, welche Aufgabe diese Software hat.

3. Viele Unternehmen scannen einen großen Teil der papiergebundenen Dokumente, die sie per Briefpost empfangen. Erläutern Sie, welche Vorteile es bringt, die Dokumente zu scannen.

4. Ein Multifunktionsgerät ist mehr als ein simpler Kopierer. Beurteilen Sie, ob folgende Optionen bei einem größeren modernen Multifunktionsgerät verfügbar sind:

Optionen	ja	nein
ein- und zweiseitiger Scan von Papierdokumenten	☐	☐
Ausdruck von zwei Seiten eines Dokuments auf einer Seite	☐	☐
zweiseitiger Druck	☐	☐
sortierter Ausdruck bei Mehrfachkopien von mehrseitigen Dokumenten	☐	☐
versetzte Ablage bei Mehrfachkopien von mehrseitigen Dokumenten	☐	☐
Lochung der gedruckten Dokumente	☐	☐
Abheftung der Dokumente in einen DIN A4 Ordner	☐	☐
Heftung der ausgedruckten Dokumente	☐	☐

5. Bei dem Druck eines Dokuments ist es möglich, die eigenen Druckgeräte zu nutzen oder für den Druck eine Druckerei zu beauftragen. Nennen Sie Argumente für den Druck mit eigenen Druckgeräten und für den Druck durch eine Druckerei.

6. Textdokumente werden häufig im PDF-Format ausgetauscht (z. B. per E-Mail). Zeigen Sie die Vorteile des PDF-Formats gegenüber dem Format eines Textverarbeitungssystems auf.

7. Nennen und erläutern Sie Vorteile, die ein Recyclingpapier gegenüber konventionellem, weißem Büropapier hat.

8. Beurteilen Sie, welche Druckerart bei den folgenden Fallschilderungen optimal geeignet ist:

Fall	Laser-drucker	Tintenstrahl-drucker	Nadel-drucker	Thermo-drucker
Es müssen regelmäßig hochwertige Ausdrucke von Rechnungen in hoher Zahl gefertigt werden.	☐	☐	☐	☐
An einem Verkaufsschalter sollen einfache Quittungen im Format DIN A6 gedruckt werden.	☐	☐	☐	☐
Es werden nur selten Ausdrucke gefertigt. Die Druckqualität sollte aber gut und für Geschäftsbriefe geeignet sein.	☐	☐	☐	☐
Der Außendienst benötigt einen sehr kompakten Drucker, der zusammen mit einem Notebook in einem kleinen Koffer untergebracht ist.	☐	☐	☐	☐

9. An einem Drucker muss die Tonerkassette gewechselt werden. Beschreiben Sie den Wechsel unter Beachtung der Nachhaltigkeit.

10. Erläutern Sie den Begriff Standardsoftware.

Nutzung betrieblicher Kommunikationssysteme und Formulare

1. Ordnen Sie die folgenden Fallschilderungen den Leistungsmerkmalen einer Telefonanlage zu.

   Leistungsmerkmale:

   A. Durchwahl
   B. Anrufweiterschaltung
   C. Heranholen
   D. Weitervermittlung
   E. Anrufsignalisierung

   Fallschilderungen:

   a) Eine Mitarbeiterin führt gerade ein Telefongespräch, als plötzlich eine Leuchte am Telefonapparat blinkt. „Das ist der Anruf, auf den ich schon länger gewartet habe", denkt sie sich.

   b) In der Mittagspause klingelt der Telefonapparat einer Mitarbeiterin, die gerade nicht an ihrem Arbeitsplatz ist. Eine Kollegin nimmt das Telefongespräch an, ohne ihren Arbeitsplatz zu verlassen.

   c) Ebenfalls in der Mittagspause klingelt der Telefonapparat einer weiteren Mitarbeiterin, die derzeit nicht an ihrem Arbeitsplatz ist. Nachdem ihr Apparat fünf Mal geklingelt hat, klingelt der Apparat einer Kollegin, die den Anruf entgegennimmt.

   d) Nach der Annahme eines Telefongesprächs durch einen Mitarbeiter ergibt sich, dass ein Kollege das Anliegen des Anrufers kompetenter bearbeiten kann. Der Mitarbeiter ruft den Kollegen an. Nach einer kurzen Information führt der Kollege das Kundengespräch fort.

   e) Die Anzahl der Anrufe in der Telefonzentrale ist rückläufig. Viele Anrufer wählen sofort den Apparat des gewünschten Gesprächspartners im Unternehmen.

2. Erläutern Sie den Unterschied zwischen einem Formular und einer Checkliste.

3. Grenzen Sie die Vorteile eines Online-Formulars von den Vorteilen eines „klassischen" Formulars ab.

4. Ein Geschäftspartner hat Ihnen eine E-Mail gesandt. Sie können aber keinen E-Mail-Eingang feststellen.

   a) Erklären Sie, aus welchem Grund die gesandte E-Mail Sie nicht erreicht hat.

   b) Überlegen Sie, ob es möglich ist, dass Sie die E-Mail erreicht hat, obwohl Sie (zunächst) keinen E-Mail-Eingang registrierten.

5. Ein Geschäftspartner sendet Ihnen eine E-Mail mit einem Foto im Anhang. Die E-Mail erreicht Sie aber ohne diesen Anhang. Diskutieren Sie mögliche Ursachen.

6. Warum sollten E-Mail Anhänge nicht routinemäßig geöffnet werden?

7. Nach einem Wochenende befindet sich neben dem Faxgerät ein riesiger Papierberg mit empfangenen und ausgedruckten Faxen. Ein großer Teil dieser Faxe ist als Spam zu kategorisieren. Finden Sie Möglichkeiten, die Anzahl ausgedruckter Spam-Faxe zu vermindern, ohne die Empfangbarkeit für Faxe durch Kunden zu beeinträchtigen.

8. Zu den bedeutenden Kommunikationsmedien gehören Briefpost, Telefon, E-Mail und Fax. Ordnen Sie folgende Beispiele dem idealen Kommunikationsmedium zu:

   a) Ein Kunde wartet dringend auf die Anlieferung einer bestellten Maschine. Der Kunde soll kurz informiert werden, dass der Spediteur die bestellte Maschine in einer Stunde anliefert.

b) Ein Kunde soll Vertragsunterlagen mit Orginalunterschriften erhalten.

c) Ein Kunde soll eine Bestätigung für eine eingegangene Bestellung erhalten.

d) Einem Kunden wird eine einfache Handzeichnung über die Aufstellreihenfolge der Schrankelemente einer Einbauküche übermittelt.

9. Die Investitionskosten für einen Raum für Videokonferenzen sind teilweise sehr hoch. Warum ist die Einrichtung eines Videokonferenzraums für international tätige Unternehmen trotzdem sinnvoll?

10. Beschreiben Sie die Funktionsweise und Nutzung einer Firewall, eines Spam-Filters und einer Antivirensoftware.

Internet und Intranet

1. „Die bekannteste Suchmaschine im Internet ist quasi das zentrale Verzeichnis des WWW." Nehmen Sie zu dieser Aussage Stellung.

2. Werden in eine Suchmaschine mehrere Suchbegriffe eingegeben, verringert sich die Anzahl der angezeigten Ergebnisse. Erläutern Sie die Ursache.

3. Die Betreuung des Intranets obliegt dem Systemadministrator. Erläutern Sie dessen Aufgaben bei:

   a) Beginn der Tätigkeit eines neuen Mitarbeiters im Unternehmen.

   b) Ausscheiden eines Mitarbeiters aus dem Unternehmen.

4. Erläutern Sie, warum ein persönliches Passwort auch den langjährigen Kollegen innerhalb einer Abteilung nicht bekannt sein sollte.

Ausländische Geschäftspartner

1. Erläutern Sie die Vorteilhaftigkeit, wichtige fremdsprachliche Redewendungen für eine geschäftliche Konversation parat zu haben.

2. Schildern Sie, warum es bedeutsam ist, in einer geschäftlichen Konversation die persönlichen Grenzen bezüglich der eigenen Fremdsprachenkenntnisse zu kennen.

3. Nennen Sie beispielhaft drei Länder, in denen die lockere Unterhaltung (small talk) ein zu beachtender Bestandteil eines geschäftlichen Gesprächs ist.

4. Ermitteln Sie die englischen Übersetzungen für folgende Begriffe:

   Anfrage

   Angebot

   Lieferschein

   Rechnung

   Zahlungserinnerung

   auf Lager sein

   Versand per Paket

   Versand per Spedition

Lernfeld 4 Aufgaben

Sachgüter und Dienstleistungen beschaffen und Verträge schließen

Grundlagen des Vertragsrechtes

1. Unterscheiden Sie öffentliches Recht und Privatrecht, und nennen Sie jeweils beispielhaft entsprechende Gesetze.

2. Entscheiden Sie begründet, welche der folgenden Paragrafen zum öffentlichen Recht und welche zum privaten Recht gehören.
   a) „Auf gemeinsamen Antrag der Auszubildenden und Ausbildenden hat die zuständige Stelle die Ausbildungszeit zu kürzen, wenn zu erwarten ist, dass das Ausbildungsziel in der gekürzten Zeit erreicht wird. Bei berechtigtem Interesse kann sich der Antrag auch auf die Verkürzung der täglichen oder wöchentlichen Ausbildungszeit richten (Teilzeitberufsausbildung). In Ausnahmefällen kann die zuständige Stelle auf Antrag Auszubildender die Ausbildungszeit verlängern, wenn die Verlängerung erforderlich ist, um das Ausbildungsziel zu erreichen. Vor der Entscheidung nach Satz 1 sind die Ausbildenden zu hören."
   b) „Die Anwesenheit in öffentlichen Spielhallen oder ähnlichen vorwiegend dem Spielbetrieb dienenden Räumen darf Kindern und Jugendlichen nicht gestattet werden. Die Teilnahme an Spielen mit Gewinnmöglichkeit in der Öffentlichkeit darf Kindern und Jugendlichen nur auf Volksfesten, Schützenfesten, Jahrmärkten, Spezialmärkten oder ähnlichen Veranstaltungen und nur unter der Voraussetzung gestattet werden, dass der Gewinn in Waren von geringem Wert besteht."
   c) „Durch den Kaufvertrag wird der Verkäufer einer Sache verpflichtet, dem Käufer die Sache zu übergeben und das Eigentum an der Sache zu verschaffen. Der Verkäufer hat dem Käufer die Sache frei von Sach- und Rechtsmängeln zu verschaffen. Der Käufer ist verpflichtet, dem Verkäufer den vereinbarten Kaufpreis zu zahlen und die gekaufte Sache abzunehmen."
   d) „Natürliche Personen, die im Inland einen Wohnsitz oder ihren gewöhnlichen Aufenthalt haben, sind unbeschränkt einkommensteuerpflichtig."
   e) „Der Kraftfahrzeugsteuer unterliegt das Halten von inländischen Fahrzeugen zum Verkehr auf öffentlichen Straßen…"
   f) „Durch den Mietvertrag wird der Vermieter verpflichtet, dem Mieter den Gebrauch der Mietsache während der Mietzeit zu gewähren. Der Vermieter hat die Mietsache dem Mieter in einem zum vertragsgemäßen Gebrauch geeigneten Zustand zu überlassen und sie während der Mietzeit in diesem Zustand zu erhalten."

3. Die 13-jährige Barbara verbringt den Sommerurlaub mit ihren Eltern an der Ostsee. Da an der Ostsee ihrer Meinung nach für Jugendliche »nichts los« ist, meldet sie sich zu einem Surfkurs an. Die Gebühr beträgt 200,00 EUR einschließlich der Abschlussprüfung. Von ihrem ersparten Urlaubsgeld zahlt sie 70,00 EUR bei der Anmeldung an. Ihre Eltern sind jedoch der Meinung, dass Surfen auf der Ostsee zu gefährlich sei, lehnen die Restzahlung ab und fordern die gezahlten 70,00 EUR zurück. Der Veranstalter fordert die Restzahlung von 130,00 EUR. Klären Sie begründet die Ansprüche!

4. Erläutern Sie mit Hilfe selbst gewählter Beispiele, welche Beschränkungen der Geschäftsfähigkeit das BGB hinsichtlich des Alters kennt.

5. Erläutern Sie an einem Beispiel den Unterschied zwischen Eigentum und Besitz.

6. Kennzeichnen Sie möglichst genau, welche Art von Rechtsgeschäft in den folgenden Fällen vorliegt:
   a) Ein Mitarbeiter erhält schriftlich seine Kündigung.
   b) Die Spedition wird beauftragt, Ware zum Kunden zu transportieren.
   c) Aufgrund einer ausgebliebenen Zahlung verschickt das Unternehmen eine Mahnung mit Nachfristsetzung an den Kunden.

d) Die Bahncard für den Außendienstmitarbeiter wird bestellt.

e) Die Gewährleistungsfrist für den Sonderposten Elektrogeräte wird auf 3 Jahre verlängert.

7. Erläutern Sie die drei Grundsätze der Vertragsfreiheit.

8. Prüfen Sie, welche Formvorschrift für die folgenden Rechtsgeschäfte jeweils vorgeschrieben ist:

   a) Kauf eines Grundstücks

   b) Antrag auf Eintragung in das Handelsregister

   c) Kauf eines Pkw

   d) Ehevertrag

   e) Kündigung eines Arbeitsvertrages.

9. Entscheiden Sie begründet, ob in den folgenden Fällen nichtige oder anfechtbare Rechtsgeschäfte vorliegen:

   a) Ein erschöpfter Wanderer zum Gastwirt: „100 EUR für ein kühles Bier."

   b) Der 6-jährige Marvin findet 10,00 EUR und kauft dafür Süßigkeiten.

   c) Bei einem Grundstückskauf werden 50000,00 EUR ohne Beurkundung bar bezahlt, um Grunderwerbssteuer zu sparen.

   d) Zwei junge Reisende suchen eine preiswerte Übernachtungsmöglichkeit. Sie buchen eine Suite, weil sie der Meinung sind, es handele sich dabei um ein einfaches Zimmer.

   e) Ein „Reparaturbetrieb für alle Fälle" mit gleichem Namen wie ein Fachbetrieb erhält irrtümlich einen Reparaturauftrag, da der Auftrageber den Namen im Telefonbuch verwechselt hat.

   f) Die Bank fordert von einem Rentner 25 % Zinsen für einen nicht genehmigten Überziehungskredit.

   g) Ein Reparaturdienst für Haushaltsgeräte tauscht ein funfktionsfähiges Teil vorsätzlich aus, um den Rechnungsbetrag zu erhöhen.

   h) Ein Interessent für einen Gebrauchtwagen gibt dem Eigentümer zu verstehen, er werde ihn krankenhausreif schlagen, wenn er das Auto nicht deutlich unter dem Marktwert verkaufe.

10. Im etablierten Fußballclub der Bundesliga wird mehr getan als nur Fußall gespielt. Bestimmen Sie, welche Vertragsarten bei den folgenden Aktionen vorliegen:

    a) Ein neuer Spieler erhält einen Vertrag.

    b) Das Dach des Stadions muss schon wieder vom Hersteller repariert werden.

    c) Das Geschäft mit den Fan-Artikeln im eigenen Fan-Shop läuft gut.

    d) Immer zu Weihnachten erhalten die Kinder des Waisenhauses Bälle und Trikots mit den Unterschriften der Spieler.

    e) Das Vorbereitungstraining in Spanien kann nur mithilfe eines Bankkredits finanziert werden.

    f) Für den Transport der Jugendmannschaft U 16 stellt der örtliche private Busunternehmer regelmäßig kostenlos einen Bus zur Verfügung.

    g) Die Amateurmannschaft des Clubs muss dagegen den Bus für ihre Auswärtsfahrten bezahlen.

11. Ein Freund aus dem Sportverein bietet Lena Schulten zwei gebrauchte Kinderräder für jeweils 60,00 EUR an. Sie will sich jedoch nicht sofort entscheiden. Am nächsten Tag ruft sie den Freund an, um ihm mitzuteilen, dass sie sein Angebot annimmt. Dabei erfährt sie, dass die Fahrräder mittlerweile anderweitig verkauft sind. Lena ist total verärgert.

    a) Beurteilen Sie, ob Lena einen Rechtsanspruch auf die Fahrräder hat.

    b) Erläutern Sie allgemein, wie die Bindung an einen Antrag grundsätzlich eingeschränkt werden kann.

12. Der Fahrlehrer Rüdiger Finke interessiert sich für einen schwarzen Golf TDI, der von einem Gebrauchtwagenhändler in der örtlichen Tageszeitung zu einem Preis von 17000,00 EUR angepriesen wird. Nach einer kurzen Probefahrt am gleichen Tag erscheint Finke der Preis angemessen. Er schließt mit dem Gebrauchtwagenhändler schriftlich einen Kaufvertrag über das Fahrzeug ab. Darüber hinaus teilt er dem Gebrauchtwagenhändler mit, dass er den Wagen in zwei Tagen abholen werde.

    Kurz nachdem Finke gegangen ist, erscheint ein anderer Kunde, der sich sofort in den schwarzen Golf TDI „verliebt". Als er erfährt, dass der Wagen gerade für 17000,00 EUR verkauft worden sei, bietet er dem Händler 19000,00 EUR. Dieser stimmt nach einer kurzen Bedenkzeit zu, und die beiden schließen ebenfalls einen Kaufvertrag. Am nächsten Tag kommt dieser Kunde, der Händler übergibt ihm das Fahrzeug und die „Papiere", der Kunde zahlt die 19000,00 EUR.

    Einen Tag später erscheint Finke beim Gebrauchtwagenhändler, um „seinen" TDI abzuholen. Finke ist natürlich sehr enttäuscht und überlegt, ob er die Erfüllung des Kaufvertrages erzwingen kann.

    a) Klären Sie, ob das Zeitungsinserat als Angebot zum Abschluss eines Kaufvertrages anzusehen ist.
    b) Erläutern Sie, durch welche Willenserklärungen der Kaufvertrag zustande kommt.
    c) Überlegen Sie, ob der Gebrauchtwagenhändler seine gegenüber Rüdiger Finke gemachte Willenserklärung nach dem Gespräch mit dem neuen Kunden noch widerrufen konnte.
    d) Nennen Sie allgemein die Pflichten von Verkäufer und Käufer aus dem Kaufvertrag.
    e) Erklären Sie in Auseinandersetzung mit dem Vorfall Verpflichtungs- und Erfüllungsgeschäft beim Kaufvertrag.
    f) Prüfen Sie, ob der »zweite« Kunde Eigentümer des Gebrauchtwagens geworden ist.

13. Bestimmen Sie möglichst alle Kaufvertragsarten, die in den folgenden Beispielen erkennbar werden.
    a) Eine Unternehmung in Hamburg erhält von der Bürotec GmbH in Bremen Schreibtische für die Geschäftsausstattung mit folgendem Begleitschreiben: „Sie erhalten die Schreibtische wie gewünscht... Bei Nichtgefallen Umtauschfrist: 10 Tage."
    b) Frau Lehmann kauft vom benachbarten Händler einen gebrauchten Firmenwagen. Die Zahlung soll innerhalb von 30 Tagen erfolgen.
    c) Am Ostseestrand lässt Rebecca ein Portrait von sich anfertigen. Sie zahlt einen Betrag bar an, der Rest wird fällig nach Zusendung durch den Künstler an die Heimatadresse.
    d) Der örtliche Elektrohandel stellt für Kunden im nahen Umkreis auch Fernsehgeräte zu Testzwecken auf. Bei Nichtgefallen können die Geräte zurückgegeben werden.
    e) Der Tischschmuck für die private Jubiläumsfeier wird für den Morgen des Tages bestellt. Die Rechnung ist innerhalb von einer Woche zu begleichen.
    f) Eine Reifenhandlung erwirbt von einem in Insolvenz gegangenen Hersteller die gesamte Lagermenge Felgen. Die Lieferung soll (in Abhängigkeit von freiwerdenden Lagerkapazitäten) in Teilmengen innerhalb der nächsten zwei Monate erfolgen. Auf Wunsch der Reifenhandlung werden die Teillieferungen vom Hersteller in Dortmund per LKW nach Duisburg geliefert.

14. Ein Hersteller von Telekommunikationsanlagen liefert eine Telefonanlage an einen Obstgroßhändler in Dresden zur Eigennutzung. Beim Vertragsabschluss weisen beide Partner auf die Gültigkeit ihrer Allgemeinen Geschäftsbedingungen hin:

    Teleko GmbH, München: Erfüllungsort und Gerichtsstand für beide Teile ist München.

    Obsthandelhandelsgesellschaft mbH, Dresden: Erfüllungsort und Gerichtsstand für beide Teile ist Dresden.

    a) Erläutern Sie allgemein, welche Ziele Unternehmungen mit der Formulierung von AGB verfolgen.
    b) Zeigen Sie auf, welche Konsequenzen Vereinbarungen über den Erfüllungsort für Käufer und Verkäufer haben.
    c) Schildern Sie allgemein, welche Besonderheiten für die Festlegung des Erfüllungsortes bei Distanzkäufen als Verbrauchsgüterkäufe zu beachten sind.
    d) Geben Sie an, welcher Erfüllungsort in der beschriebenen Situation gültig ist.

e) Fassen Sie die Voraussetzungen zusammen, unter denen die AGB Bestandteil eines Kaufvertrages werden.

f) Diskutieren Sie die Aussage, dass bei den Regelungen im BGB zur »Einbeziehung Allgemeiner Geschäftsbedingungen in den Vertrag« der Verbraucherschutz im Vordergrund steht.

15. a) Erläutern Sie, was man unter Fernabsatzverträgen versteht und welche Informationspflichten des Unternehmers zu beachten sind. Klären Sie dabei auch Gemeinsamkeiten und Unterschiede zwischen Fernabsatzverträgen und elektronischem Geschäftsverkehr.

b) Prüfen Sie in diesem Zusammenhang, ob ein Fernabsatzvertrag zugleich auch ein Teilzahlungsgeschäft bzw. einen Ratenlieferungsvertrag darstellen kann.

Beschaffungsprozesse planen

1. Die Drupa GmbH ist ein mittelständisches Unternehmen in der Druck- und Papierverarbeitung. Spezialisiert hat man sich vorwiegend auf die Erstellung von kleineren Informationsbroschüren, die komplett verarbeitet werden. Die Einkaufsabteilung der Drupa GmbH hat insbesondere die Aufgabe, Papier in den benötigten Qualitäten und Mengen regelmäßig und fristgerecht so zu beschaffen, dass die Produktion jederzeit versorgt werden kann. Diese Leistung soll wirtschaftlich unter möglichst geringem Kapitaleinsatz erbracht werden.

a) Formulieren Sie, mit welchen Fragen bzw. Problemstellungen sich die Beschaffungsplanung auseinandersetzt.

b) Die Einkaufsabteilung rechnet mit einer Gesamtmenge von 4 Mio. Bogen Papier für das nächste Jahr. Erklären Sie das Modell der optimalen Bestellmenge und ermitteln Sie die optimale Bestellmenge unter folgenden Bedingungen:
Kosten je Bestellung 50,00 EUR, Einkaufspreis 900,00 EUR je 100000 Bogen, das Papier wird ausschließlich in Einheiten zu 100.000 Bogen verkauft. Als Lagerkosten werden nur die Kapitalbindungskosten (10 % p. a.) berücksichtigt.

2. Obwohl in der Drupa GmbH zwischen Bestelltag und Liefertag des Papierrohmaterials erfahrungsgemäß nur 4 Tage liegen, plant die Einkaufsabteilung mit einem Mindestbestand (Sicherheitsreserve) von 50000 Bogen Papier. Das reicht aus, um 5 zusätzliche Tage zu überbrücken. Der Höchstbestand soll 350000 Blatt aber nicht übersteigen. Diese Vorgaben erfordern genaue Überlegungen hinsichtlich des Bestellzeitpunktes.

a) Welche Überlegungen sind bei der Festsetzung von Mindest- und Höchstbestand zu berücksichtigen?

b) Ermitteln Sie den Meldebestand rechnerisch. Stellen Sie fest, um welche Art des Bestellverfahrens es sich hier handelt und welcher Bestellrhythmus sich bei völlig gleichmäßigem Verbrauch ergeben würde.

c) Stellen Sie Ihre Ergebnisse grafisch dar. Kennzeichnen Sie in Ihrer Grafik: Höchstbestand, Mindestbestand, Meldebestand, Bestellzeitpunkt, Bestellrhyhtmus, Lieferzeit, Verbrauchsmenge in der Beschaffungszeit.

3. Ein Unternehmen hat im letzten Jahr 10 verschiedene Rohstoffe in der Produktion eingesetzt. Der mengen- und wertmäßige Jahresbedarf ist der folgenden Tabelle zu entnehmen:

Artikel-Nr.	Jahresbedarf (Stück)	Bezugspreis/Stück (EUR)
1020	30	5,61
1021	35	7,62
1022	10	120,00
1023	10	90,00
1024	60	6,00
1025	16	77,50
1026	4	440,00
1027	5	462,40
1028	4	497,50
1029	5	479,20

Aufgaben zum Lernfeld 4

a) Erstellen Sie (ggf. in Excel) eine ABC-Analyse und erläutern Sie das Ergebnis.

b) Hinsichtlich der A-Güter sollen Kriterien für eine Lieferantenauswahl detailliert festgelegt werden. Formulieren Sie entsprechende Fragen, die für die Lieferantenauswahl bei A-Gütern von besonderer Bedeutung sein können.

Beschaffungsprozesse durchführen

1. Die Reifenhandlung Felge erhält von ihrem langjährigen Kunden „Fahrschule Hoffmann" eine Anfrage über diebstahlsichere Alufelgen für die beiden neuen Fahrschulwagen. Diebstahlsichere Felgen gehören bisher nicht zum Standardprogramm der Reifenhandlung.

   a) Beschreiben Sie typische Arbeitsschritte, die mit der Beschaffung von Produkten, die nicht zum Leistungsprogramm gehören, verbunden sind.

   b) Erstellen Sie eine DIN-gerechte, allgemeine Anfrage nach diebstahlsicheren Felgen. Weitere Daten nach eigener Wahl.

2. Nennen Sie die gesetzlichen Regelungen für die Inhalte eines Angebotes, wenn keine vertraglichen Vereinbarungen getroffen wurden hinsichtlich

   a) Art, Güte und Beschaffenheit,

   b) des Zeitpunktes von Lieferung und Zahlung,

   c) Erfüllungsort und Gerichtsstand.

3. Ordnen Sie zu, wer nach der gesetzlichen Regelung die jeweiligen Verpackungskosten zu tragen hat: Käufer oder Verkäufer?

   a) Kosten der Versandverpackung,

   b) Kosten der Verkaufsverpackung.

   c) Nennen Sie Beispiele für beide Verpackungsarten.

4. Bei der Versendung von Waren vom Hersteller in Nürnberg zum Großhändler in Ingolstadt fallen folgende Kosten an:

Bahnfracht	50,00 EUR	Entladekosten	30,00 EUR
Rollgeld: Bahnhof Ingolstadt – Großhändler	15,00 EUR	Verladekosten	25,00 EUR
Rollgeld: Hersteller – Bahnhof Nürnberg	20,00 EUR		

Welchen Kostenanteil hat der Hersteller (Verkäufer) bei Vereinbarung der folgenden Beförderungsbedingungen zu übernehmen:

Beförderungsbedingung	Kostenanteil Verkäufer
unfrei	
frachtfrei	
frei Bahnhof dort	
ab hier	
ab Werk	
bei gesetzlicher Regelung	
frei Waggon	

5. Entscheiden Sie, ob die folgenden Aussagen zum Erfüllungsort und Gerichtsstand nach der gesetzlichen Regelung richtig oder falsch sind. Ohne weitere Angaben unterstellen Sie immer einen zweiseitigen Handelskauf.
   a) Warenschulden sind Schickschulden.
   b) Beim Versendungskauf mit eigenem Lkw des Verkäufers liegt der Gefahrenübergang am Geschäftssitz des Verkäufers.
   c) Erfüllungsort für Geldschulden ist der Geschäftssitz des Käufers.
   d) Erfüllungsort ist grundsätzlich der Wohn- bzw. Geschäftssitz des Schuldners.
   e) Beim Verbrauchsgüterkauf ist der Gerichtsstand immer beim Verkäufer.
   f) Beim Platzkauf findet der Gefahrenübergang immer im Geschäft des Verkäufers statt.

6. Die BüroDesign GmbH in Freiburg schließt mit der Versicherungs KG in Karlsruhe einen Kaufvertrag über die Lieferung von 15 Schreibtischen. Prüfen Sie, wann in den folgenden Fällen nach der gesetzlichen Regelung die Gefahr einer zufälligen Beschädigung der Schreibtische auf die Versicherungs KG übergeht:
   a) Die Schreibtische werden zur Abholung im Lager der Bürodesign GmbH zur Verfügung gestellt.
   b) Die Schreibtische werden einer Spedition zum Transport übergeben.
   c) Die Schreibtische werden von Mitarbeitern der Versicherungs KG abgeholt.

7. Die Nienhaus KG, ein Bürobedarfscenter in Neustadt, hat eine Anfrage über Kopierpapier, holzfrei weiß, an die Papier KG in Obermaiselstein gestellt. Aufgrund dieser Anfrage bietet die Papier KG aus ihrem Standardsortiment an:
   XERO, speed, Art. Nr. 569080, 21/29,7 cm, 80 g, holzfrei weiß, abgepackt 500 Blatt;
   Listenpreis je 10000 Blatt 130,00 EUR;
   Rabatt bei Abnahme von 40000 Blatt 10 %;
   Zahlungsbedingung: 3 % Skonto innerhalb von 10 Tagen, 30 Tage netto Kasse
   Die Papier KG liefert verbindlich am 2. Werktag nach Auftragserteilung. Die Transportkosten betragen pro Palette 25,00 EUR.
   a) Beurteilen Sie, ob die wichtigsten Vertragsinhalte im Angebot berücksichtigt sind. Prüfen Sie, welche Regelungen für nicht angesprochene Punkte gelten, und unterbreiten Sie gegebenenfalls Vorschläge für weitergehende vertragliche Regelungen.
   b) Geben Sie an, wie lange die Papier KG an dieses Angebot gebunden ist.
   c) Erläutern Sie, wie der Kaufvertrag zwischen den beiden Vertragspartnern zustande kommt, und entscheiden Sie, um welche Arten des Kaufvertrages es sich handelt.
   d) Erörtern Sie, ob der Zahlungseingang sinnvoll durch einen Eigentumsvorbehalt gesichert werden kann.
   e) Verfassen Sie unter Beachtung der DIN 5008 die schriftliche Bestellung. Weitere Angaben nach eigener Wahl.

8. Sie sind für die Beschaffung von Bürogeräten und Büromaterial zuständig. Erläutern Sie für jede der beiden Artikelgruppen, welche weiteren Kriterien neben dem Preis bei der Lieferantenauswahl bedeutsam sind.

9. Aufgrund von Anfragen bei verschiedenen Papierherstellern gehen bei der Drupa GmbH zwei Angebote ein:
   a) Vergleichen Sie die beiden Angebote rechnerisch und treffen Sie auf dieser Grundlage eine Entscheidung für einen Lieferanten.
   b) Prüfen Sie durch Erstellen einer Nutzwertanalyse, ob die Einbeziehung der qualitativen Einflussgrößen zu einer veränderten Lieferantenauswahl führt.

Informationen zum Angebot 1 Die Firma Kössler GmbH beliefert die Drupa GmbH bereits mit hochwertigen Papieren für Sonderaufträge. Bisher wurden alle Aufträge zur größten Zufriedenheit abgewickelt. Auch bei kleineren Mengen lieferte das Unternehmen immer pünktlich. Gewährleistungsfälle wurden in der Regel innerhalb von 2 Tagen kulant geregelt. Für das chlorfrei gebleichte Papier verlangt die Kössler GmbH bei einer Mindestabnahme von 100000 Bogen einen Listenpreis von 10,90 EUR je 1000 Bogen. Zahlungsbedingungen: 15 % Rabatt; 2,5 % Skonto bei Zahlung innerhalb von 14 Tagen; Lieferzeit: 1 Tag nach Bestellungseingang. Das Unternehmen liefert das Papier auf wiederverwendbaren Europaletten kostenfrei mit eigenem Fuhrpark aus.
Informationen zum Angebot 2 Zur Sassen KG bestehen bisher keine Geschäftsbeziehungen. Das Unternehmen verlangt bei einer Mindestabnahme von 500000 Bogen einen Listenpreis von 11,50 EUR je 1000 Bogen. Zahlungsbedingungen: 25 % Rabatt; 3 % Skonto bei Zahlung innerhalb von 10 Tagen; Lieferzeit: 2 Tage nach Bestellungseingang. Für Transportkosten berechnet die Sassen KG 1 % vom Listenpreis. Das Papier ist je 100000 Bogen in Folie eingeschweißt. Umverpackungen werden sortiert nach Grundstoffen zurückgenommen. Die Anlieferung erfolgt per Spedition.

Beschaffungsprozesse kontrollieren

1. Bringen Sie folgende Arbeitsschritte bei der Beschaffung von Waren in die richtige Reihenfolge:

   ____ Kontrolle der gelieferten Ware

   ____ Kontrolle der Auftragsbestätigung

   ____ Ermitteln des günstigsten Angebots

   ____ Versenden von Anfragen

   ____ Überwachen des Liefertermins

   ____ Ermitteln potenzieller Lieferer

   ____ Kontrolle der eingehenden Warensendung

   ____ Erteilen der Bestellung

2. Waren sind beim Wareneingang unverzüglich zu prüfen.

   a) Erklären Sie, was „unverzüglich" bedeutet.

   b) Erläutern Sie, worauf sich die Prüfung erstreckt.

3. Erläutern Sie, in welchem Spannungsfeld die Lagerhaltung ihre Entscheidungen zu treffen hat. Beschreiben Sie entsprechend die Aufgaben der Lagerhaltung.

4. Erklären Sie, was man unter Kapitalbindungskosten versteht, und nennen Sie weitere Kosten der Lagerhaltung.

5. In der Reifenhandlung Felge e. K. werden die Lagerbestände, die einen Großteil des Eigen- und Fremdkapitals binden, regelmäßig untersucht. Die Lagerbuchführung weist für den Reifen „Roadrunner" folgende Daten aus:

Daten	Reifen „Roadrunner"
Einkaufspreis	61,00 EUR
Verkaufspreis	114,90 EUR
Gesamteinkauf	3592 Stück
Anfangsbestand	800 Stück
Inventur I. Quartal	320 Stück
Inventur II. Quartal	1160 Stück
Inventur III. Quartal	600 Stück
Endbestand	150 Stück

a) Berechnen Sie aus den angegebenen Daten die folgenden Lagerkennziffern. Nennen Sie jeweils zuerst die Berechnungsformel, geben Sie einen nachvollziehbaren Rechenweg an und runden Sie Ihre Ergebnisse auf 2 Stellen nach dem Komma.

- ➔ durchschnittlicher Lagerbestand (in EUR)
- ➔ Umschlagshäufigkeit
- ➔ durchschnittliche Lagerdauer
- ➔ Lagerzinssatz (Marktzinssatz 6 % p. a.)
- ➔ Lagerzinsen

b) Die Leitung der Verkaufsabteilung möchte die Umschlagshäufigkeit des „Roadrunners" verbessern. Erörtern Sie diesen Vorschlag, indem Sie aufzeigen, durch welche Maßnahmen sich die Umschlagshäufigkeit erhöhen ließe und welche Wirkung eine erhöhte Umschlagshäufigkeit hätte.

6. Die Polytec GmbH ist ein Hersteller von Kunststoffgehäusen. Der scharfe Wettbewerb zwingt die Unternehmung, ständig nach Kostensenkungsmöglichkeiten zu suchen. Deshalb wird die Lagerleitung beauftragt, die vorliegenden Daten für eine Wirtschaftlichkeitskontrolle aufzubereiten:

Der Materialzugang betrug in der Abrechnungsperiode 1464000,00 EUR. Es wurde ein Anfangsbestand von 156000,00 EUR und ein Endbestand von 140000,00 EUR verzeichnet.

a) Ermitteln Sie den Materialeinsatz und die Umschlagshäufigkeit.

b) Ermitteln Sie die durchschnittliche Lagerdauer.

c) Erläutern Sie, wie sich eine Verkürzung der Lagerdauer auf den Kapitaleinsatz und den Gewinn auswirkt.

d) Ermitteln Sie (gerundet auf 2 Nachkommastellen) den Lagerzinssatz und die Lagerzinsen für 1200 Kunststoffplatten, die für 10,00 EUR pro Stück eingekauft werden und eine Lagerdauer von 50 Tagen besitzen (Marktzinssatz 10 % p. a.).

e) Beurteilen Sie die Zielformulierung: Erhöhung der Umschlagshäufigkeit bzw. Senkung der durchschnittlichen Lagerdauer „um jeden Preis".

7. Ein Malerbetrieb hat für einen Renovierungsauftrag Materialien bei der Schneider KG, Großhandlung für Farben, Lacke und Tapeten, bestellt. Die Farbe für den Innenanstrich soll dabei einer vereinbarten Farbprobe entsprechen. Tapeten werden für insgesamt 60 m^2 bestellt. Außerdem sind im Auftrag 6 Eimer weiße Dispersionsfarbe, lösungsmittelfrei, zu jeweils 5 kg enthalten.

   Bei der pünktlichen Lieferung wird festgestellt, dass Tapeten nur für 50 m^2 geliefert wurden und 3 Eimer der weißen Dispersionsfarbe erheblich mit Lösungsmittelzusatz versehen sind. Ganz besonders ärgerlich ist es, als nach Trocknung des Anstrichs festgestellt wird, dass die Wandfarbe nicht der Farbprobe entspricht.

   a) Stellen Sie fest, in welchen Fällen Sachmängel vorliegen.

   b) Erläutern Sie, welche Pflichten zur Wahrnehmung seiner Rechte der Malerbetrieb einhalten muss.

   c) Schlagen Sie unter Berücksichtigung der gesetzlichen Rechte des Käufers jeweils begründet eine sinnvolle Regelung vor.

   d) Formulieren Sie eine Mängelrüge an die Schneider KG.

8. Eine kaufmännische Berufsschule richtet in ihrem bürowirtschaftlichen Zentrum einen neuen Schulungsraum für Informationsverarbeitung ein. In diesem Raum sollen in Zukunft auch die Prüfungen im Prüfungsfach „Informationstechnisches Büromanagement" durchgeführt werden. Die nächste Prüfung ist für den 22. Juni 20.. angesetzt.

   Am 20. Januar 20.. wird der Otte GmbH ein Auftrag über 30 vernetzte Arbeitsplätze erteilt. Die Lieferung und Installation aller Bestandteile soll vertragsgemäß in der 18. Kalenderwoche erfolgen.

   Nachdem die Lieferung aufgrund fehlerhafter Terminplanung der Otte GmbH bis zum Ende der 18. KW am 10. Mai nicht erfolgt, wird der Auftrag vom Schulverwaltungsamt angemahnt.

   a) Erläutern Sie die Voraussetzungen, die geprüft werden müssen, um Lieferungsverzug festzustellen.

   b) Prüfen Sie, ab wann die Otte GmbH gegebenenfalls in Lieferungsverzug gerät.

   c) Erörtern Sie, welche Rechte der Käufer in diesem Fall sinnvoll in Anspruch nehmen kann, falls der Lieferungsverzug eintritt.

   d) Das Schulverwaltungsamt erhält ein Angebot der Heilmann KG, kurzfristig den Auftrag zu einem um 500,00 EUR höheren Preis pro Arbeitsplatz zu übernehmen.

      Teilen Sie der Otte GmbH die Sachlage in einem Brief mit, und schlagen Sie eine Regelung vor.

   e) Das Schulverwaltungsamt hat einen Deckungskauf vorgenommen. Die Heilmann KG liefert fristgerecht am 5. Juni. Bei der Installation wird jedoch festgestellt, dass die wechselbare Festplatte nur eine Kapazität von 1 TB (statt der bestellten 1,5 TB) besitzt. Prüfen Sie, welche Vertragsstörung vorliegt.

9. Die Werth KG will ihre Büroräume grundlegend renovieren und in diesem Zusammenhang eine neue vernetzte Computeranlage installieren.

   Daher bestellt das Unternehmen bei der DataNet GmbH 12 Rechner inkl. Software. Liefertermin soll der 21.05.20.. sein, da der Büromöbelhersteller am Vortag die Möbel liefern und aufstellen will. Eine weitgehende Beeinträchtigung der täglichen Arbeit in der Werth KG wird so vermieden.

   Beide Vertragspartner bestätigen die Bestellungen und sagen die Liefertermine verbindlich zu.

   Für den 21.05.20.. zeichnen sich in der DataNet GmbH Lieferschwierigkeiten ab. Deshalb wird die Computeranlage für die Werth KG schon am 19.05. geliefert. Als Fahrer und Techniker an diesem Tag die Anlage installieren wollen, verweigert man in der Werth KG die Annahme mit der Begründung, dass ein anderer Liefertermin vereinbart worden sei und außerdem die Büromöbel erst noch geliefert werden müssten. Zudem seien die Handwerker immer noch damit beschäftigt, den neuen Fußboden zu verlegen.

   Ebenso verweigert die Werth KG die Annahme der Büromöbel am 20.05.20.., da die Handwerker ihre Arbeiten am Fußboden noch nicht beendet haben. Der Fahrer des Büromöbelherstellers ist sichtlich verärgert, dass er die Möbel nicht abliefern kann. Auf dem Rückweg wird er in einen Unfall verwickelt, ein Teil der Möbel wird erheblich beschädigt. Vorsatz oder Fahrlässigkeit können dem Fahrer nicht nachgewiesen werden.

a) Erläutern Sie die Voraussetzungen, die geprüft werden müssen, um Annahmeverzug festzustellen.

b) Untersuchen Sie für beide Fälle, ob Annahmeverzug vorliegt.

c) Stellen Sie die Rechte des Verkäufers bei Annahmeverzug dar.

d) Nehmen Sie Stellung zur Haftung für die beschädigten Büromöbel, und entscheiden Sie sich im Fall von Annahmeverzug begründet für eines der Rechte.

Rechnungen prüfen und Zahlungen abwickeln

1. Sie erhalten den Auftrag, eine Eingangsrechnung in sachlicher und rechnerischer Hinsicht zu prüfen. Geben Sie an, welche Unterlagen Sie dazu benötigen und welche Positionen Sie kontrollieren.

2. Beschreiben Sie, wie das Versenden von Geld mit Western Union funktioniert.

3. Erklären Sie die Formen der halbbaren Zahlung.

4. Listen Sie auf, welche Zahlungsmöglichkeiten Ihr Ausbildungsbetrieb auf Lieferanten- bzw. Kundenseite nutzt. Erörtern Sie, welche weiteren Zahlungsmöglichkeiten installiert werden könnten, um den Zahlungsverkehr zu rationalisieren bzw. noch kundenfreundlicher zu gestalten.

5. In jedem Haushalt treten Zahlungsvorgänge auf. Neben den Zahlungen für den täglichen Bedarf fallen auch solche an, die in regelmäßigen Zeitabständen in gleicher oder unterschiedlicher Höhe auftreten.

   a) Finden Sie mindestens je 2 Beispiele für die unterschiedlichen Zahlungsvorgänge.

   b) Stellen Sie fest, welche Zahlungsweisen grundsätzlich möglich wären. Schlagen Sie dann sinnvolle Zahlungsweisen vor.

   c) Ordnen Sie die gewählten Zahlungsarten der Barzahlung, halbbaren bzw. bargeldlosen Zahlung zu.

6. Erklären Sie die Formen des SEPA-Lastschriftverfahrens.

7. Herr Siebenbrink, Geschäftsführer der Schneider Elektrotechnik GmbH, ist zuständig für den Unternehmensbereich Absatz. Auf seinen Geschäftsreisen quer durch die Bundesrepublik und ins benachbarte Ausland muss er häufig in Hotels übernachten. Es gehört zu seinen Aufgaben, seine Kunden im Verlauf der Vertragsverhandlungen zu einem Arbeitsessen einzuladen. Damit er stets zahlungsbereit ist, nimmt er auf seine Reisen immer eine größere Bargeldreserve mit.

   a) Beschreiben Sie typische Zahlungsvorgänge auf Geschäftsreisen.

   b) Erörtern Sie Vor- und Nachteile einer Barzahlung für mögliche Zahlungen auf Geschäftsreisen. Beziehen Sie dabei das angrenzende Ausland mit ein.

   c) Unterbreiten Sie begründete Vorschläge für eine vorteilhaftere Abwicklung der Zahlungsvorgänge.

8. An der Kasse einer Tankstelle finden Sie folgende Piktogramme. Erklären Sie, wie die Kunden bezahlen können.

VISA® mastercard. girocard®

9. Die Simplex KG ist ein Hersteller von Bauteilen für die Montage von Touren- und Rennrädern mit Sitz in Essen. Die Rohmaterialien werden überwiegend von Industriebetrieben des Ruhrgebiets bezogen. Abnehmer der Bauteile kommen aus der gesamten Bundesrepublik sowie aus dem europäischen Ausland, insbesondere aus Frankreich. Der Zahlungsverkehr wird in der Regel über das Geschäftskonto der Simplex KG bei der Commerzbank Essen abgewickelt:
IBAN DE62 3604 0039 0010 0200 30, BIC COBADEFFXXX
   a) Erläutern Sie, mit welchen Zahlungsarten die Simplex KG Eingangsrechnungen ökonomisch begleichen kann.
   b) Erläutern Sie, welche Vorteile der SEPA Standard für die Zahlungsvorgänge mit dem europäischen Ausland hat.

10. Anna Koenen hat in einem lebhaften Vorort einer Großstadt die kleine Modeboutique „Annabella" zum Preis von 15 000,00 EUR für die Ladeneinrichtung, für Ware im Wert von 6 000,00 EUR und den guten Ruf des Modeladens gekauft. Der Kundenkreis besteht im Wesentlichen aus einer Stammkundschaft. Aus den Kenntnissen ihrer Zeit als frühere Mitarbeiterin rechnet sie mit einem durchschnittlichen Monatsumsatz von 10 000,00 EUR. Die Kunden zahlen in der Regel bar, häufig auch mit elektronischem Lastschriftverfahren (ELV) oder Electronic Cash (EC). Kreditkarten mussten bisher immer zurückgewiesen werden.

    An voraussichtlichen monatlichen Auszahlungen fallen an: Wareneinkäufe 4 800,00 EUR, Miete einschließlich Mietnebenkosten 1 200,00 EUR, Zinsen und Tilgung 200,00 EUR, Aushilfe 450,00 EUR, Steuerberater 150,00 EUR, Firmenwagen (Tanken) 160,00 EUR, sonstige Kosten für Werbung, Kontoführung, Telefon, Energie, Reinigung etc. ca. 800,00 EUR. Um das Risiko möglichst klein zu halten, werden die Wareneinkäufe wöchentlich bei einer zentralen Einkaufsstelle für Einzelhändler durchgeführt.
   a) Stellen Sie fest, welche Zahlungsarten sich für die verschiedenen Auszahlungen der Modeboutique eignen.
   b) Beschreiben Sie in diesem Zusammenhang mögliche Abläufe einer Zahlung an einen Lieferer per Überweisung.
   c) Erörtern Sie, mit welchen Risiken der tägliche Barzahlungsverkehr mit den Kunden verbunden ist.
   d) Unterscheiden Sie das elektronische Lastschriftverfahren von Electronic Cash.
   e) Diskutieren Sie, ob es für die Modeboutique sinnvoll ist, die Zahlung mit Kreditkarte einzuführen. Berücksichtigen Sie dabei auch die unten abgebildete Grafik.
   f) Schildern Sie in diesem Zusammenhang den Ablauf einer Zahlung mit Kreditkarte.

Deutschlands Liebe zum Bargeld lässt etwas nach

Im stationären Einzelhandel in Deutschland wurde im Jahr 2018 zum ersten Mal mehr mit Karte als in bar bezahlt, so das Handelsforschungsinstitut EHI. Die Verbraucher zahlten laut EHI-Studie bei ihren Einkäufen 209,2 Milliarden Euro per Karte – 12,4 Milliarden Euro mehr als im Vorjahr. Mit Bargeld wurden im Jahr 2018 in den Geschäften Waren für rund 208 Milliarden Euro gekauft. Doch das heißt wohl nicht, dass die Kunden bald nur noch mit Karte oder Smartphone bezahlen: Gerade bei kleinen Summen ist Bargeld laut EHI nach wie vor erste Wahl. Das wird deutlich, wenn man sich die Zahlen nach Transaktionen anschaut: Nur knapp ein Viertel aller Käufe wurden in 2018 getätigt, gut drei Viertel mit Bargeld beglichen.

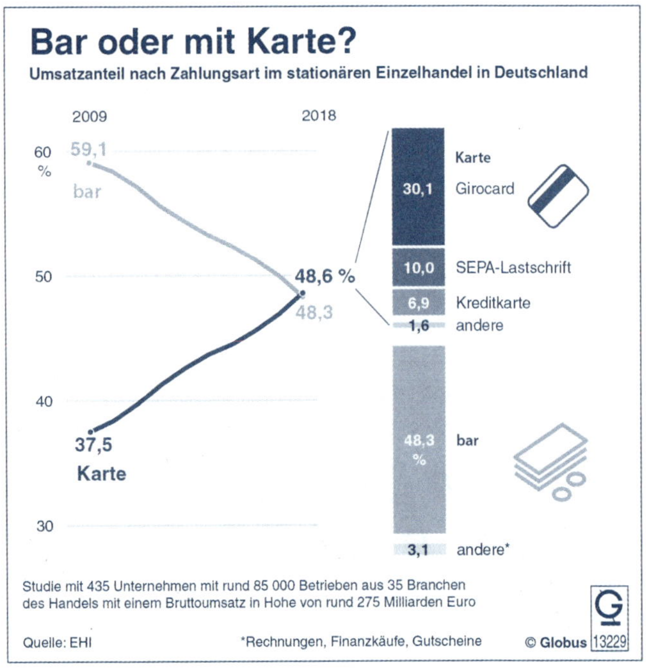